ベトナムの皇帝陶磁

EMPERORS' CERAMICS IN VIETNAM
Overglaze Enamels & Underglaze Blue of Trần Dynasty

陳朝の五彩と青花

関 千里
SEKI Chisato

めこん

口絵の作品について

1　青花紅彩貼花花卉文蓋付梅瓶
　　一対の内　　総高57.0㎝
中国元朝の名品で皇帝が係わるとされる河北省出土のビーズ紐貼花装飾を伴う一対の青花紅釉貼花花卉文壺が、それぞれ北京の故宮博物院と河北省博物館に収められている。この青花紅釉貼花花卉文壺と双璧を成すと思われる、やはりビーズ紐貼花装飾が施されたベトナム陳朝の青花紅彩貼花花卉文蓋付梅瓶が近年ベトナム北部より一対で出土した。これらには青花発生以前の技法が用いられており、共に古式であるところから、今後東洋陶磁の研究者の間でもベトナム青花の編年を早めるべきかが新たな論点となろう。

2　五彩貼花麒麟文神亭（楼閣）壺
　　一対の内　　総高85.0㎝
神亭（楼閣）壺は、中国の三国時代から西晋にかけて、江南の呉越の人々が吉祥と繁栄を願って制作し祭器として使用していたものである。それは、古越磁と称する青磁で、現存する作例はこの時代の作品のみである。それが千年の時空を超えたベトナムの陳朝に五彩貼花麒麟文神亭（楼閣）壺となって出現していた。しかも、一対でである。このことはにわかに信じ難いことであるが、おそらく陳朝の人々の故地が呉越にあると考えられるところから、その文化を継承していたことが作られた要因かと思われる。

3　五彩火焔宝珠龍文蓋台付壺
　　一対の内　　総高115.0㎝
ベトナムの赤絵である紅安南、いわゆるベトナム五彩は、十五世紀の中頃から始まったとするのが、これまでの通説である。しかし、本書により初公開となる五彩によって、その解釈が大幅に変わることになる。それが明らかとなったのは、入手した五彩の器形と文様を考察した結果、十四世紀の中頃を前後とする陳朝の遺物だったことにある。これにより、五彩の編年が百年余り遡り、ベトナム陶磁史はもとより東洋陶磁史の画期的な大発見となる。その代表格が、画院の手になる五爪で二角の龍が火焔宝珠を求める姿を描いた球体状の壺で、長形な蓋と丸い器台を伴った五彩である。しかも一対を成す、一メートルを超える長大な祭器なのである。

4　青花鳳凰文龍耳獅子鈕蓋台付壺
　　一対の内　　総高84.0㎝
張りのある胴に鳳凰の舞う姿を描いた青花壺で、蓋と器台が組み合わされた前例のない器形を持つ祭器である。元の龍泉窯青磁の影響と思われる無釉で、肩に双耳の龍、そして蓋の鈕に獅子が象形で表されている。また胴には陳朝前期より白濁釉褐彩陶に多用されていた区画を仕切る鉄帯を留める一対の大作であり、青花に於ける極上の名品である。

5　五彩龍文鯢獅子獣頭付無釉貼花文大香炉
　　一対の内　　総高85.0㎝
装飾性に富む五彩に無釉貼花文をあしらった、上部と下部からなる力感あふれる大香炉である。角形の香炉はこれまで十六世紀以降の作品に限られていたが、出現した同型の大香炉が十四世紀陳朝の創意によるものであり、この形式を後の莫朝や後黎朝後期が継承していたことがわかった。このように、新発見の遺物により、これまで知られていたベトナム陶磁は、十四世紀陳朝後期に完成を見ていた数々の作品の模倣であったことが判明した。

6　青花牡丹唐草文獣頭付大壺
　　高70.0㎝　口径18.0㎝　胴径38.0㎝
大壺の中心に元風の牡丹唐草文を大きくあしらい、肩に四つの獣頭を付けた青花の超大作である。獣頭は古代中国の金属器に発し、元青花の中でも獣頭を付けた作例は古式とされている。新発見の五彩や青花の中にもこのように獣頭の付いた壺があり、それらは元青花でも古式とされる作風を生んだ時期と重なるのであろう。

これらの作品は脱稿後の2007年にタイの古美術商より一括して購入したものである。それゆえ本文中に関連する記載はない。だが、それぞれの作品が無類であり、しかも極めて優れている上に、6の作品を除く、すべてが特別な制作を意味する一対の祭器などであるところから「ベトナムの皇帝陶磁」を物語る最も主要な遺品であると思われ、ここに口絵として紹介することとした。

1 青花紅彩貼花花卉文蓋付梅瓶　一対の内　総高57.0cm

2 五彩貼花麒麟文神亭（楼閣）壺　一対の内　総高85.0cm

3 五彩火焰宝珠龍文蓋付壺　一対の内　総高115.0cm

4 青花鳳凰文龍耳獅子鈕蓋台付壺　一対の内　総高84.0cm

5 五彩龍文鯱獅子獣頭付無釉貼花文大香炉　一対の内　総高85.0cm

6 青花牡丹唐草文獣頭付大壺　高70.0cm　口径18.0cm　胴径38.0cm

はじめに
比類なき壮麗なる陶磁の出現

　それは、1999年に始まった。
　ベトナムの北部で新たに陶磁器が発掘され、国外へと運ばれたのである。出土品は五彩(赤絵)と青花(染付)のみで、これらは国境をなす西の高地を越えて、ラオスを通過し、メコン河を渡った。それを受け入れたタイの町は、主に東北部のノーンカーイと北部のチェンコーンであったが、時にラオスからミャンマーを経由して北部のメーサーイへ着いたこともあった。この動きは、ほぼ、三、四ヵ月に一度の割合で、五年にわたりえんえんと続いた。
　この間私は、五彩と青花に備わった高い芸術性に魅せられて、収集に全力を挙げた。またその過程で、ただ単に優れているというだけに止まらない特別な価値があるのではないかと、その素性や正体に興味を持った。そして器形と文様を手掛かりに編年を求めた結果、すでに中国陶磁の影響下から脱して独自性を発揮していたベトナム陶磁が頂点を極めた陳朝(1225～1400)後期の未知なる遺品群であるとの確信を得た。
　器種は多様で、一対を除く超大作から極小品まですべて一点主義で構成されていて、器面は最高位の龍や鳳凰をはじめとした吉祥文と、多彩な従属文で装飾されている。特に中心となる大作群は、祭器であった可能性が高い。その表情は華やかなうえに艶やかで、温かさと優しさに満ちている。同じ作品が一点たりともないという極めて贅沢なこの作陶は、壮大な構想の基に、国家の財力と技術と英知の粋を集めてこそ創作できた優品であろう。その背景に精神性豊かで充実した社会なくしては成し得ない。しかも官窯経験豊富な指導者と、画院の存在が不可欠である。これらを満たし統率できた人物、それは時の為政者であった皇帝以外にいないと断言できる。
　同時代である中国の元朝(1271～1368)では、主に景徳鎮の官営工房である

官窯やその管理下にあった民窯で、皇帝やその家族、もしくは宮廷でのみ使用するための官窯製品を焼造していた。同様にベトナムでも陳(チャン)朝前期の天長府に官窯が置かれていたとされ、他の重臣たちもそれぞれの要地で盛んに製陶を営んでいたようであるが、その実体はまだ解明されていない。だが、本稿で初公開となる五彩や青花は、陳(チャン)朝後期の皇帝窯とも言える皇帝直轄の窯で焼造された官窯製品と推察できる格調高き遺品である。しかも、過去にその例を全く見ていないことからも、皇帝一族の超特別な独占物であり秘陶であったと想像される。したがって、本書ではこれらを正しく皇帝の陶磁器とみなし、ベトナム陶磁史から抜け落ちていた知らせざる栄光の一章を明らかにするとともに、ベトナム国家の主体性と伝統美の神髄を浮き彫りにしつつ、定説となっている従来の編年を遥かに超えた新見解に基づき、歴史を踏まえた新たな陶磁史を再構築している。そして、現世に忽然と甦ったベトナムの至宝をここに『ベトナムの皇帝陶磁』と命名し、題目に留めて上梓する次第である。

　東南アジア陶磁のみならず、東洋陶磁における近来稀にみる世紀の大発見を、みなさまとともに享受したいと思う。

目次

はじめに──比類なき壮麗なる陶磁の出現 …………………………… 7

第1章　安南の由来 ……………………………………………… 13

第2章　東南アジアの古美術 …………………………………… 19

第3章　咲き誇る紅色の大輪 …………………………………… 25

第4章　無謀とも思える挑戦 …………………………………… 29

第5章　海底から引き揚げられた交易陶磁器 ………………… 37

第6章　花街城の太上皇 ………………………………………… 43

第7章　孔雀と牡丹 ……………………………………………… 57

第8章　先駆けの様相が見られるベトナム五彩 ……………… 67

第9章　宋赤絵と元五彩 ………………………………………… 77

第10章　未知なるベトナム五彩 ………………………………… 91

第11章　陳朝の青花と南海交易 ………………………………… 121

第12章　中国の双龍とベトナムの鳳凰 ………………………… 147

第13章　ベトナムの陶磁と歴史 …………………………………159
　1　古代雄王(フンヴォン)伝説 …………………………………159
　2　中国支配下のベトナム …………………………………164
　3　ベトナム様式の開花 …………………………………170
　4　元に負けない大越帝国 …………………………………177
　5　華麗なる王侯貴族の美意識 …………………………………195
　6　元の五彩と釉裏紅と青花、そして明の釉裏紅(ゆうりこう) …………………………………202
　7　青磁の幻想 …………………………………218
　8　かくされた歴史 …………………………………228
　9　トプカプの天球瓶 …………………………………231
　10　チャンパ王国の光と影 …………………………………251
　11　海から来た武人のクーデター …………………………………267
　12　復古する王朝様式と交易陶磁の終焉 …………………………………276
　13　南蛮請来の安南焼 …………………………………286
　14　ベトナムの皇帝陶磁 …………………………………299

第14章　ベトナム五彩貼花花卉文壺 …………………………………403

おわりに …………………………………409

新資料の科学分析による年代測定 ……………………………………… 411
ベトナムと周辺国の年表 …………………………………………… 422
施釉陶器発展期の概要と北部ベトナムの王朝交代年表 ………………… 424
作品の所蔵一覧 ……………………………………………………… 425
図版出典一覧 ………………………………………………………… 428
参考・参照文献 ……………………………………………………… 429

【図版】
ベトナム全図　p. 12
中国と東南アジアの主要古窯図　p. 21, p. 105, p. 205
陳朝（13世紀-14世紀）のベトナム　p. 140, p. 178
ベトナムの古代遺跡地帯図　p. 160
コーロア（古螺）遺跡　p. 163
バクダンザン（白藤江）の戦勝（1288年）　p. 183
チャンパ王国図　p. 250
ベトナム南進の歴史　p. 292
ハノイ・タンロン（昇龍）全図　p. 300

第1章　安南の由来

　私たちはベトナム陶磁のことを総称して、安南焼(あんなん)と呼んできた。安南焼の「安南(あんなん)」の由来は古く、中国がベトナムを支配していた古代から使われていた。この安南の意味には、南方を安んずるという中国の思いが強く反映している。安南の名称が最初に現れたのは五世紀で、ベトナム中部の林邑国(りんゆう)が中国南朝の斉朝(せい)（479〜502）から時節都督縁海諸軍事安南将軍林邑王に封じられた時に用いられた。また唐（618〜907）は622年ベトナム北部のハノイ（河内）に軍事経略機関である交州大総統府を設置したが、679年これを安南都護府とし、ベトナム北部を安南と改称して周辺統治の拠点とした。

　遣唐使として大和朝廷から派遣された阿部仲麻呂（698？701？〜770）は、朝衡(チョウコウ)という名前で唐の官史となった。日本へ帰国の途中、遭難して、ハノイ付近に漂着、再び長安へ戻った後、安南都護府の長官に就任（760年、一説には766年、768年）した、と伝えられている。阿部仲麻呂は、安南都護府に係わる日本人として超有名人である。

　十世紀、唐が滅亡に向かっていた混乱期に独立を果たしたベトナムは、自ら国名を大瞿越(ダイコーベト)や大越(ダイベト)と称していた。だが1174年、南宋(なんそう)がベトナムの李朝(リー)六代李英宗(リーアイントン)（在位1137〜75）を安南国王に封じたことで、安南は再び中国歴代朝廷のベトナムに対する名称となった。それからずっと後の1803年、ベトナム中部のフエを都にザーロン（嘉隆）帝が興したグエン（阮）朝（1802〜1945）が、1804年清（1644〜1912）によって越南王国に冊封(さくほう)されるまで、安南の名称は続いた。

　清が命名した国名「越南(ベトナム)」の越(ベト)とは、紀元前に中国の秦(しん)（紀元前221〜紀元前207）から自立して南越国（紀元前206？〜紀元前111）を建て、現在の広東市を中心に勢力を広げていた地域の人たちのことを指している。中国から見て

1-1 青花龍文瓶（染付竜文花生）　銘白衣　重要文化財　高28.7cm　石川県教育委員会

ベトナムはこの越の一部、ないしはその南であるという解釈である。グエン(阮)朝は自主的な名称として南の越である「南越」を望んでいたとされるが、広東や広西まで含みそうなこの名が清に認められることはなかった。しかし、グエン朝は、中国以外の国々には、大越、大越南国、大南国と名乗っていたようである。

そのグエン朝も1884年フランスの保護領となり、フランスはベトナムを公式にアンナムとした。

1-2 黄白釉蓮弁文耳付水指
高16.3cm　口径14.8cm　底径15.2cm
根津美術館

「安南」の名称にはこのような長い経緯があるが、現在はほとんど使われていない。畢竟、安南は中国をはじめ外国が使った呼称で、ベトナム人にとっては終始不本意な国名であったと思われる。

このような背景のもとで生産された安南焼は日本に伝えられて、ベトナム陶磁の通称となった。だが、その数は想像するより遙かに少なく、今日我々が目にすることのできる伝世品は限られている。そうした中でも、最も知名度の高いものの一つに、青花龍文瓶（染付竜文花生）(1-1)(11-29)がある。銘白衣と称されるこの瓶は、江戸時代に徳川将軍家が蔵した柳営御物の一つで、重要文化財に指定されている。不遊鐶をあしらったこの瓶の祖型は中国の金属器にあるのではないかと想像されていて、胴を取り巻く龍文は闊達に描かれている。制作された時代は十四世紀とみられ、往時の渡来品であったとすれば、交易によるきわめて古い例となる。

また茶道の需要に応えた黄白釉蓮弁文耳付水指(1-2)や、伝世品として知られる黄白釉蓮弁文耳付水指がある。これらは十一世紀頃の製作とみられ、作られてから数百年経った後、南海交易によって日本へ運ばれたもののようである。他にも、多くの人々に親しまれている青花蜻蛉文茶碗（安南染付蜻蛉文茶碗）(1-3)や、紅安南と呼ばれる重要美術品の五彩草花文碗（草花文紅安南茶碗）(1-4)、また青花貼花龍文水指（安南染付龍文太鼓胴水指）(1-5)など、

1-3 青花蜻蛉文碗（安南染付蜻蛉文茶碗）　口径10.1cm　高7.7cm　底径6.3cm　根津美術館

1-4 五彩草花文碗（草花文紅安南茶碗）　重要美術品　口径13.3cm　高9.0cm　徳川黎明会

いずれも伝世品とされており、ここに挙げた品々は鎌倉時代から江戸時代にかけてもたらされた。

さらに南蛮縄簾水指（1-6）（13-234）や南蛮芋頭水指（1-7）（13-235）など、これまで生産国がわからず「南蛮」、「島物」と一括りに呼ばれていた無釉陶器の品々についても、今日ではベトナム産が少なからずあるのではないかと考えられている。

これらの陶磁器は、おおむね整然とした造形に伸び伸びと大らかな絵付がされ、柔らかな肌合いでどこかホッとする感性に包まれている。古人たちも異郷に思いを馳せながら大いに親しみ、和んだことであろう。

近代になって東南アジアの島嶼部を含む各地で様々な陶磁が発掘され、数多くの品々が陽の目を見た。そして、その多くが日本に運ばれ、陶磁を通して東南アジアの文化が見直されるようにもなった。

ベトナム陶磁も幅広く姿を現し、永い年月の間に各種各様の陶磁器が作られ、充実した内容であったことが次第にわかってきた。特にベトナムが世界に門戸を開き、1986年にドイモイ（刷新）政策が実行されて以降、日本に請来した数は激増している。

日本各地の美術館や博物館でも、ベ

1-5 青花貼花龍文水指（安南染付龍文太鼓胴水指）
高20.2cm　口径12.0cm　底径11.6cm
京都国立博物館

1-6 南蛮縄簾水指
高16.3cm　口径19.8cm　底径15.2cm
藤田美術館

1-7 南蛮芋頭水指　高19.4cm　口径12.6cm
胴径21.5cm　底径10.2cm
木村定三コレクション　愛知県美術館

トナム陶磁の展覧会が度々開催されるようになり、愛好者のベトナム陶磁へのイメージも豊かになった。専門家の調査研究も活発になっている。それでも、ベトナムからの情報がまだまだ不足していて、今もって生産地点がわずかしかわかっていないなど、陶磁史の編年を含め、その全体像はまだ解明されていない。

【参照】
〈1〉 青花龍文瓶（染付竜文花生）　銘白衣　重要文化財　高28.7cm　石川県教育委員会.
　　　『タイ・ベトナムの陶磁』陶磁大系47　頁15・図11　矢部良明　平凡社　1978.
　　　『世界陶磁全集』16　南海　頁28-29・図19　小学館　1984.
　　　『タイ・ベトナムの古陶磁』特別展　頁38・図87　渋谷区立松濤美術館図録　1988.
　　　Gom Hoa Lam Viet Nam: Vietnamese Blue & White Ceramics, p. 263, Fig. 36, Bui Minh Tri, Kerry Nguyen-Long Nha, Xuat Ban Khoa Hoc Xa Hoi Social Sciences Publishing House, Ha Noi, 2001.
〈2〉 黄白釉蓮弁文耳付水指　高16.3cm　口径14.8cm　底径15.2cm　根津美術館.
　　　『タイ・ベトナムの陶磁』陶磁大系47　頁56・図64　矢部良明　平凡社　1978.
　　　『世界陶磁全集』16　南海　頁241・図315　小学館　1984.
〈3〉 黄白釉蓮弁文耳付水指　高16.4cm.
　　　『タイ・ベトナムの古陶磁』特別展　頁73・図86　渋谷区立松濤美術館図録　1988.
〈4〉 青花蜻蛉文碗（安南染付蜻蛉文茶碗）　口径10.1cm　高7.7cm　底径6.3cm　根津美術館.
　　　『タイ・ベトナムの陶磁』陶磁大系47　頁138・図115　矢部良明　平凡社　1978.
　　　『タイ・ベトナムの古陶磁』特別展　頁39・図89　渋谷区立松濤美術館図録　1988.
　　　『世界陶磁全集』16　南海　頁242・図320　小学館　1984.
　　　『世界美術大全集』東洋編　第12巻　東南アジア　頁317・図190　小学館　2001.
〈5〉 五彩草花文碗（草花文紅安南茶碗）　重要美術品　口径13.3cm　高9.0cm　徳川黎明会.
　　　『東南アジアの陶磁』特別展　安南・クメール・タイ　頁24・図25　大和文華館図録　1983.
　　　『世界陶磁全集』16　南海　頁242・図319　小学館　1984.

第2章　東南アジアの古美術

　私は美術商である。この道に入って四十年が過ぎた。
　その間、陶磁を中心とした東洋美術全般、中南米美術、ガンダーラ美術、現代絵画や陶芸品等々、新旧の美術品に携わってきた。中でも東南アジアの古美術品を一番多く、また一番長く商いつづけている。
　一口に東南アジアの古美術品と言っても幅広い。
　土器、青銅器、鉄器、石彫品、陶磁器、建築装飾品、神像や仏像をはじめとした宗教美術品、漆器、古民具、古画、等々。これを国別や時代別に分ければ、ジャンルはさらに増す。
　振り返ると、これらの品々を求めてタイへ出かけるようになって三十年になる。それにともなって、同業者となるタイの古美術商たちとの付き合いにも年季が入ってきた。幅広い商品を商う彼らであるが、どの分野の、どのような商品に眼があり得意とするのか。優劣や真贋の把握はできているのか。ルートやネットワークは優れているのか。そうした力を見極めつつ出入りし、商い方はもちろん、一人一人の人柄から家庭の事情まで知るようになった。
　私の東南アジアの古美術に対する興味はさらに深まり、情愛は一向に衰える気配がない。それどころか、今も心揺さぶられる品との出合いに、日々新鮮な気持ちで商いを続けている。おそらくこの分だと一生取り組む世界になりそうな気がしている。
　東南アジアの古美術品は、近世の伝世品と遺跡の建築装飾物を除けば、100％が出土品である。そうした古美術品は、古来その地に生きた人々の歴史や文化の残照を断片的ながらも映し出してくれる。
　これらは建築装飾物など地表に露出していて目に見える存在はごくわずかで、何百何千年前から土の中に埋もれていて見えないものがほとんどなのだが、あ

るきっかけで偶然に姿を現す。つまり、田畑を耕している時とか、道路や建築の工事中に発見されたりする。それが自然のなりゆきであるが、タイでは1980年代より廃墟同然の遺跡に露出した遺物を持ち出したり、歴史的な遺構と思われる場所をねらって人為的に掘り出すようになった。また政府による遺跡調査も進められ、しばしば発掘品は役人の手によって横流しされた。そうした動きが活発となり、発掘品が市場に出まわったが、その後出土品の流れが急速に勢いを失い、枯渇したかに見えた。しかし、それは国力の向上にともなう、文化財保護意識に目覚めた管理強化の表れであって、その後もこれらの網の目を潜って秘密裡に行なわれる盗掘はあとを絶たない。

　1990年代のはじめ、タイの古美術商たちの盛況は全盛を迎えていた。需要に供給が追いつかず、価格は高騰した。私も1993年ぐらいまでは高値を承知で何とかついていったが、そのうち限界が来た。当然ながら古美術品は希少で優れた品ほど高価であるが、そうしたものはますます手が届かない存在となった。

　当時、日本の経済はどん底を這い、不況感が国を覆っていて、絶好調のタイ経済とのギャップは広がるばかりであった。このままタイで仕事を続けることに戸惑いを覚えた私は、仕入れを一時中断し静観せざるを得なくなっていた。そして、この際、それまでの活動を踏まえて、東南アジアの古美術品の世界を文章として著せないものかと考えた。それが形となったのが『東南アジアの古美術——その魅力と歴史』（めこん）（2-1）である。十一年前の1996年の出版で、この本はそれまでの二十年間の体験記でもある。

　今になってみれば、機を窺い執筆に集中したことが正解であった。ただ当時の関心は、タイ、カンボジア、ミャンマーにあり、ベトナム、特にベトナム北部については、十三章「メコン川を渡ってきたベトナムのやきもの」以外ほとんど触れていなかった。本稿では、近年出現した数々の新資料との出合いをもとに、改めて未だ不明瞭であるベトナム陶磁史全体を再検討してみたいと

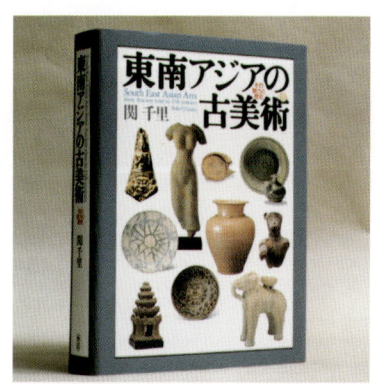

2-1 『東南アジアの古美術——その魅力と歴史』関 千里　発行めこん　1996

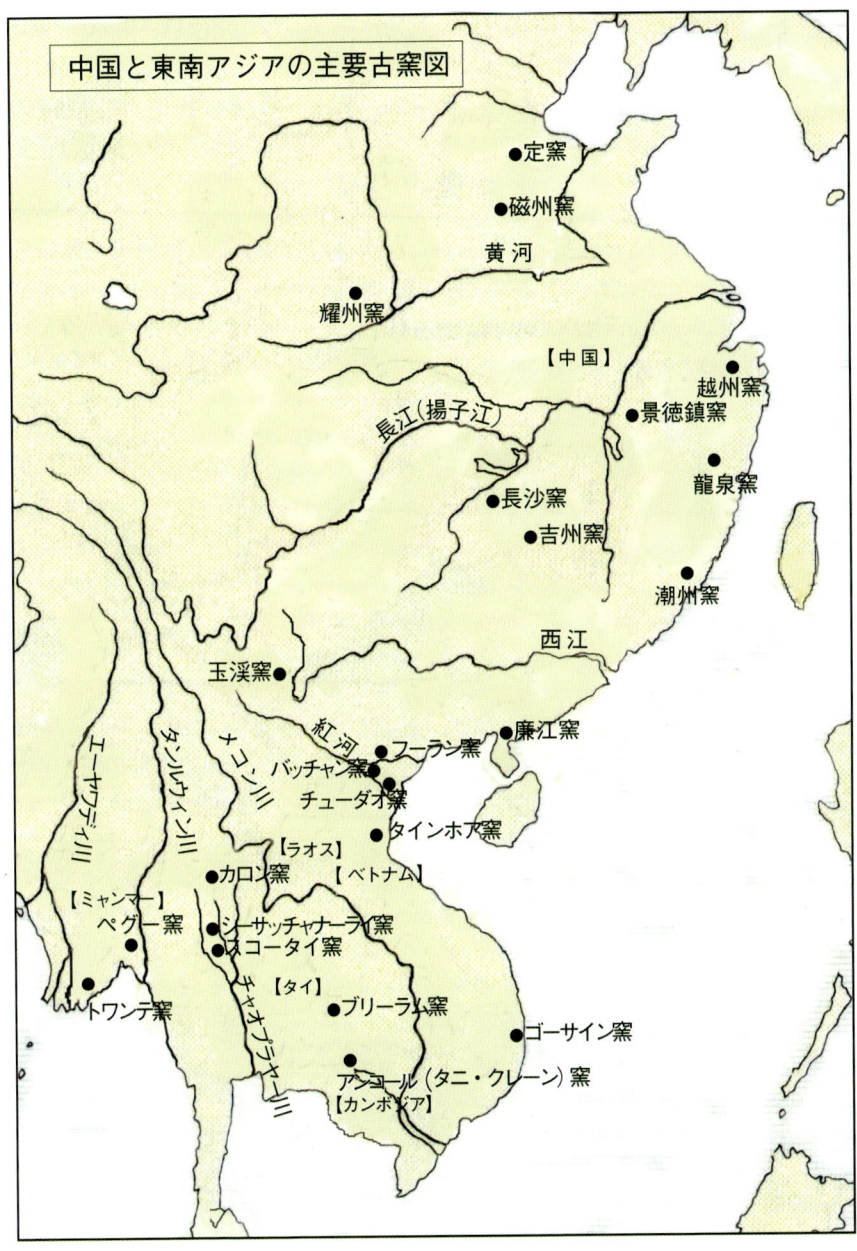

思っている。

　隆盛であったタイの古美術商たちの繁栄に1997年から1998年にかけて影を落としはじめたのが、アジアを襲った通貨危機である。この時アメリカのＪＰモルガンを始めとする世界のヘッジファンドがタイ・バーツを一斉に売り出した。タイ中央銀行は一ドル二十五バーツから、三十五バーツ、四十五バーツ、五十バーツと段階的に切り下げてはみたものの、結局マネー戦争に完敗した。時のタノム蔵相は、後にタイの外貨はこの時ゼロになっていたと告白している。

　1990年、日本政府が地価高騰に対し土地対策の総量規制を行なってバブルが崩壊し、1995年に金融破綻に追い込まれたように、この時のタイ経済は大打撃を受け、バブル崩壊と金融破綻を同時に招いた。

　古美術商たちもその渦中で明暗を分けた。老舗で資産家であったり、羽振りの良かった古美術商ほど、株や不動産事業にのめり込んでいて大きなダメージを受けた。多くは華僑で、中には毛筆でしたためた「忍」の一字を壁に貼り、なんとか乗り越えようと踏ん張っていた人もいた。だが、その後何年経っても、その紙は剥がされることはなかった。この期を境にタイの古美術商たちの命運に大きな変化が現れた。

　タイのバーツはドルとリンクしていて、バーツの切り下げは直接値引きに繋がる。以来、外国人にとっては買い物がしやすい環境となり、私も思い通りに商談ができた。また、なにより、バブル崩壊を体験したタイの古美術商たちが以前のような優しさに戻ったことがありがたかった。こうして新たなビジネスチャンスが到来し、私は再び日本とタイを頻繁に往復するようになった。

　この荒波の経済を乗り越え、二十有余年にわたっていまだ変わることなく、親交が続いている特別な存在の古美術商がいる。

　長続きしている要因は、なんと言っても、私にとって満足度の高い品を提供してくれるからに他ならない。品物の写真を航空便でほぼ定期的に送りつづけてくれ、その都度私はバンコクに足を運び取引をしてきた。大方の場合、封筒の中身は写真のみで信書がないのが通例で、品物自体がストレートに問いかけてくる。

　1999年の秋、いつもの調子で写真が届いた。

　今となればこの一通がこの物語の始まりを予告していたのであるが、その時

の私には、まだ事の重要さに気づいていなかった。写真は大きな壺全体を四方から撮った四枚、そして、胴の窓に描かれた魚の部分を撮ったものが各四枚（3-1）（3-2）（3-3）（3-4）であった。うち一枚の裏面に H-45cm VIET NAM と手書き文字が走っている。ベトナムの五彩魚藻文大壺（2-2）である。

　スクッと立ち上がった頸部、肩が上り胴の張りも豊かで、堂々とした落ち着きのある姿。しかも高さ 45.0cm と大きい。

　一見派手な色彩に戸惑いがあったが、写真を前にして、見てみたいという気持ちに駆られる日々が続いた。

2-2 五彩魚藻文大壺　高45.0cm　胴径44.7cm　口径24.3cm　底径29.0cm

第3章　咲き誇る紅色の大輪

　後日、便りをくれた古美術店を訪ねた私は、早速オーナー室へ通されて魚の大壺と対面した。スポットライトを浴びて立つ、赤っぽい重厚な大壺（2-2）が眼に飛び込む。赤とも朱とも褐色ともつかぬ、紅色である。濃厚な色調が醸しだす妖艶な雰囲気に呑み込まれそうである。
　過去、日本ではベトナムの五彩のことを紅安南や安南赤絵と呼んできた。明るくナイーブな色彩感覚とラフな絵付に異国情緒が加味され、また極めて希少であるところから、とても珍重されて好事家の憧れとなってきた。だから、一般に見分する機会に乏しく、私に紅安南のことを解っていたのかと問われても、そうだと言い切れないところがある。ただなんとなく知っていた、といった程度の見識であった。
　訪タイの前に、ベトナム五彩が掲載されている各種図版に目を通し、届いた写真と何度か対比してみた。だがこの二十年余りの間に東南アジア出土のベトナム五彩を数点しか扱ったことがなく、実体験に乏しい私には見分にも限界があった。本当のところはよくわからないまま、出合いに向かったと言っていいだろう。
　美術商にとって、古いか新しいかを見分けることは初歩的なことなのだが、未だ扱ったことのない品や、希少な品を商う場合、当然ながら、真贋を念頭に入念な検証が必要である。というのは、そこで贋物を買ってしまった場合、お金のロスもさることながら、見誤ったことによる自身の心眼に対する信頼が揺らぎ、自信を失いかねないからである。またダメージとなって残ることも避けたい。
　人々は、予備知識がなく、まして見たこともなく、想像の及ばない品が目の前に現れたらどのように感じるのだろうか。たぶん、経験が豊富だったり知識

や常識があればある人ほど、対処しにくいのではないだろうか。またルールを意識すればするほど、それと相容れないであろう。

　では、どうしたらいいのか。その作品が矛盾を抱えていないか、あらゆる角度からチェックし、見極めるしかない。そして、所詮ものを言わない品物だから、作られた時代を見抜く自分の眼と直感を信じ、心に触れた感性を大切にしながら判断するよう心掛けることである。

　そうはいっても、抽象的な作業なので、つい人の意見に頼りがちになるのだが、それをしていては、いつまでたっても自分で見る眼は育たない。できれば、自ら結論を下すべきである。

　美術商は心の眼が頼りで、いつも経験と知識と審美眼とを交錯させて品々と接している。真贋に関しては、かねがね「贋物を本物とするのは許されるが、本物を贋物とするのは許されない」と言われている。私も迷いが生じることがあり、含蓄ある格言に耳が痛いところがある。

　しかし、警戒ばかりしていてはせっかくの縁を逃すことにもなりかねない。魅力に心が揺れる品は買ってみることだ。要は、客観的ではなく、常に直截的に対処することこそ正体をつかむ近道なのである。

　私としては、ベトナム五彩の扱いに乏しく、経験不足で不安を残すが、見たところ不自然な点が見当たらないので、まずは自らの教え通りに買ってみることにした。

　それから一ヵ月の後、通関業者から荷を受け取った私は、楽しみにしていた大壺の木箱を解き、改めて見入った。

　大壺の全体を覆う紅色。青花（せいか）がその合間を縫うようにして、幾筋もの平行線で区画帯に仕切り、開光部やその他の部分に分けている。青花は力強く深い藍色である。そして口元に緑釉が塗られ、胴の所々に緑色の線が走り、黄色の点描が踊る。窓絵となる開光部に描かれた四匹の魚は、鯰（3-1）、小魚をくわえた蕨魚（けつぎょ）（3-2）、鯉（3-3）、そしてこれも鯉であろうか、私には呼称不明の魚（3-4）が水藻を泳いでいる。

　東南アジアは川魚が豊富である。水田は鯉や雷魚の棲み家であり、鯰の産卵所である。特に雨期ともなると、冠水した平野一面が漁場となり、人々の生活に潤いを与えてくれる。

3-1 五彩魚藻文大壺（2-2）の鯰

3-2 五彩魚藻文大壺（2-2）の小魚をくわえた鱖魚

3-3 五彩魚藻文大壺（2-2）の鯉

3-4 五彩魚藻文大壺（2-2）の魚

　魚は昔から陶磁器によく描かれ、そのルーツは東西の先史時代の土器に辿ることができる。水界における原初の動物として魚は別格であり、古来死と再生のシンボルとなってきた。稀に絵や象形(しょうけい)で人面魚があるが、これは想像上の大魚で水神とも言われ、よみがえりの象徴でもある。また多産であるところから豊饒のイメージと結び付けられ、吉祥(きっしょう)とされた。言うまでもなく、食料として人や他の生き物への恩恵は計りしれない。

　ベトナム五彩魚藻文大壺（2-2）は異例の大作である。そのこと自体喜ばしいことであるが、比例して不安も大きい。大壺を眺めながら、念のためにルーペを当てて再確認する。高台の土味や、器面の貫入(かんにゅう)に見る土や鉄分の滲み具合など、長年出土陶磁を眼にし扱ってきた私の勘では、その様相に問題はなく、

特徴は合致している。
　残るは五彩の状態である。ビッシリ描かれた文様をデジタルカメラで接写し、パソコンで拡大してみる。さらに50インチのプラズマテレビで大写しにし、繰り返し見る。これが現在私なりのチェック法だが、細部を超拡大にしても一向に衰えることのない筆力があり、かえって揺るぎない絵画力が浮かび上がる。鑑賞価値と魅力は、すこぶる高い。青花のアウトラインに赤絵が加筆され、さらに緑絵が重なる。仕上げは黄色の点描で整えられていて、五彩の手順としては常道であり、矛盾点はどこにも見当たらない。
　折しも当店の年に一度の展示替えである。ベトナム五彩魚藻文大壺（2-2）を正面に展示した。逸品のお披露目である。日頃どちらかと言えば渋い色調の商品が多い店内に、大輪のような大壺が色華やかに咲き誇り、周りの雰囲気をも一変させた。

第4章　無謀とも思える挑戦

　艶やかな色彩のベトナム五彩魚藻文大壺（2-2）に馴染みかけた頃、新たな写真が届いた。

　象の象形（4-1）高さ41.5cm、鹿の盤（4-2）口径35.5cm、孔雀の盤（4-3）口径37.3cm、龍鳳の香炉（4-4）高さ34.5cm、そして鴛鴦の象形（4-5）高さ17.5cmの五彩と、初めて眼にする青花で、双鳥の盤（4-6）口径54.5cmは想像を絶する桁外れの超大作である。

　大物揃い、しかも五彩に加えて青花が出現した。先の大壺で得た感触で同類ではないか、であればもっと欲しいという気持ちが強く働いた。

4-1　五彩八宝文象形燭台
　　高41.5cm　長径40.5cm　短径23.0cm

　象は過去東南アジア全域に多くいた。象の保有数は国力を象徴し、有事に戦力となってベトナムでも重要な役割を担っていた。私は象の良いものに出合うと自制がきかなくなる。胴体には瑞雲や梅花文とともに銭などの宝物が散りばめられている。是非欲しい。

　鹿は神に仕え、東西の古代土器に早くからその姿を現している。また後に星から現れた寿老人に従い、長寿を授けると言われる。

　孔雀はインドをはじめとして主に南アジアに生息する。孔雀の舞いは雨期を告げると言われ、農耕文化と深く結び付いている。また高貴の象徴とされ、イ

4-2 五彩鹿文盤
　　口径35.5cm　高6.8cm　底径24.4cm

4-3 五彩孔雀文盤
　　口径37.3cm　高6.4cm　底径19.5cm

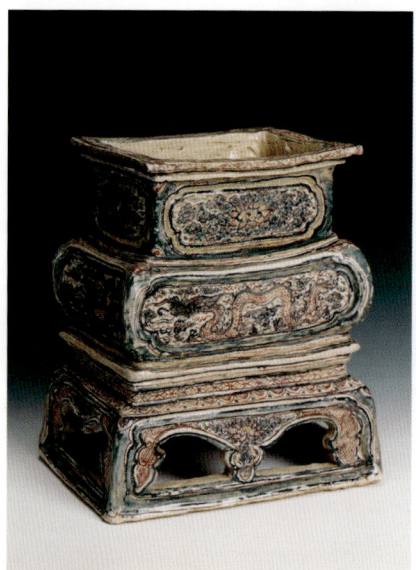

4-4 五彩龍鳳文角形香炉
　　高34.5cm　長径27.0cm　短径21.0cm

4-5 五彩鴛鴦形壺
　　長径24.7cm　短径18.0cm　高17.5cm

4-6 青花山水双鳥花文大盤　口径54.5cm　高10.5cm　底径34.5cm

ンドと同様、ベトナムでも国鳥扱いであったと伝えられている。
　古代中国において、龍と鳳凰は天帝の使いで、共に天と地を行き来する瑞獣や瑞鳥であった。元（1271～1368）から清（1644～1912）にかけて、皇帝と皇后の象徴とされ、権威の印でもあった。
　また、古代から親しまれている鴛鴦(えんおう)は鴨類の一種で、「鴛」は雄、「鴦」は雌でオシドリのこと、いつも一緒にいるとされる、仲の良い夫婦鳥である。
　青花の特大の盤に描かれた双鳥は正確な呼称は知らないが、この鳥はこれまで散見するベトナム陶磁によく描かれていて、多くの場合二羽ではなく一羽で表現されているように思う。
　前に求めた大壺の魚文といい、これら器面に込められていたメッセージはすべて吉祥図案で彩られている。
　これらの陶磁器に魅力負けして以来、幾度となくこのような出合いを繰り返した。品々を前に、いつも感動し、陶酔した。その都度記録のつもりで撮った写真は数え切れない。今後も写真を撮り、常にそれを持ち歩き、ことあるごとに眼にするだろう。
　見れば見るほど増す魅力。しかし、これらの五彩が名品と評価されているものよりさらに優れていると自負はするものの、一体これがどういうたぐいのものか、よくわからない。素性を明らかにしたいという思いが常に頭を支配した。
　2000年から2001年にかけて、買い付けの頻度と品数は次第に増えた。この頃より私の心はいっそう複雑になった。通常の仕入では、眼に留まった品々の優劣を見極め、さらに選び抜く。ところが、今回の五彩や青花に限って、それができないのである。見れば欲しい。しかし買い切れない。多少選ぶ。だが選び残した品はどれも心から離れない。これには困った。結局は買うことになる。こうした無駄とも思える自身の抵抗心を鎮め、今後は素直に受け入れる他ないと、どこかで悟りに似た心境になるのだが、それには厳しい現実がつきまとう。品はどれ一つとして不足はなく、得難い逸品である。品々は、その場その場で確保しなければ、そのうち目が届かなくなる。せっかく貴重な品々が私に向かっているというのに、みすみす逃してしまうのはいかにも惜しい。だがこうした優れた品がこの先どのくらい出てくるのか、皆目見当もつかない。そのすべてを引き受けるなど、途方もないことのように思えてくる。またこれまで買い

入れた品物を抱えたまま、さらに買い進んで、どこまで持ち堪えることができるのか。私の全能力が試されている。

　私がこれまでタイで体験した経緯を省みると、調査にしろ盗掘にしろ一旦発掘が始まると、出土品は市場にどっと噴出する。そんな状態を何度も見てきた。

　私が初めてタイへ行ったのが1974年である。

　すでに1971年頃からタイ東北部（イサーン）のバーンチェン村で古代遺跡の調査が行なわれ、それにともなって古代メコン文明の産物とも言える刻文および彩文土器や青銅器が大量に出土していた。1972年、タイ芸術局はバーンチェン地区の保護を目的に、個人の発掘と売買を法律で禁止した。だが、その頃はまだバーンチェンの出土品が各古美術店内に多く見られた。このバーンチェン文化は雲南(うんなん)やベトナムのドンソン文化と影響し合いながら形成されたと見られている。

　当時、シーサッチャナーライやスコータイ地域の出土品は自然にしかもまばらに現れる状態で、遺跡などを盗掘するというような派手な行為に至っていなかった。ところが、1980年代に入るとタイの人々は急に経済感覚に目覚め、行なってはならないとされてきた古い慣習を振り払って、ハッキリと金銭目的で歴史的遺構を盗掘する世相に変わった。1970年代の、掘れば出るという古代バーンチェン遺跡の教訓が人々を大いに刺激していたものと思われる。

　次いで1983年、タイ東北部ブリーラム地方の遺跡や窯址調査と並行し、人為的な盗掘が頻繁に行なわれ、カンボジアのクメール陶器が多数市場に流れた。

　また国名がビルマからミャンマーへと変わり、国情が不安定であった1984年から88年にかけて、ビルマ人がバゴーと呼ぶモン人の古都であった下ビルマのペグーで、政府による寺院遺跡の調査が行なわれた際、半人半獣で十二支神将を思わせる干支の頭をした一対の戦士像を表した建築装飾用の大型陶板（平均値縦約45cm　幅約33cm　厚約13cm　重約15kg）が続々と発掘された。この十四世紀から十七世紀にかけて作られたとみられる多彩な釉（無釉、灰釉、鉄釉、青磁、青磁褐彩、白釉緑彩、白釉緑釉、白釉青釉、等々）が施された陶板は、時の役人たちにより数年にわたって横流しされ、総計で三百五十枚余りがタイへと放出された。

　そして、メーソットを中心としたタイ北西部山中における山の民による墳墓

の大発掘も同時期だった。山々が広範囲にわたり大々的に掘り起こされた。シーサッチャナーライやスコータイを始め、それまで余り知られていなかったパヤオ、パーン、カロン、ワンヌワ、サンカンペンなどタイ諸窯の陶磁がたくさん出た。同地域の先住民だったモン人の灰陶やハリプンチャイの印花象嵌土器。主に青磁や緑釉、そして白釉緑絵陶を産出したミャンマー陶磁の数々も市場に現れた。それにカンボジアのクメール陶器やベトナム陶磁、そして中国陶磁まで姿を見せ、世界の眼がタイに向けられた。

　またミャンマーからは、かつてパガンの寺院を飾っていた緑釉タイルや、マンダレーの北イラワジ流域の遺跡ミングンから各種釉調の違う仏教説話を表したタイルが流出した。2004年12月26日、マグニチュード9の巨大地震と大津波が北スマトラのアチェを襲った。アチェにはベトナム中部に栄えていたチャンパ王国の人々の末裔が住むとも言われていて、かつて交易により一大勢力を築いていた。このアチェ王家の家宝であったミャンマーのマルタバンの黒釉大壺群が、ジャカルタを経てバンコクに出現したりして、この時期市場は大いに賑わった。これらの動きを契機に、それまで余り知られていなかったミャンマー陶磁の存在が再認識され、東南アジア陶磁史の新たなジャンルとして注目されるきっかけとなった。

　今考えれば、1984年はまさに東南アジア陶磁の幕開けを告げた年であった。

　そして1986年頃より、各種ベトナム陶磁が陸路ラオスからメコン河を渡ってタイへ運ばれるようになった。空路でも、多数、タイをはじめ香港やシンガポールへ流出した。この年、ベトナムのドイモイ（刷新）政策が実行されており、開放経済の始まりとともに陶磁も動き出したのである。そして同年、タイの東北部ナコーンラーチャシーマーの北、バーンパーサから紀元前後の朱色研磨土器群が出土した。

　1989年には、シーサッチャナーライ近郊のバーンケンサラチットで象の群れをはじめとした、大形の動物象形（しょうけい）が出現した。また、ロップリーの北東バーンドンマルンの周辺から、紀元前後に作られたと思われる個性ある薄作りの刻文土器が出土した。

　1990年、ラオスにあった、タイ北部パーンの青磁大壺が多数タイへ里帰りした。頸部（かつゆう）が褐釉で肩から下が青磁の掛け分けとなっていて、特に壺の口元から

肩にかけて、象や魚そして花に蔓唐草文の印花でびっしりと飾られているのが印象的な大壺群である。二色に掛け分けるこの技法は、間接的にカンボジア・クメール陶器の影響を受けたものか。

　1991年にはシーサッチャナーライで、窯址の最下層部よりモン陶器が出た。1992年からは、タイ北部ヴィエンカロンの山中で発掘がはじまり、出土品はカロンの奥深さを知らしめるものであった。

　同年、カンボジア・アンコール近郊のタニ窯址、続いてアンコールの北東60km、王家の聖地でもあったプノンクーレン丘陵の窯址からも灰釉陶の遺物が流出している。1994年、メコンデルタから扶南（ふなん）時代の素焼きの土器が現れている。

　またこの頃から、ラオス陶磁の褐釉大壺が連続的に姿を現し、その存在を一般に知らしめた。窯址はルアンパバーンのバーンシャンハイと、ヴィエンチャンの南東シーサッタナーク、そしてタイ東北部のメコン川に注ぐソンクラーム川に沿った地域のノーンオとバーンタレにあるという。ラオス陶磁は器を成形した後に轆轤（ろくろ）を停止し、両手で糸を張り、器の向こうからまっすぐ手前に引いて旋盤から切り離している。したがって平らな底裏に平行状で細い筋の糸切の痕を残しているのが特徴的である。

　以上、私がタイで遭遇した主要な土器や陶磁器の発掘品の流れを思い出してみたが、そのすべてを書き切れてはいないと思う。この他にも、記憶に残らない単発的な小発掘が日常的に行なわれてきたであろう。また陶磁器を積んだ沈没船が、シャム湾やベトナム沖から数回にわたり発見されているが、私はこれに関わりを持たなかった。

　これらの大きな発掘が私に語りかけたのは、遺品の噴出が少なくとも二、三年は続くのであろうから、資金面で辛抱が必要であり、長くて五年もすれば落ち着くということだった。

　1999年に始まったベトナム陶磁の発掘も、2001年に入りやがて二年になる。ここが胸突き八丁なのだろうか。しかし、それにしても今回ばかりは、超と付く大作が多く含まれていて、そのスケールは尋常ではない。美術商生活四十年目にして味わう究極の喜びと苦悩の日々が続く。

第5章　海底から引き揚げられた交易陶磁器

　2001年3月27日〜5月6日、東京都下の町田市立博物館で「ベトナム青花展——大越の至上の華」が開催された。これは、ベトナム青花を一堂に展示し、その展開を様式の変遷から解明しようとする試みであった。

　展示品の一部には、1997年よりベトナム中部ダナン近郊の港町ホイアンの沖合に沈んでいた船より引き揚げられたとみられる青花も並べられていて話題を呼んだ。それが展示会の図録の表紙を飾った青花山水文盤（5-1）をはじめ、青花水牛文盤〈1〉（5-2）、青花獅子文盤〈2〉、青花走獣文壺〈3〉、青花霊獣文獅子鈕壺〈4〉、青花鳥文瓶〈5〉、青花鳳凰形水注〈6〉、青花各種合子〈7〉などである。〈8〉

　これら沈船遺物の展示にいたる背景について、2000年9月17日付けの『京都新聞』が詳しく伝えていたので、ここに転載して振り返りたい。

　　陶磁器10万点競売に——15世紀
　　難破船から引き揚げ　ベトナム沖
　　（ニューヨーク16日共同）
　　ベトナム中部ホイアンの沖合の
　　南シナ海に約五百年前に沈んだ帆

5-1　青花山水文盤　口径33.6cm　町田市立博物館

5-2　青花水牛文盤　口径33.5cm　高7.3cm
　　 町田市立博物館

船からベトナム産の陶磁器多数が引き揚げられ、うち約十万点が十月中旬から米国で競売にかけられる。ベトナム政府からの委託で競売を担当するバターフィールズ社（サンフランシスコ）は「当時のベトナムの窯業と東南アジア交易の研究資料としても価値が高い」と強調している。競売にかけられるのは、鳥や馬、花など東南アジア各地で愛好された絵柄の皿、水差しなどの食器や壺などの美術品。同社は唐草模様の壺（高さ約四十四センチ）の落札価格を十万ドルから十五万ドル（約千七十万から千六百万円）」と予想している。十六世紀半ばまで中国明は周辺国との民間交易を全面的に禁じたことから、ベトナムの陶磁がアジア各地に普及。特に南国的な色彩とデザインで知られ、日本でも安南焼と呼ばれ人気を集めた。陶磁器は数年前から地元漁民の網に掛かり始め、マレーシアのサルベージ会社が昨年までに沖合約二十キロ、水深約七十メートルの海底から引き揚げた。帆船は全長約三十メートルでタイの商船とみられる。十五世紀末か十六世紀初頭にベトナム北部のハイフォン付近からインドネシア方面に向かう途中で沈んだらしい。陶磁器は米インターネット競売大手イーベイの手でインターネット http://www.ebaygreatcollections.com でも競売にかけられる。

　このように報じられ、競売の際二冊のカタログが刊行されているという。
　2001年8月、私はベトナムを訪ねた。
　各美術館、博物館の展示品に一通り目を通しておきたかったからである。折しも、ハノイ・ベトナム国立歴史博物館の一階中央展示室には、ホイアン沖沈船引き揚げ陶磁器が、五百点余り並べられていた。
　展示品は壺、皿、盤、瓶、碗、水注、合子、小壺、動物象形などが主だった。だが大半が小品の青花で、大壺は数点と少なかった。青花は全体に水彩で描いたような淡い雰囲気のコバルトだった。花鳥山水の絵付が主流だが、獅子や麒麟といった瑞獣の絵もあった。そして、中には五彩もあった。また五彩に加えて金彩が施されているものもあり、印象に残った。しかし、五彩や五彩金彩は、砂や塩による浸食か、もとの色はほとんど失われていた。品目は他にも塼やタイルの類、人物像や動物の象形、鳥の水入れや餌入れまであった。だがこれら

は、私が今最も関心を持っている五彩や青花とは一線を画すほどの違いがあり、特に参考になるというものではなかった。また全館を通観し他の陶磁も楽しんだが、これまで以上の知見は得られなかった。

私は、この機会にと、一大窯業地として脚光を浴びたチューダオ村を訪ねてみた。村はハイズオン市の北方約6kmナムタイン郡タイタン地域にある人口1150人余の一集落で、主要な水路であるタイビン（太平）川の左岸にあった。

古窯址はトルコ・トプカプ宮殿博物館の青花牡丹唐草文瓶（5-3）（6-7）（13-62）（13-129）の肩に書かれた十三字からなる漢字銘中の地名「南策州」を手がかりに1983年に発見され、1986年に初めて発掘が行なわれて以来、何度も調査されている。

5-3 青花牡丹唐草文瓶　後黎朝前期　「大和八年」(1450）銘
高54.9cm　口径10.6cm　底径19.0cm
イスタンブール　トプカプ宮殿博物館

チューダオ村の陶磁資料室は、村の中央にある溜池をそなえた廟および祠堂の建物内を利用したかたちで併設されていた。展示品はそれこそ資料的なもので、ハノイ・ベトナム国立歴史博物館の沈没船引き揚げ陶磁器との共通性と、その時代を前後して焼かれたと思われる青磁、白磁、褐釉、青花の窯址遺物（5-4）を確認するに留まった。

人通りの少ない狭い路上のいたるところに、村の産物で畳の材料となるイグサが干してあり、陶磁の古里とはかけ離れた印象を持った。だが資料室に外国人が訪れたと知った村人たちが、発掘品を手に手に売りに来た。大半は窯址に捨てられていた物原たぐいの出土品（5-5）（5-6）で、割れてつないだもの、

5-4 碗9　チューダオ窯址2001年頃出土

5-5 褐釉青花福字盃
　　チューダオ窯址2001年頃出土
　　口径8.5cm　高5.2cm

5-6 壺・碗2・小皿・盃
　　チューダオ窯址2001年頃出土

くっつきのあるもの、ゆがんでいるもの、などなど、まともなものはなに一つとしてないのだが、根っから好きな者にとっては、瞬間なんでも良く見えてしまうところがある。茶にでも使えるかな、資料としていいかも、などと自身に言い訳をしながら、小遣い程度の値段に、つい両手がふさがるほど買い込み、持ち帰ることになった。私にとって、これがまた結構楽しいひとときだった。

　村人たちは、雨期が終わって水嵩が減ると、堤防の周辺に顔を出す陶磁器捜しを行なうと言う。また村の外れに近々陶磁器生産の大工場が稼働すると耳にしたので、おそらく今ごろは新チューダオ陶磁器が続々と生産されていることであろう。

　私はさらに20km以上離れたホップレーに向かった。1986年から数回発掘調査が行なわれた陶磁の里である。国道から田園地帯に入ると、赤い煉瓦造りの煉瓦を焼く建物がぽつりと建っていた。それを眺めながら、車がやっと通れる並木道をのろのろと走る。その先がケサット川の支流で、小さな運河のようなドダイ川に沿ってホップレーの村落があった。

　村の入口で車を降り、村内の所々を散策してみるものの、陶磁関係に詳し

い案内人を持たない私は陶磁片で埋まっているという河畔に辿りつけない。ここでも陶磁の里の面影を見つけることができないまま、またよそ者として珍しがられてしまい、多くの子供たちに囲まれた。そのあげく、村人に「この村に入る政府の許可書を見せろ」と言われ、愕然。ああ、ここはまだ古き北ベトナムの慣習がいまだに残る村なのだと思った。そして、ここでは「ラン」と言われる、古代から続くベトナム独自の村落共同体のあり方を目の当たりにすることができた。それは先に訪れたチューダオ村と同様、村の中心に村落守護神を祀り、風水思想に基づく溜池を備えたディン（亭）という集会所と仏寺に廟や祠堂を備え、共同の井戸を多くの住居が取り巻く。さらにこれをすっぽりと土の塀や竹垣で囲んでいる集落だったということである。村には出入り口が数ヵ所あり、外には田畑に市場、そして墓地に竹林や草地が広がっている。これらすべての土地が村落共同体に属していて、家族単位ごとに耕作地が分配されている。それは公田制を継承した村落共有田の伝統が息づく姿で、村人にとって、「ラン」は今も生活の基盤なのである。

　ホップレーは十四世紀から十七世紀頃まで陶磁を焼いていた村と言われているが、私には確認の術はなかった。近くのゴイやカイの村でも生産していたとされ、向かってみたが、これも辿りつけなかった。しかし、かつて一帯に絶え間なく窯の煙がたなびいていた陶磁の里が点在していたことは確かで、その地域を訪れ散策できただけでも満足だった。

　その後私は、ハノイ美術博物館、フエ宮殿美術博物館、ダナン博物館、ホイアンの海のシルクロード博物館、そしてホーチミンのベトナム国立歴史博物館を一巡した。また、その他の小さな美術館、博物館も何ヵ所か訪ねた。しかし、どの美術館にも博物館にも私の手元にある陶磁器と同時代性を窺わせる陶磁器が見当たらない、という不思議さが気になりはじめた。そして、そこで初めて、従来のベトナム陶磁史の枠内に、入手した五彩や青花が納まるはずだと思っていたこと自体が誤っているのではないかという疑問を抱いた。であれば、遺品の器形や作風、様式によって年代を推定し、独自に流れを組み立ててみる作業をしなければならない。こうして、私と未知なる陶磁器との会話が始まった。

【参照】
〈1〉 青花山水文盤　口径 33.6cm　町田市立博物館.
　　　『ベトナム青花——大越の至上の華』　頁32・図34　町田市立博物館図録　第122集　2001.
〈2〉 青花水牛文盤　口径 33.5cm　高 7.3cm　町田市立博物館.
　　　『ベトナム青花——大越の至上の華』　頁33・図35　町田市立博物館図録　第122集　2001.
〈3〉 青花獅子文盤　口径 33.6cm　高 7.3cm　町田市立博物館.
　　　『ベトナム青花——大越の至上の華』　頁33・図37　町田市立博物館図録　第122集　2001.
〈4〉 青花走獣文壺　高 43.4cm　胴径 30.5cm.
　　　『ベトナム青花——大越の至上の華』　頁39・図51　町田市立博物館図録　第122集　2001.
〈5〉 青花霊獣文獅子鈕壺　高 52.2cm.
　　　『ベトナム青花——大越の至上の華』　頁40・図54　町田市立博物館図録　第122集　2001.
〈6〉 青花鳥文瓶　高 30.0cm.
　　　『ベトナム青花——大越の至上の華』　頁42・図60　町田市立博物館図録　第122集　2001.
〈7〉 青花鳳凰形水注　高25.1cm　底長径14.0cm.
　　　『ベトナム青花——大越の至上の華』　頁45・図65　町田市立博物館図録　第122集　2001.
〈8〉 青花各種合子　高 6.2cm〜8.5cm　径 3.5cm〜5.5cm.
　　　『ベトナム青花——大越の至上の華』　頁66-67・図119、120、121、122　町田市立博物館図録　第122集　2001.

第6章　花街城の太上皇

　ベトナム陶磁に関する出版物は身辺に何冊かあった。だが、この時可能な限り集めた。手持ちと同類の陶磁がどこかに掲載されていないかと思ってのことである。
　また時折、我が家から車で約十五分と近くにある愛知県陶磁資料館の図書室（職員主体の資料室。許可制で一般人も利用可。貸し出しおよびコピーは不可）に通い、関心のある書籍はもとより世界中の美術館や博物館の蔵品集まで目を通した。こうして本格的に探求を始めた結果、同類と思えるものを見出すことができなかったものの、すでに評価されているものとの違いがおぼろげながら見えてきた。例えば盤や皿の中心に描かれている絵を対照してみると、かなりの部分で似ているものの、図版で散見する五彩の中でも1992年福岡市美術館発行の展覧会図録『ベトナムの陶磁』の表紙に取り上げられた五彩麒麟文盤（6-1）（13-199）と、今回入手した五彩麒麟文盤（6-2）を比較すると、主文様そのものや、丸い枠自体がやや小さく描かれていることに気が付いた。そして従属文もきめが細かく、しかも丁寧で、絵画の基本に則りしっかりと描いて仕上げられている、ということも解りかけてきた。
　また、皿（6-3）についても、主文様の丸い枠自体がやや小さく描かれている点では同様であり、しかも中心には窯道具の痕である五つの目跡（6-4）を残している。そして、関心が薄かった盤の裏面（6-5）と皿の裏面（6-6）を改めて見直すと、これまで知られている作品は総じて簡略なのに対して、これらは複雑に描かれている。
　そして、青花の盤や皿についても同様なのである。
　従来、ベトナム陶磁は中国陶磁の地方色の強い、ひなびた作風と評され、ややもするとそれを良さとし特徴としてきた。絵も簡単な表現が多く、解りやす

44　第 6 章　花街城の太上皇

6-1 五彩麒麟文盤　口径39.0cm　高9.5cm　底径28.4cm
本多コレクション　福岡市美術館

6-2 五彩麒麟文盤　口径42.0cm

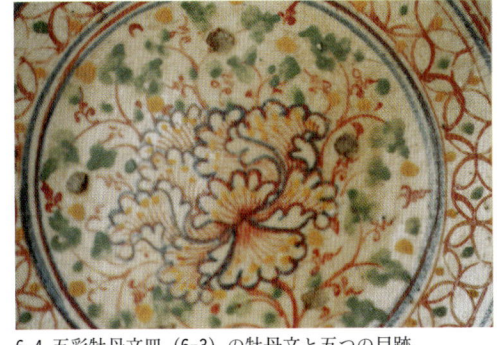

6-3 五彩牡丹文皿　口径28.0cm

6-4 五彩牡丹文皿（6-3）の牡丹文と五つの目跡

6-5 五彩麒麟文盤（6-2）の裏面

6-6 五彩牡丹文皿（6-3）の裏面

い。しかも空間を感じさせる文人画のような雰囲気を持ち、日本人の感性に親しみやすいものが多いという印象があった。だから、ベトナム陶磁といえばそのようなものだ、という概念が植え付けられていたような気がする。

　しかし、これまで一般に理解されてきたベトナム陶磁史自体、確固たる研究を踏まえて構築された流れがあるわけではなかった。乾期の川のように充分な水量が保てず、ところどころ干上がったままなのではないか。だから明確にするには、どこかによりどころを得なければならないような欠落した部分があるのではないか、という気がしてきた。それなら、少なくともベトナム陶磁史より研究が進み、水量豊かでしっかりと流れている中国陶磁の流れを参考に推察するしかないと、私は考えはじめた。

通称「紅安南」や「安南赤絵」と呼ばれるベトナム五彩は、中国の成化（1465〜87）から嘉靖（1522〜66）の色絵陶磁に影響を受けて、十五世紀中頃から生産され、十七世紀前半まで作られてきたと考えられている。したがって、本当はこの時代をはみだすことはタブーである。しかし、各種の図版に眼を通してみると、中国色絵陶磁の特徴や雰囲気とかなりかけ離れているので、どうもこれらの時代の枠内にとじこめることはできないように思える。かといって、ベトナムの陶磁の生産が衰えはじめた十七世紀以降の作品ということはあり得ない。

6-7 青花牡丹唐草文瓶　後黎朝前期　「大和八年」（1450）銘
高54.9cm　口径10.6cm　底径19.0cm
イスタンブール　トプカプ宮殿博物館

そこで、青花ではあるが、1934年に大英博物館のR.L.ホブソン氏が紹介して以来、ベトナム青花の規準作例として世界的に著名となった天球瓶で、1450年と紀年銘のあるトルコのトプカプ宮殿博物館所蔵の青花牡丹唐草文瓶〈1〉（5-3）（6-7）（13-62）（13-129）の作風をもう一度しっかりと頭に据え、考え直してみようと思った。だがそのことは、十五世紀中頃から生産され十七世紀前半まで作られたとするベトナム五彩の編年に関する、これまでの常識や通念を逸脱しかねないのだが……。

まず中国の成化（1465〜87）から辿ってみると、成化の陶磁は洗練を越えて意匠も落ち着きはらい、どこか完璧すぎる。だから手元の五彩とそれらとはかなりかけ離れていると思う。またその先となると、正統（1436〜49）、景泰（1450〜56）、天順（1457〜64）と短命政権が続くが、この時期、陶磁文化が成熟していたのかどうか。各時代を示す確かな遺品がないので、通称「古赤絵」とか、「明初」と呼ばれる一群の民窯青花の品々を当てることにより、約三十年間の謎の空白期に少しは近づくことができるのではないか、と一般に述べられている。

しかし、私には中国陶磁史の謎を解く能力がなく、世間の推察以上のことはなにも言えず、ただひたすら手持ちの陶磁の絵付を念頭に対比するしか術はないのである。そうすると、一連の「古赤絵」や「明初」の青花は筆の線が太く、絵も砕けていて、空間も多く、大味であることなどから、これも当たらないように思う。

であれば宣徳（せんとく）（1426〜35）となるが、宣徳と言えば価格的にも大変なもので、もし在銘で官窯（かんよう）ともなれば、その評価はすこぶる高く、もはや殿堂入りといった存在らしい。中国陶磁とベトナム陶磁の評価の差はあるものの、新資料のベトナム五彩が、このような高い評価を受ける宣徳の時代まで遡るはずがないのではないか。と思い直して下げてみる。

どうしても既存の概念と常識に左右されて、年代を上げたり下げたりの繰り返しである。そして、起伏ある山中を迷い歩き、いつまで経っても展望が開ける峰に辿り着けない状態であった。

宣徳の磁器に共通する感覚を持つベトナム陶磁としては、松岡美術館の青花双龍文大壺〈2〉（6-8）（13-116）や青花鯰藻文輪花盤（りんか）〈3〉（6-9）（13-117）が思い浮かぶ。この二点は日本におけるベトナム陶磁の代表格で、よく図版に登場する。しかし出版物により編年がまちまちで、彷徨っている感があり落ち着いていない。それだけ人々の迷いを誘う遺品ということなのだろうか。

ところが1997年ジョン・スティーブンソン氏とジョン・ガイ氏が中心となって刊行した『ベトナミーズ・セラミックス』（6-10）、および、2001年ベトナムで刊行されたブイ・ミン・チー氏著『ベトナミーズ・ブルー・アンド・ホワイト・セラミックス』（6-11）の中で、先の二点は十四世紀と明記された。ちなみに、インドネシアのジャカルタ国立博物館の青花双龍文稜花盤〈4〉（6-12）（13-121）も同様である。これら三点の遺品と同手と目されている青花宝相華唐草文稜花盤の口縁部の断片〈5〉（6-13）が、過去福岡太宰府から出土し、太宰府市教育委員会に収められている。出所は十四世紀後半の地層とされて注目を浴び、十四世紀説が浮上していた。しかし、これまで十四世紀に相当するベトナム青花は、玉壺春（ぎょっこしゅん）の瓶や壺、小振りの壺に瓶、そして鉢や合子に限られ、大きな盤の遺品は存在していない。断片は40cm程度の口径を持つ盤と推測されていて、もしそうであれば大作として初出となる。しかも、従来十五世紀に編年されて

6-8 青花双龍文大壺　高64.0cm　口径19.0cm　胴径53.0cm　底径26.5cm　松岡美術館

6-9 青花鯰藻文輪花盤　口径39.8cm　高7.0cm　底径26.0cm　松岡美術館

いた盤（6-9）（6-12）を十四世紀に繰り上げたかたちである。それには、どうも1977年に太宰府市観世音寺境内の池状の土壙から出土した元徳二年（1330）と紀年銘が墨書きされた卒塔婆と、多くの土器や元の龍泉窯青磁などとともに、菊花が描かれた鉄絵花文碗〈6〉の高台部分の陶片が伴出していて、これを十四世紀中頃を下限とする基準作とみなされていたことが、暗に後押ししているかのように思えてならない。

　しかし、先に記した洋書二冊（6-10）（6-11）に十四世紀と記されているものの、松岡美術館の大壺に描かれた双龍や雲気〈2〉（6-8）（13-116）、盤の鯰や藻〈3〉（6-9）（13-117）の表現は、十五世紀宣徳様式の特徴である、太く、しかも力

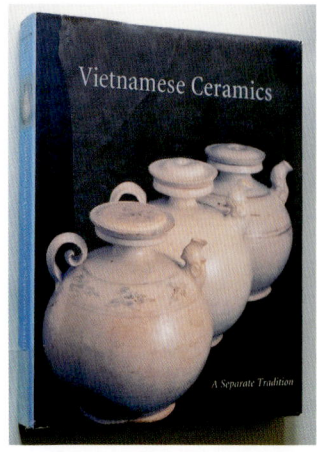

6-10 『ベトナミーズ・セラミックス』 *Vietnamese Ceramics: A Separate Tradition*, John Stevenson and John Guy, Art Media Resources with Avery Press, 1997.

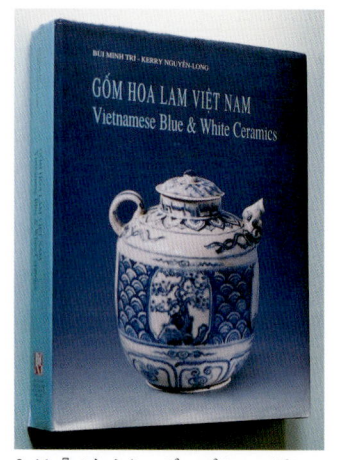

6-11 『ベトナミーズ・ブルー・アンド・ホワイト・セラミックス』 *Gom Hoa Lam Viet Nam: Vietnamese Blue & White Ceramics*, Bui Minh Tri, Kerry Nguybn-Long, Nha Xuat Ban Khoa Hoc Xa Hoi, Social Sciences Publishing House, Ha Noi, 2001.

6-12 青花双龍文稜花盤　口径41.5cm　高7.0cm　ジャカルタ国立博物館

6-13 青花宝相華唐草文稜花盤口縁部断片（左）表面（右）裏面　径7.0cm　太宰府市教育委員会

んで描いている点に眼を凝らすと、同様の趣であったりする。またインドネシア出土でジャカルタ国立博物館の青花双龍文稜花盤の宝珠と双龍を纏っている火焰の表現も同様に見えるところから、これらは宣徳時代の影響を受けた、後黎（レー）朝初期の作品で十五世紀前期とするのが妥当のように思う。

　それでも手元のベトナム五彩は、上記の宣徳にも馴染まないのであるから、永楽（えいらく）（1403〜24）に遡ってみる。ところが、永楽というのは第三代成祖永楽帝が南京から北京に遷都、1406年に十万の兵を持ってベトナムに侵入し約二十年間支配した国力の充実した時代である。この時中国陶磁の技術が持ち込まれたとすれば、ベトナムの陶磁史全体をも支配したような気がする。であればベトナム五彩や青花に永楽の遺風が濃厚に加味し反映しているはずである。そう思ってみるものの、模様に共通性を感じないわけではないが、やはりどこか、例えば間の取り方など、どうも永楽様式の方に空間が多くスッキリとした構成になっている。

　永楽帝は占領下のベトナム人の慣習や個性を奪う政策を積極的にとったとされている。したがって、永楽時代の製陶技術を持ち込みベトナムの文化を助長し、これら五彩や青花を作り上げたとは考えにくい。しかも、永楽帝によって、1400年を前後して、いやさらに遡った陳（チャン）朝の遺風までもが消し去られているような気がするのである。

　ベトナム青花の進展は、元（1271〜1368）様式の影響の下で育まれたと言われてきた。しかしよくよく考えてみると、これまで知られているベトナム青花には元青花を代表する、例えば河北省で北京の南に位置する保定市の窖蔵（こうぞう）から出土した青花龍文八角瓶（6-14）（13-79）のような超緻密な筆法による作品の

6-14 青花龍文八角瓶　河北省保定市永華路窖蔵
　　 出土　高46.2cm　北京市　故宮博物院

6-15 釉裏紅牡丹唐草文大壺　高54.0cm
　　 旧安宅コレクション

影響が見られないのが不思議である。この瓶は一対と見られていて、それぞれ北京市故宮博物院と石家荘市河北省博物館に収められている。

　従来、十四世紀のベトナム陶磁史は、鉄絵や青花が創生期で細々と製作され、主流であったのは青磁、白磁、黄白釉褐彩、褐釉で、これらは十三世紀から十四世紀、十五世紀と連綿と作り続けられてきた、と説明されてきた。そして永楽帝が侵入したことにより、ベトナムで本格的に元様式の兆しが表れはじめた、さらに永楽帝が持ち込んだのではないか、とする考え方のほうが支持されてきたように思う。しかし、永楽帝の圧政によりベトナムの社会体制や文化が多大なダメージを受けていたという認識に立てば、陶磁史も考え直さなければならないのかもしれない。

　この度出現した陶磁器は、五彩が主で、青花が僅かに一割か二割程度である。その要因として生産時に良質なコバルトが不足気味であったとも考えられるが、殊に元とも明とも言われ、赤を主体に模様の雰囲気も共通する、旧安宅コレクションの釉裏紅牡丹唐草文大壺（6-15）や、梅沢記念館の釉裏紅花卉文大壺（6-16）と、一連の五彩を重ね合わせ、中国が紅釉（6-17）（13-90）や釉裏紅（6-18）（13-91）（6-19）を

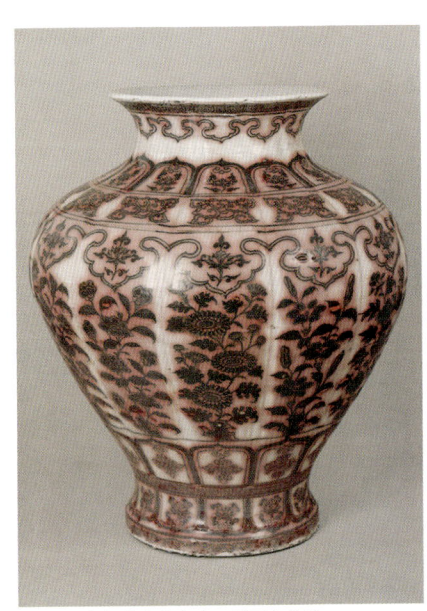

6-16 釉裏紅花卉文大壺　重要文化財
　　　高51.2cm　口径26.2cm　胴径45.4cm
　　　梅沢記念館

6-17 紅釉雲龍文鉢　口径16.5cm　高 6.9cm
　　　大阪市立東洋陶磁美術館

6-18 釉裏紅菊牡丹文鉢　口径20.0cm　高10.0cm
　　　大阪市立東洋陶磁美術館

6-19 釉裏紅牡丹文盤　口径45.5cm　高 8.8cm
　　　大阪市立東洋陶磁美術館

尊んだ洪武（1368〜98）の時代にあたるのではないか、と私は思いはじめた。
　洪武帝は紅巾軍の群雄割拠を制した朱元璋（在位1368〜98）で、明（1368〜1644）の初代皇帝となり、都を金陵（南京）に定めた。ベトナム五彩の常識では十五世紀の前期とするのもタブーだから十四世紀まで遡るということは、非常識もはなはだしいことになるのだが。
　この時代、ベトナムは陳朝最末期に当たる。陳朝の人々の出自は江南の福建や桂林、または沿岸地域と言われ、東シナ海からベトナムに上陸した移住民たちであり、海の勢力であった。一方、山地の勢力と言われる本来土着の人たちは、タインホア（清化）や紅河デルタを中心にしていた。この山地の勢力の中心的人物として角頭を現していたのが陳朝の外戚であった胡季犛（1336〜1407　在位1400）で、この時期陳朝内の実権を一手に握っていた。そして、やがて陳氏を排除し胡朝（1400〜07）を樹立させ、子息を皇帝として自らは太上皇となった。胡朝はベトナム歴代皇帝が居城とする昇龍城を東都とし、山地の勢力の中核でマー（馬）河の中流タインホアに、陳朝簒奪直前の1397年に遷都、築城し、西都とした。造営には青石に文様のある文石を多用し「花街城」と呼ばれた。今も城壁を持った城趾が残っている。
　私は在りし日の王城に立つ胡李犛の勇姿を脳裏に描いた。そして花街城の色彩装飾と五彩を重ね合わせ、胡李犛こそ制作の立役者としてふさわしいのではないか、そうに違いないと思っていた。

【参照】

〈1〉　青花牡丹唐草文瓶　（通称・トプカプの天球瓶）　後黎朝前期　「大和八年」（1450）銘　高54.9cm　口径10.6cm　イスタンブール　トプカプ宮殿博物館.
　　　『タイ・ベトナムの陶磁』陶磁大系47　頁17・図13　矢部良明　平凡社　1978.
　　　『世界陶磁全集』16　南海　頁32-33・図22　小学館　1984.
　　　Vietnamese Ceramics: A Separate Tradition, p. 146, Fig. 1, John Stevenson and John Guy, Art Media Resources with Avery Press, 1997.
　　　Gom Hoa Lam Viet Nam: Vietnamese Blue & White Ceramics, p. 312, Fig. 106, Bui Minh Tri, Kerry Nguybn-Long, Nha Xuat Ban Khoa Hoc Xa Hoi, Social Sciences Publishing House, Ha Noi, 2001.
〈2〉　青花双龍文大壺　高64.0cm　口径19.0cm　胴径53.0cm　底径26.5cm　松岡美術館.

『ベトナム陶磁』頁69・図185　町田市立博物館図録　第82集　1993.
Vietnamese Ceramics: A Separate Tradition, p. 10, Fig. 1, p. 291, Fig. 219, John Stevenson and John Guy, Art Media Resources with Avery Press, 1997.
Gom Hoa Lam Viet Nam: Vietnamese Blue & White Ceramics, p. 264, Fig. 37, Bui Minh Tri, Kerry Nguybn-Long, Nha Xuat Ban Khoa Hoc Xa Hoi, Social Sciences Publishing House, Ha Noi, 2001.

〈3〉青花鯰藻文輪花盤　口径39.8cm　高7.0cm　底径26.0cm　松岡美術館.
『タイ・ベトナムの古陶磁』特別展　頁25・図26　渋谷区立松濤美術館図録　1988.
『ベトナム陶磁』頁58・図150　町田市立博物館図録　第82集　1993.
Vietnamese Ceramics: A Separate Tradition, p. 290, Fig. 218, John Stevenson and John Guy, Art Media Resources with Avery Press, 1997.
Gom Hoa Lam Viet Nam: Vietnamese Blue & White Ceramics, p. 268, Fig. 40. Bui Minh Tri, Kerry Nguybn-Long, Nha Xuat Ban Khoa Hoc Xa Hoi Social Sciences Publishing House, Ha Noi, 2001.
『世界美術大全集』東洋編　第12巻　東南アジア　頁274・図229　小学館　2001.

〈4〉青花双龍文稜花盤　口径41.5cm　高7.0cm　ジャカルタ国立博物館.
『タイ・ベトナムの陶磁』陶磁大系47　頁14-15・図10　矢部良明　平凡社　1978.
Vietnamese Ceramics: A Separate Tradition, p. 291, Fig. 220, John Stevenson and John Guy Art, Media Resources with Avery Press, 1997.
Gom Hoa Lam Viet Nam: Vietnamese Blue & White Ceramics, p. 269, Fig. 42, Bui Minh Tri, Kerry Nguyen-Long, Nha Xuat Ban Khoa Hoc Xa Hoi, Social Sciences Publishing House, Ha Noi, 2001.
『世界美術大全集』東洋編　第12巻　東南アジア　頁316・図186　小学館　2001.

〈5〉青花宝相華唐草文稜花盤口縁部断片　径7.0cm　太宰府市教育委員会.
『ベトナムの陶磁』論文図版　頁105・図12　福岡市美術館図録　1992.
『ベトナム青花――大越の至上の華』頁75・図150　町田市立博物館図録　第122集　2001.

〈6〉鉄絵花文碗高台部断片　1977年太宰府市観世音寺境内出土　底径6.6cm　九州歴史資料館.
『世界陶磁全集』16　南海　頁224・図310、311　小学館　1984.
『ベトナムの陶磁』論文図版　頁104・図7　福岡市美術館図録　1992.

〈7〉青花龍文八角瓶（一対）　河北省保定市永華路窖蔵出土　高46.2cm　北京市　故宮博物院.
『元・明の青花』中国の陶磁8　頁14・図10　編著・中沢富士雄　長谷川祥子　監修・長谷部楽爾　平凡社　1995.

〈7〉青花龍文八角瓶（一対）　河北省保定市永華路窖蔵出土　総高51.5cm　口径6.6cm　底径14.5cm　石家荘市　河北省博物館.
『元の染付』陶磁体系41　頁11・図6　挿図2　矢部良明　平凡社　1974.
『世界陶磁全集』13　遼・金・元　頁72-73・図57　小学館　1981.
『世界美術大全集』東洋編　第7巻　元　頁232・図171　小学館　1999.

〈8〉釉裏紅牡丹唐草文大壺　高54.0cm　旧安宅コレクション.
『元の染付』陶磁体系41　頁80・図80　全図　頁137・図113　矢部良明　平凡社　1974.

〈9〉 釉裏紅花卉文大壺　重要文化財　高 51.2cm　口径 26.2cm　胴径 45.4cm　梅沢記念館.
　　　『元の染付』陶磁体系41　頁24-25・図21　矢部良明　平凡社　1974.
　　　『元・明の青花』中国の陶磁8　頁26・図22　編著・中沢富士雄　長谷川祥子　監修・長谷部楽爾　平凡社　1995.
　　　『世界陶磁全集』13　遼・金・元　頁102-103・図85　小学館　1981.

第7章　孔雀と牡丹

　これまでの二年半、ほぼ三ヵ月毎に訪タイを繰り返し、求めた品は優に二百点を越え、もはや半端な数ではなくなっている。
　私は、陶磁の格付を、大小、姿形、状態の良し悪し、完品か否か、表情の有無、時代性の魅力、希少価値等々により、日常、無意識のうちに順位立てて整理している。
　手にしたベトナム五彩や青花の制作をホー（胡）朝（1400～07）と想定し、少し心に余裕ができたのか図版に眼を通す度合いが減った。だが、そこへホー朝とするのも怪しく思える写真が届いた。ベトナム青花孔雀牡丹文大瓶（7-1）（カバー裏）で、2002年4月の案内である。
　この頃、買い付け資金は限界に来ていた。だが、便りが来ればどうしても出向いてしまう。ベトナム五彩や青花を買うようになって間もなく、私はオーナーの自宅へ招かれるようになった。そこは深い樹木に包まれ、広い庭には色とりどりの花が咲いている大邸宅であった。以来この一角にある平屋の一棟を当てがわれて、毎回ほぼ一週間ほど過ごすことになった。
　一日目は品々に眼を通しながら雑談に終始。二日目は値を聞いて考える。三日目は交渉。四日目で商談がまとまれば順調だが、五日目になることもある。しかしこのような決まった流れがあるわけではなく、ただなんとなくこのような日程になることが多い。
　オーナーの話の端々に出てくる、ベトナムからのルートをなんとか繋ぎ合わせてみると、オーナーの先には警察官がいて、その先に僧侶と税関員が係わっているらしい。僧侶とは不思議な存在のように思うが、タイでは敬われる存在で、高僧ともなればその実力は計り知れない。なにしろ国王でも頭を下げるくらいだから。このように、それ相応の身分の人たちで結ばれ、散逸することな

第 7 章　孔雀と牡丹

7-1　青花孔雀牡丹文大瓶　高57.0cm

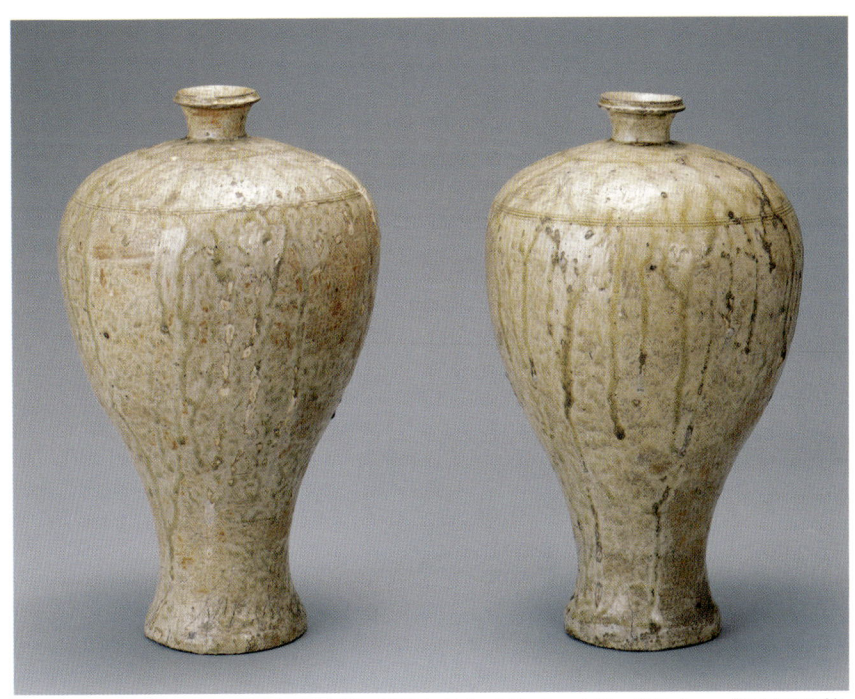

7-3 古瀬戸灰釉瓶子一対　瀬戸市五位塚馬ヶ城出土（左）　高35.4cm（右）　高34.5cm　瀬戸市美術館

く、太く強力な一筋の流れを作り上げている。品々はベトナムからラオスを越えてメコン河を渡っている。メコンの河畔にはかつて1920年と1946年にフランスの統治を不満として亡命してきたベトナムの人々や、ベトナム戦争による南ベトナムの経済難民が多く住み着いている。これらの人々の一部は、商いに目ざとく、美術品を発掘するビジネスをタイで学び、今でも本国の親類縁者と交信を重ねているようで、どうも彼らが最も深いところで係わり、原動力となっているようである。そうした人々を通して邸宅の一室に持ち込まれる品々。これら名品中の名品を前にして、毎回、見るだけと決意するものの、その都度、覚悟は打ち砕かれる。

　それにしても、これらの壺、瓶、盤、そして象形物などに囲まれると、どうしてこうも陶酔状態に陥るのか。その吸引力はいったいどこからやって来るのか。出会った当初は、これは良いものだと軽く品定めしていたはずなのに、いつのまにか私の心を支配し、動かし難い存在にまで成長している。強烈な魅力

第7章　孔雀と牡丹

7-2 孔雀の親子　2002年5月10日撮影

にどっぷり浸る日々。それはそれなりに爽快であるが、それとは裏腹に資金の問題がよぎると、次第に心は萎える。買うのか、逃げ出すのか。

夜のとばりとともに休む前が安堵の一時。気に入った陶磁器を離れに持ち込み、ビールを飲みながら眺めていれば極楽この上ない……。

しかし、朝は苦悩で始まる。

今回の訪タイのきっかけとなった青花孔雀牡丹文瓶は、立ち姿の孔雀とまさに今飛翔しようとしている孔雀を、牡丹の花と交互に描いた、高さ57.0cmもある大瓶だった。私はその大瓶の獲得を目前にして苦悶、苦闘していた。

昨日の朝もそうだったのだが、今朝もまた天井でガサ、ガサガサ、ガサ、と続けさまに妙な音がする。鼠なのか、薄目をあけて時計を見ると、昨日とほぼ同じ時刻。こんなに朝早く、と寝返りをうつがそれまで。二日続けて天井の物音に起こされてしまった。しぶしぶ行動を開始するものの、なんとも気が重い。邸宅の一室に入り、ミャンマー人のメイドが運んでくれたコーヒーを飲みながら、テーブルや床に広げられた品物を見る。窓から射し込む朝の光が清々しい。なにげなく目をやった窓の向こう、私が眠っていた離れの屋根に緑色の鳥がとまっている。長い首の先の小さな顔を左右に動かしながら。

私は目を疑った。孔雀ではないか。屋根の上に大きく育った蔓状の木が葉を茂らせている。孔雀は木の蔓についている花か実を啄んでいるのだろうか。美しい孔雀の容姿にしばし見とれた。我に返った私は無意識にカメラを手にしていた。しかしフィルムが入っていない。急ぎセットしてレンズを向けた。一羽、二羽、やや小さな孔雀もいて三羽（7-2）、家族である。もっと接近して撮りたい。という私の気配を感じたのか、羽をバタバタと広げ、跳ねながらその場を離れようとした。私は追いかけながら夢中でシャッターを押していた。

陶磁器に描かれた孔雀の魅力に悩まされている私の前に、実物の孔雀が現れた。しかも三羽。青花孔雀牡丹文瓶という名作を前に、どうしてぐずぐずと決

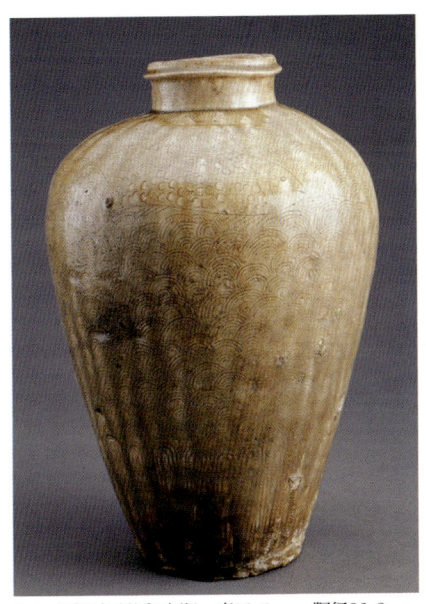

7-4 古瀬戸灰釉魚文瓶　　高36.6cm　胴径26.2cm
　　名古屋市博物館

7-5 五彩樹鳥花文瓶　　高42.0cm

断を下さずにいるのか。孔雀たちは昨日の朝も、そして今朝も「早く起きて、私たちをしっかり見て」と語りかけていたのだろうか。

　インドの叙事詩『ラーマーヤナ』には、戦いの神であるインドラ神（帝釈天）が孔雀に変身し危機を脱する場面がある。インドラ神は救われた返礼として、その時まで青一色であった孔雀に、輝く一千の眼を与えたという。また孔雀は大地を司る蛇を恐れず、雨季の到来を告げて祝いの舞を舞う。インドラ神は後に須弥山上に住む神々の最高統治神となったばかりではなく、虹の弓を持ち、雲を起こして稲妻を呼び、田に雨を降らせる雷神となった。こうしてインドラ神と孔雀は農耕文化と深く結び付いた。インドラ神は好戦的な自らの気質をも、孔雀に授けたという。インド産のインドクジャクはインドの国鳥となり、国家の繁栄と人々の幸福を象徴している。華南からベトナムなど東南アジアに産するマクジャク（ミドリクジャク）も珍重され、特にベトナムでは平和の象徴として国鳥のような存在である。そして孔雀と共に表されている牡丹は豪華な花であることから、花王と称され、富貴の象徴でもある。

第7章　孔雀と牡丹

7-6 青花孔雀牡丹文壺　高30.5cm　ロンドン　大英博物館

　私は本物の孔雀に出会ったことで、どこか吹っ切れたような気がして使命感にも似た熱い想いが湧いてきた。孔雀瓶を買おう。
　世の中には信じられないことが起こる。青花孔雀牡丹文瓶を含め三十数点、またも、重い荷を背負うことになったが、この青花孔雀牡丹文瓶が時代考証の新たな指標となった。器形は、通称梅瓶または瓶子と呼ばれ、その祖型は定窯や磁州窯、または景徳鎮にあるとも言われる。1972年平凡社発行の陶磁体系6『古瀬戸』頁39・図39に掲載されている鎌倉時代の十三世紀後半とされる瀬戸窯の灰釉瓶子一対（瀬戸市五位塚馬ケ城出土）(7-3) と、ほぼ同形である。本書の写真では、左が高さ 35.4cm で右が高さ 34.5cm である。著者の奥田直栄

氏は、腰がぐっと締まって裾で開く、いわゆる締腰と呼ばれるこの形の瓶子を鎌倉中期とし、初出的に位置付けている（同書100頁）。また、気がついてみると同書の頁97・図18灰釉魚文の瓶〈2〉（7-4）、鎌倉、高さ36.6cmと、手にした五彩樹鳥花文瓶（7-5）の形態とも酷似している。

なお灰釉魚文の瓶の解説には、文様隆盛期の作例からして瀬戸宣刈古窯の製作と推定され、元亨四年（1324）と銘のある狛犬や、正中二年（1325）と銘のある陶片とを考え合せると、鎌倉後期の作である、としている。日本とベトナム、地理的に遠く離れているものの、そこに流れる同時代的感覚が器形上からも窺える。

青花孔雀牡丹文瓶は、高さ57.0cmと大瓶である。小さな口の、低い頸部に蕉葉文、肩に広がる蓮華唐草文と花菱文とが交互に表されている。胴部には大英博物館の通称酒海壺と呼ばれる元の青花孔雀牡丹文壺〈3〉（7-6）に描かれている孔雀の立ち姿や、羽を広げて跳ね上がる様子が、入手した青花孔雀牡丹文瓶にもそっくりそのまま同じ意匠が取り巻いている。孔雀同様、牡丹の花と葉、芭蕉や竹、そして寿山石まで、模写したかのように配置も形状もそっくりである。くびれた瓶の裾の部分には、蓮弁に唐草文がリズミカルにくるくると渦巻いている。大英博物館の酒海壺は、大方の元青花の立ち壺に見られるような、いくつか平行に区切られた文様帯はなく、丸い器面いっぱいに描かれている。このように一面に描く表現は元青花中でも古式らしい。形態は瓶と壺の相違があるものの、胴に描かれた孔雀と牡丹において、両者は瓜二つである。しかしここまで来ると、陶磁製法の発信は中国からという動かぬ常識を持ってしても、正直、どちらが写しでどちらがオリジナルなのかわからなくなってくる。限りなく接近しているとしか言いようがない。それでも思い直して、ベトナム青花自体そこまで古くないのではないかと考え、もしかして五十年後百年後の写しではないかと考えてみたりもしました。だが、いにしえであっても流行は同時であろうという現実的な考えに戻ってしまい、推察は揺れ動く。

元青花とベトナム青花との同時性。それは考えられないことではないようである。類似した例は少なからずある。例えば龍を描いた玉壺春瓶で大阪市立東洋陶磁美術館の高さ24.8cmの元青花〈4〉（7-7）と、海外の個人蔵で高さ28.6cm

第 7 章　孔雀と牡丹

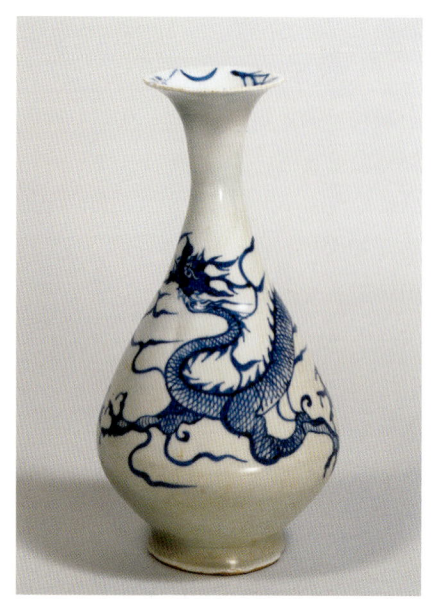

7-7　青花龍文瓶　高24.8cm　胴径12.9cm
　　　大阪市立東洋陶磁美術館

7-8　青花龍文瓶　高28.6cm
　　　Collection of John R. Menke

7-9　青花孔雀牡丹文大瓶（7-1）の底面

7-10　五彩鳳凰牡丹文大壺（10-50）の底面

のベトナム青花〈5〉(7-8)(11-21)の玉壺春瓶とは絵と器形において瓜二つ、同じ雰囲気を持つことで知られる。しかし、このようなリラックスした表情と、青花孔雀牡丹文瓶に見られる正統な描法とはかなりかけ離れている。しかも、青花孔雀牡丹文瓶は器形も大きい。高台内 (7-9) には鉄銹があり、ロクロ目が渦巻いている。この渦巻きは、元青花の高台内とよく似ている。ここに中国景徳鎮の陶工との繋がりを強く感じる。青花孔雀牡丹文瓶の高台作りを見た眼で、何点かの五彩の高台 (7-10)、特に轆轤目に注目してみると、いやはや、同じではないか。だとすると五彩も同時代なのか。これまで五彩編年の考察を胡朝としたばかりであったが、さらに遡ることになり、なんとも信じ難いものの、確かに十四世紀の顔をしている。

　依然として時代考察の途上であり確証に至らないものの、青花孔雀牡丹文瓶は名品であることに変わりはなく、近い将来、ベトナムを代表する青花として世界の注目を一心に浴びることとなろう。

【参照】
〈1〉　古瀬戸灰釉瓶子一対　瀬戸市五位塚馬ケ城出土　(左) 高35.4cm　(右) 高34.5cm
　　　瀬戸市美術館.
　　　『古瀬戸』陶磁体系6　頁39・図39　奥田直栄　平凡社　1972.
　　　『東洋陶磁名品展』頁49・図37　愛知県陶磁資料館図録　1994.
〈2〉　古瀬戸灰釉魚文瓶　高36.6cm　胴径26.2cm　名古屋市博物館.
　　　『古瀬戸』陶磁体系6　頁97・挿図18　奥田直栄　平凡社　1972.
〈3〉　青花孔雀牡丹文壺　高30.5cm　ロンドン　大英博物館.
　　　『元の染付』陶磁体系41　頁88・図5　矢部良明　平凡社　1974.
　　　『世界陶磁全集』13　遼・金・元　頁225・Fig.125　小学館　1981.
　　　『元・明の青花』中国の陶磁8　頁10・図6　編著・中沢富士雄　長谷川祥子　監修・長谷部楽爾　平凡社　1995.
〈4〉　青花龍文瓶　高24.8cm　胴径12.9cm　大阪市立東洋陶磁美術館.
　　　『世界美術大全集』東洋編 第7巻　元　頁288・図148　小学館　1999.
　　　同様の作例、『元の染付』陶磁体系41　頁58・図54　矢部良明　平凡社　1974.
〈5〉　青花龍文瓶　高28.6cm　Collection of John R. Menke.
　　　Vietnamese Ceramics: A Separate Tradition, p. 333, Fig. 287, John Stevenson and John Guy, Art Media Resources with Avery Press, 1997.

第8章　先駆けの様相が見られるベトナム五彩

　2003年になって、ベトナムからタイへ流入する荷が減りはじめた。常に想像した数の倍とスケールで迫ってきた2002年が、最大の山場だったのだろう。あの凄まじい流れを乗り越えてきたことで、出現した山の大きさが見えはじめた。これまでに入手した品々を脳裏に並べて、整理らしきこともできるようになった。それぞれの特徴も浮かび上がり、四つとか五つのグループに分けることもできる。そして各々の陶人集団の個性も判ってきた。

　またこれらの出所が墳墓であれば、時どきの要人のために作らせた遺物のようであり、窖蔵（穴蔵）であれば大切に避難していた品々が今日やっと陽の目を見たことになる。ベトナムはこれまでいつの時代も戦いに明け暮れた国である。そう考えると、中国のように、動乱の時代に敵の略奪を恐れて隠されていた可能性は否定できない。

　これら陶磁器の祖型は中国の元（1271〜1368）に届き、意匠の源流を辿れば元から南宋（1127〜1279）、金（1115〜1234）、そして北宋（960〜1127）、遼（916〜1125）へと導かれ、

8-1　白釉蓮弁文壺
　　高17.8cm　胴径19.2cm　底径15.5cm

8-2　黄白釉褐彩蓮弁花文壺
　　高17.0cm　胴径16.0cm

さらに唐（618〜907）の工芸を飾っていた唐草文様まで見られる。このことから、ベトナムは独立後も唐の文化の影響を残し、主として宋の文化に育まれたことが窺われる。

　ベトナムはリー（李）朝（1009〜1225）からチャン（陳）朝（1225〜1400）の初期にかけてすでに固有の陶磁文化に目覚めていて、白釉（8-1）、黄白釉褐彩〈1〉（8-2）のベトナム流を基盤とする一方、時流の中国陶磁製陶法を摂取し、青磁（8-3）（8-4）（8-5）（8-6）、白磁（8-7）に力を尽くしていたのである。陳朝の後期になると、特に黄白釉褐彩陶（8-8）の一群が独自の伸展を見せ、器体も大型化に向かい、装飾化も進んだ。鉄釉（8-9）に緑釉（8-10）（8-11）、そして鉄絵（8-12）が生まれる。やがて陶磁制作の成熟期を迎え、五彩（8-13）（10-44）（8-14）や青花（8-15）（8-16）が誕生する。どうもこのあたりでベトナム人の主体性が完全に確立したのではないか、と私の頭は整理されつつあった。

　この年の春、私は久し振りに店の展示品を一新する作業に入った。ストックの中からあれこれ選んで陳列する。更に効果を考え、家で朝夕なにげなく眺めていたものや、一室に積み上げたままにしてあった段ボール箱を開けて品を持ち出したりする。その作業中に手にした一つの壺に、ハッとなって我に返った。ベトナム五彩の小壺（8-17）ではないか。

　ベトナムが世界に門戸を開いたのが二十年余り前のこと。次第に経済が活発化する過程で、外国人の出入りも多くなり、陶磁器も勢い国外へと流れ出た。私もバンコクの古美術店で多くのベトナム陶磁器を目にし、そして買った。

　この壺も当時自分の眼で確かめて求めたものであったが、持ち帰って見直すと、これは駄目かも知れないと安易に判断してしまった。紅安南の色絵は落ちやすいはずなのに、なぜか良く残っている。しかも、こんなに細い線で描かれている例はない。他に見たことも聞いたこともないというのが、駄目だとする理由であった。そして、もしかすると、出土後に、より美しく見せるために誰かが補った後絵ではないかとまで疑ってしまった。古美術品は、魅力に惹かれて素直に良かれと思っている時に迷いはないが、いざ冷静になり、前例がないからなどと別の概念や尺度で考え始めると、次第に本質から離れてしまう傾向がある。たとえ良いものでも、懐疑心に囚われれば、品物の信憑性は一瞬にし

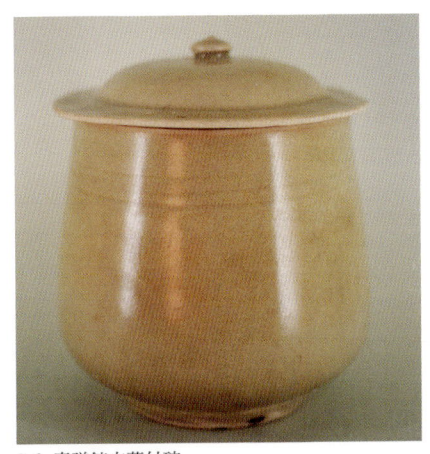

8-3 青磁鎬文蓋付碗
　　総高14.3cm　胴径12.9cm　底径7.8cm

8-4 青磁鎬文碗　口径15.3cm　高7.1cm

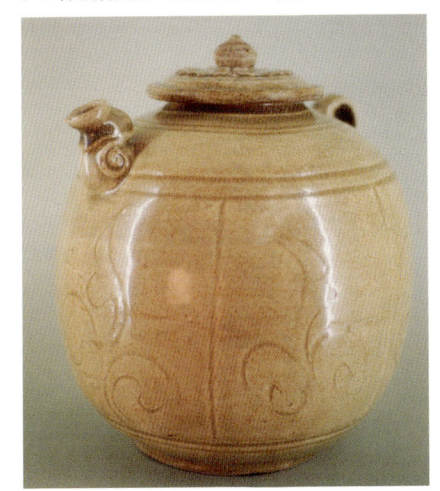

8-5 青磁瓜形刻花文龍口水注
　　総高20.7cm　胴径18.6cm

8-6 青磁印花文輪花碗　口径12.6cm　高5.4cm

8-7 白磁印花文碗　口径14.4cm　高5.5cm

第8章　先駆けの様相が見られるベトナム五彩

8-8　黄白釉褐彩蓮弁花文壺
　　　高30.0cm　　胴径20.0cm

8-9　鉄釉輪花平鉢　口径16.5cm　　高4.0cm

8-10　緑釉合子
　　　高4.2cm　　胴径7.3cm　　底径4.5cm

8-11　緑釉碗　口径8.3cm　　高8.0cm

8-12　鉄絵雲気文碗　口径13.0cm　　高6.2cm

8-13 五彩花文壺　高23.0cm

8-14 五彩花文壺（8-13）の底面

第8章　先駆けの様相が見られるベトナム五彩

8-15　青花菊花鎬文輪花皿　口径28.0cm

8-16　青花菊花鎬文輪花皿（8-15）の裏面

8-17 五彩花唐草文壺　高13.3cm　胴径14.3cm　底径10.2cm

8-18 五彩花唐草文壺（8-17）の底面　底径10.2cm

て失われる。反対に、新品に手が加えられ古色が与えられたものでも、見る人によっては、たやすく古美術品に変貌する。だからこそ、美術商には品物の良し悪しを見極めて販売する責任があり、少しでも疑問のある品は避けたい。

あの時、この壺はまずいかも知れないと思い込み、お蔵入りしたまま完全に記憶から消え去っていた。しかし、二十年余り時を経てベトナム五彩に対して少しは経験を積んだ今のこの眼で見れば、全く問題はない。それどころか、今手にしている五彩より一歩先を行く、原初の様相を持つ貴重な壺ではないかと思いはじめた。そしてベトナム五彩は色落ちしやすいという解釈は早計であって、本来しっかりとした科学的知識の根拠に基づいて制作されていたものが、時代とともに量産が進んだ段階で軽んじられ衰えていったものと思われる。

改めて仔細に見直すと、高さ13.3cm胴径14.3cmと小品ながら、壺の肩が上がり、胴は空気をいっぱいにため込んだ風船のような張りがあり、外に広がる強い力を持っている。おそらく疑宝珠の付いた蓋が添っていたものと思われるが、そうだとすると、総高は17.0cm余りあったことになる。そして、蓋を伴うこの器形の小壺は、元青花でも比較的古い例に見られるのである。絵付に眼を移すと、殊に細い筆で、赤色で全体を描いた後、緑色の線が肩と裾の蓮弁文を補うように添えてある。また緑色は、主文様を囲んで大小の水玉のような点描で彩られ、赤と緑の二色だけで仕上げられている。その点でも、白地紅緑彩（りょくさい）の宋赤絵（そうあかえ）や元五彩（げんごさい）の表現に近い。

口もとから肩にかけて蓮弁があり、その中に半菊が描き込まれている。主文様の花文は十三世紀もしくは十四世紀とされている、白磁や青磁の鉢の見込みに見られる陰刻文様に近い。五彩壺の高台（8-18）は極めて低く、鉄銹がドーナツのように輪状に塗られている。これも一部の白磁や緑釉の高台に見られる傾向である。このベトナム五彩花唐草文壺は、一時代先行しているように思えてならない。

この壺に共通するのでは、と感じた壺が、2001年ベトナム社会科学出版社刊行の『ベトナミーズ・ブルー・アンド・ホワイト・セラミックス』(6-11)に掲載されている。図版39ハノイ・ベトナム国立歴史博物館のベトナム青花牡丹鳳凰文大壺〔1〕(8-19)(8-20)である。著者のブイ・ミン・チー氏はベトナム考古学院歴史考古研究室研究員の陶磁研究家である。

8-19 青花牡丹鳳凰文大壺　高49.0cm　ハノイ　ベトナム国立歴史博物館

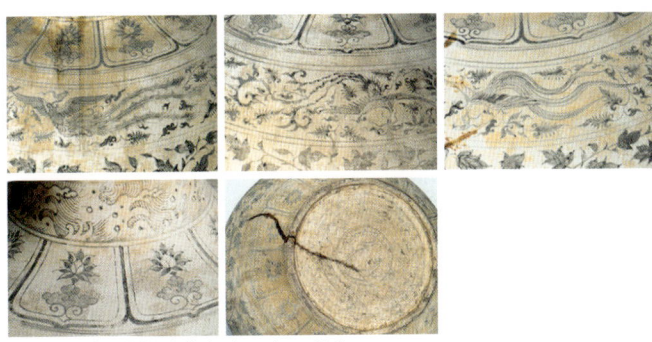

8-20 青花牡丹鳳凰文大壺（8-19）の部分

ベトナム青花牡丹鳳凰文大壺はこの本の中でも異彩を放つ逸品で、しかも大作である。この壺はこれまでに紹介された例がなく、近年新たに発見されたものか、それこそお蔵入りしていたものが再認識されて表舞台に登場したのか。口元に雷文、頸部はラマ式蓮弁、それに波頭文、肩には鳳凰と蓮花と唐草、胴には牡丹唐草、そして裾にはラマ式蓮弁があり、どの意匠も細い線で描き込まれている。また高台に鉄錆はない。

　全体を大きく一ページに、各部分をもう一ページに載せていて、この本の中でも特別扱いを受けている。高さが49.0cmで、豊かな胴径の記載はないが、高さよりさらにサイズが大きいであろう。キャプションには十四世紀後半と記されている。

　2002年10月に私は再びハノイ・ベトナム国立歴史博物館を訪れたが、残念ながらこの大壺は展示されていなかった。今一番眼にしてみたい陶磁器である。注目の焦点は運筆の細さにある。

　我が家の段ボール箱の中で時を過ごしていた小さな壺は五彩で、ハノイ・ベトナム国立歴史博物館の大きな壺は青花であるなど、大小や色の違いはあるものの、どこか似た感性があり同時性を感じさせる。両壺の絵付は、集中力を極めてこそ成せる技であると思う。誕生は、眠っていた五彩小壺が先か、ハノイ・ベトナム国立歴史博物館の青花牡丹鳳凰文大壺が先か、今のところ私の答えは出ていない。しかし、どちらにしろ、時代は共に限りなく十四世紀の前半へと進もうとしているのである。

【参照】
〈1〉 青花牡丹鳳凰文大壺　高49.0cm　ハノイ　ベトナム国立歴史博物館.
　　　Gom Hoa Lam Viet Nam: Vietnamese Blue & White Ceramics, pp. 266, 267, Fig. 39, Bui Minh Tri, Kerry Nguyen-Long, Nha Xuat Ban Khoa Hoc Xa Hoi, Social Sciences Publishing House, Ha Noi, 2001.

第9章　宋赤絵と元五彩

　中国先史時代の土器に色彩を施したものを「彩陶」と呼んでいる。紀元前五千年と最も早い時期の陶器だが、古代人も器の意匠に着色を施し効果を上げていた。
　以来、陶磁器の一つの流れに、土器からより硬い陶器、そして磁器へと技術的に進歩を遂げる過程で、一度焼き上げた器面に色彩の顔料を筆で絵付し、再焼成する色絵陶磁の技法が出現する。この色絵陶磁のさきがけであったのが、従来、宋（北宋960〜1127、南宋1127〜1279）と考えられ、「宋赤絵」と俗称されている白地紅緑彩で、北方を支配していたチベット系党項人の西夏（1032〜1227）やツングース系女真人の金（1115〜1234）の時代に華北の河南省あたりで誕生し、民窯である磁州窯など周辺の窯業地に急速かつ広範囲に伝播した技法である。そして、やがてそれは景徳鎮窯に伝えられたと今日では解釈されるようになった。
　宋赤絵である白地紅緑彩は粗略でのびのびした画風が多く、赤と緑の二色を主とし、時としてごくわずかに黄が挿してある。制作には高火度焼成の窯で白釉陶や白地青花に焼成した後、釉上に赤、緑、黄などの顔料で上絵付し、今度は上絵付専用の錦窯に入れ800℃前後で焼成する。したがって、少なくとも二度の絵付と二度以上の焼成過程を要する複雑で画期的な技術である。
　色絵陶磁には、五色花、五彩、紅緑彩、そして古赤絵、赤絵、色絵などの名称がある。制作した国により、時代により、また雰囲気により呼び名が違っているが、昨今では総称して中国風に五彩と呼ぶ傾向にあり、本書も主に五彩を用いている。五彩は五色であると考えがちだが、色の数に定義はない。したがって紅と緑だけでも五彩と呼び、さらに複数の色が加わった華やかなイメージを持つ陶磁器のことも指している。また染付も中国風に青い文様の意である青

花を採用している。

　しかし色絵陶磁の出現にかかわる初期の流れは、いまひとつ明らかではなく、近年まで体系立てて論じられたことがなかった。

　これまでわかっていた色絵の流れは、宋赤絵を原点としながらも、大半の論点が明の成化（1465〜87）以降の色絵についてであった。それは元の文献上で『景徳鎮陶録』巻五枢符窯（官器）の条に「五色花」の文字が見られ、これを五彩、つまり色絵ではないかとする説よりも、多彩釉、いわゆる「法花」と呼ばれるものと同類の「三彩釉」とする説の方が支持されてきた経過によるものである。そこで五彩が再び出現するのは、明の初期である宣徳（1426〜35）の頃からであろうとするのが、長い間の常識となっていた。

　ところが色絵の展開について赤絵玉壺春瓶（9-1）（13-89）が元ではないかとする見解が、四十数年前に示されていた。日本陶磁協会が発行する『陶説』に梅沢彦太郎（曙軒）氏が「元の赤絵の出現」と題して投稿し、1962年（昭和37年）1月号に掲載されたものである。梅沢彦太郎氏は1972年（昭和47年）に設立された梅沢記念館（休館中）の初代館長である。いささか年月を経た論考であるが、今もその内容は有効であり、ますます輝きを増しているので、全文を引用して紹介したい。

元の赤絵の出現

梅沢曙軒

　「青い鳥」がとうとう見付かった。といっては、ちと大袈裟かも知れぬが『これが元の赤絵というものではなかろうか』との想定の下に一つの資料を提示して、諸賢の忌憚なき御批判を仰ぎたいと思う。専門家の各位に対しては釈迦に説法のことながら、初心者を含む一般会員の為に、一応、赤絵の歴史を振り返って記すのも決して無用ではあるまい。

　東洋の陶磁器のオリジンは数千年前の昔に、だいたい、最初、無釉無彩から出発したのは間違いない。（アンダーソンの壺は此の際、別問題にしておく）時代の降るにつれて、漸次、釉薬が施され、彩画が加えられるというプロセスを辿って、文様は「簡」より「繁」に赴き、陶質は「軟」よ

9-1 赤絵玉壺春瓶　高28.0cm　口径8.0cm　底径9.0cm

り「硬」に進み、ついに現在に及んでいることは、何人も御承知の通りである。

　ところで「赤絵」の嚆矢は中国であるから、同国の変遷を先ず知らなければならない。古くは六朝の土偶、例えば美人の俑などを見ると、額や、頬や、口唇のあたりに赤い絵具をさしたものを見受けることが多い。しかし、それは、六朝、隋、唐の石仏の額面に朱や緑の色素が点じられてあるのと同様、極めて剝落し易い性質の塗料であって、これを窯芸上の赤絵と看做すことはできない。その塗料は温水や冷水で簡単に溶解し消失するばかりでなく、指頭で擦過しても忽ち脱色してしまうのである。

　このような朱色の顔料の塗布ではなしに、窯中で胎土に焼きつけ、密着して剝離しない本当の「赤絵」陶の出現したのは、宋時代になってからのことである。所謂、「宋赤絵」がその濫觴であるといわなければならない。宋赤絵の一種に小さな人形があり、かなり沢山出土しているので、中国陶器の蒐集家なら、一つ二つ、それを所蔵していない者はないだろうと思われる位である。

　大正末期（中華民国の十五年頃）華北地方、殊に鉅鹿清河鎮方面の発掘が行われた時、多数の赤絵の皿が出土した。その中の一つに紀年銘のある小皿が見出された。それには裡面の露胎に墨汁で「泰和元年」と記してあった。「泰和」というのは「金」の年号であって、南宋寧宗の嘉泰元年即ち西暦千二百一年に相当するのである。此の種の皿には極めて簡単ではあるが、頗る達筆に牡丹、椿、その他の草花、蓮花、魚、鳥などを描き込んでおり、花を赤、葉を緑、で表現してある。そこで宋時代には既に赤絵の存在したことが明白であって、疑うべくもない訳である。

　ほぼ、これと同時代に「遼三彩」が焼かれている。宋赤絵と遼三彩とが同じ窯（焦作窯）で焼けたと説く人もある。だが遼三彩は宋赤絵とは似て非なるもので、上絵の赤を欠くが故に赤絵の範疇には入れ難い。けれども、宋遼時代の製陶技術発達の程度を窺い知る資料としてなおざりに出来ぬものである。

　さて、宋時代（もっと正確にいえば紀年銘より判断して、北宋の末期乃至南宋の初期頃と推定すれば大した誤りがない）に赤絵発生の起源を求め

得ることは、以上の事実に依って何人も異論を挾む者はないであろうが、この赤絵の技法は元時代を経て、明時代へと続き、所謂「明初赤絵」と称せられる優美華麗な彩画磁器が登場するようになった。「明初赤絵」の「明初」とは果たして何年から何年までを指すか、別にはっきりした定義は設けられていないけれども、大体、宣徳を中心として、その前後の時期に焼造された作品を名づけたものと考えれば差支えないであろう。それは宣徳赤絵という名称が古くより広く用いられていることによって明らかである。之は勿論「宣徳染付」に対立して「宣徳赤絵」の呼び名が生れたに相違あるまい。

しかしどれが果して本当の宣徳赤絵かという問題になると、学者間の意見が必ずしも一致していないようである。たとえ、高台内に「大明宣徳年製」という釉裡青の銘款が存在していても、それをその儘、文字通りに受取ることはできない。なおまた、往々釉薬の上表に「宣徳年製」の四字を朱書したものを寓目することがあるが、これも、どの程度まで信用してよいものか、自分は寧ろ消極的の態度を取った方が安全であろうと考えている。とはいっても、既に宋時代に赤絵（宋赤絵）が作られている以上、而かもその時期を北宋末期と仮定すれば、それより二百余年も経過した後の宣徳時代に於いて相当に進歩した赤絵が焼かれておらぬ筈はないのである。だが、自分は未だ学術的に明確に永楽若くは宣徳を立証し得る資料に接したことがないのを聊か遺憾に感じているのである。それはそれとして、明初時代即ち宣徳以後、正統、成化、弘治乃至は正徳頃までの間に、極めて優秀な赤絵が燔造られ、それが日本に輸入され、例えば茶道の器物-古赤絵の菓子鉢等と呼ばれて大切に伝世せられていることは識者の夙に御承知のことであろうと思う。

以上説き去り説き来った通り、赤絵は北宋時代に創始せられ、次第に発達向上して明初時代に大成を遂げたことは明々白々であるが、両者の中間の時期、即ち「元」時代の赤絵にはどんなものがあったであろうか。というに自分の寡聞の致す所かは知らぬが、未だ曾って「元」らしき若くは「元」とおぼしき赤絵遺品の存在を知らなかったのである。「元」の年代は約八十年も継続したのであるゆえ、その間に赤絵の産出がなく、明時代に

移行してから忽然として宣徳赤絵のたぐいが出現する訳がない。文化の発展には、そのような飛躍が断じてあり得ない。とすれば、われわれは元赤絵の所在をいかにして捜し出さなければならない。ところが、最近自分は正しく元赤絵と推定できるものを入手する機会に恵まれた。即ち本誌巻頭に原色版として掲げた瓶がそれである。

　本品は高さ二十八センチメートル口径八センチメートル高台の直径九センチメートル、胎土は宋赤絵のような鬆粗な質で、高台を除き全面にインチン（宋の青白磁）風の釉薬が施されてある。文様は胴に牡丹花とみられる花瓣の重疊したものと、上方から見た花瓣を図案化したものとが、交互に四個赤で彩ってありその周囲に茎と葉とが緑で描き出されている。緑葉は土中で銀化の跡を示し発掘品たることは疑いない。その赤および緑の顔料は鉅鹿地方出土の宋赤絵のそれと酷似している。花や葉やその他の文様も、「元染付」に屢々見出され、その描法に西域風の匂いが感じ取られ、従って製作年代の想定を「元」と考えて誤りないと思われる。要するに胎土、釉薬、文様の三点から明以前と推定できるものである。とはいっても、之等所見の凡てを文字を以て表現するのは不可能であるから、同好の士は実物について篤と観察してほしい。

　以上、自分は元赤絵と思料されるものを提示して諸家の御批評を求めたいと思う。勿論、紀年銘を欠くが故に絶対的の断定は、これを慎しまざるを得ないが、遺品の乏しい、否、殆んど皆無というべき今日に於いて、元赤絵の一例を紹介して検討の資料に供したいと考えた次第である。

（『陶説』1962年1月号、16～17頁）

　赤絵玉壺春瓶により、景徳鎮の五彩が元に始まったのではないかとする梅沢彦太郎氏の提唱である。
　この趣旨に陶磁学者藤岡了一（1901～91）氏も関心を示し、著書である1972年平凡社発行の『陶磁体系43』「明の赤絵」で下記のように述べている。

　　元の赤絵　ところでここに注目されるのは、近ごろわが国で、元か少なくとも明初を下らぬといわれる赤絵の瓶（いわゆる玉壺春形の瓶）が二点

紹介されていることである。一つは雑誌『陶説』一九六二年一月号に故梅沢彦太郎氏が発表されたもので、同氏によれば、その胎釉、色絵付け、唐草文の諸条件を考えて、これを元の景徳鎮赤絵と推定せざるを得ないとされている。その後、筆者もこれを実見する機会を得たが、なるほど総体に古様で、胎土（素地）はかなり粗く、白釉はかすかに青みをおびて影青風である。これに濃い赤と緑で牡丹唐草文、焦葉文、如意頭文、七宝つなぎ文等が器面いっぱいに描かれている。

まず胴部に大きく描かれた牡丹唐草の花文がひと花ずつ異なった形になっているのは元や明初の例と同じで、特にこれの場合は元末明初（狭義には明初の洪武）とされる釉裏紅、たとえば挿図3の鉢（著者註＝釉裏紅唐草文鉢、口径20.2cm）の内側面の唐草文によく似ている。花弁の処理のしかたが後者は端正、前者はかなり粗略である点が異なる。その形式にはおそらく原型があったものと思われるが、赤絵にいくぶん写しくずれが見える。花文を取囲む枝葉の部分も同様で、枝が大きく分かれる二股の基部に、若い葉の芽か、あるいは花のつぼみのような形をした結節部が描かれているのは、また一つの特徴といえよう。この形式は古くは唐代工芸の唐草文でしばしば見られるものであり、元代の工芸や建築装飾にもその伝承があり、元末明初の釉裏紅の唐草文でもこの例がときどきある。また永楽・宣徳の染付にもみられる。この赤絵瓶のこのような特色は、他の部分的な箇所も含めて、元末明初のそれにたしかに近い。

しかしこれを元とするのは疑問がもたれる。器形に元のような張りがない点、それに絵付けに写しくずれが認められる点などからすれば、やはり明の初めごろ、少しゆとりをとって十五世紀の前半期と考えるのが妥当のように思われる。ただここに見られる筆触、色調、また線を赤い線でくくるやり方は、かの宋赤絵の流れを示すとともに、後述の古赤絵のそれに先駆するものと認められ、この点は大いに注目せねばならぬ。

なおこの唐草文瓶に関連する興味ある作例がある。挿図4と5は最近南方から将来された赤絵一色の古様の壺で、いちおう安南赤絵とされているもの（著者註＝唐草文壺）である。胎土と釉薬は古い安南白磁にみられるものに酷似し、黄みを帯び、やわらかな釉調を示す。ところでその胴部に

描かれた大模様の唐草文は明らかに上記の赤絵瓶のそれと同類である。ただ筆到は重く、絵付け全体に写しくずれのはなはだしいのが目につく。この赤絵ははたして安南の絵付けであろうか。管見ではこの種の赤絵は安南ではないように思う。この壺は実は安南ではなく、華南の、おそらく広東あたりの製かもしれない。時代がやはり一五世紀ごろ、南方向けの輸出陶器の一例と認めてもよさそうである。しばらく、疑問を残しながら、この種の赤絵が早い時期に南方へのびていったことに留意したい。

さらに、上記の赤絵玉壺春瓶とほとんど同形同質で、文様が蓮花水草等の束ね文になっている例がある。昭和四五年秋、東京国立博物館の〈東洋陶磁展〉に出品されたもので、同展記念図録にも「元五彩蓮花文瓶」〈2〉(9-2) として掲載されている。筆触はさらに太く粗いけれど、好ましい趣致のもので時代はやはり前者に準ずるものと考えたい。ただここでも、初期の安南赤絵に近いものが漂っているのは注目に値しよう。

9-2 五彩蓮花文瓶　高23.9cm

（『陶磁体系43』「明の赤絵」86～88頁）

　梅沢彦太郎（曙軒）氏と藤岡了一氏双方の論調に見解の相違がみられるものの、五彩に対する関心を高め、成化以前の論考にも弾みがついた。

　『世界美術大全集』東洋編　第6巻　南宋・金（小学館　2000）に添えられていた月報（東洋美術細見）に「白地紅緑彩の発掘・研究の新成果」についての論文が出ていた。著者は北京大学考古学系の秦大樹氏で、中国人による磁州窯の白地紅緑彩について最新の報告と思われ、これも全文をお目通しいただきたい。

東洋美術細見　白地紅緑彩の発掘・研究の新成果

秦　大樹

　白地紅緑彩は、中国において古くから広範に生産され、また重要な影響力のあった、低火度で上絵付けされたやきものである。華北で誕生し、主に華北地域で作られ、元・明時代の景徳鎮の五彩や豆彩の誕生に大きな影響を与え、その豊富で鮮麗な色彩と生き生きとした文様から、人々に大いに好まれた。

　白地紅緑彩は、主として高火度焼成の白釉陶や白地鉄絵を焼成した後、釉上に赤・緑・黄などの顔料で上絵付けし、再度窯に入れて800℃前後の低火度で焼成したもので、これは宋・遼・金時代の三彩とは以下の点で異なる。

　第一に、白地紅緑彩では赤の色彩が増え、なおかつそれが中心となっている点である。第二に、焼き上げた白釉陶に上絵付けするため、白釉が基本色となるか、あるいは白釉が相当の割合を占める点である。純白の釉色とたっぷりと施された赤の上絵付けのコントラストは、非常に明快かつ鮮麗で、これは一般的に三彩では表現し得ない点である。第三に、色彩においても非常に多彩である点である。赤・緑・黄の3色が基本となるが、各色にはさらに濃淡異なる色調も見られる。また、釉下の褐色や黒色を呈する鉄絵ともしばしば組み合わさり、さらにこれに白化粧も加わって多彩な色合いが生じ、必要に応じてそれらを適当な部分に施すことにより、非常に力強い表現力を見せている。まさに宋時代の陶磁器装飾芸術における、一輪の珍奇なる花に喩えられる。

　白地紅緑彩の研究は、これまで学者や研究者によって重視されてきた。今世紀初頭にはじまったその研究は、現在にいたるまで絶え間なく進められてきたが、陶磁考古の急速な発展にともない、白地紅緑彩の研究もまた大きな進展を見た。近年、白地紅緑彩についての総括的な研究もはじまり、長谷部楽爾と蓑豊の両氏には専門的な著述がある[注1][注2]。筆者もまた、磁州窯の発掘とその研究に基づき、白地紅緑彩について系統的にまとめたことがある[注3]。さらに、この2年間にも、新たな発掘と研究成果が見られた。これ

9-3 白地紅緑彩文官坐像　高32.0cm
　　台北市　鴻禧美術館

らの研究により、白地紅緑彩に対して、さまざまな角度から新たな認識がもたらされる結果となった。

　白地紅緑彩は、主として日常生活用品と各種人形類という２種類の製品に大別される。一方、装飾技法からは、つぎの三つのタイプに分類することができる。

　第一のタイプは、白無地に赤・緑・黄の上絵付けでさまざまな文様を描くものである。このタイプはほとんどが器皿で、碗・盤・瓶・高足杯・盆・盒・罐などもある。また、文様は種類がもっとも豊富で、牡丹・蓮花・菊花・野草・桃などの花果文や、魚藻・蘆雁・禽鳥などの動物文、さらには吉祥の語句を書いて装飾としたものも見られる。

　第二のタイプは、焼き上げた白地鉄絵に、赤や緑などの上絵付けで文様を描くものである。このタイプのものは色彩がもっとも豊富であり、最初の焼成では黒色・褐色、あるいは淡褐色などの色を出すことが可能である。また、二次焼成で施す緑・黄二色の上絵付けはしばしば多彩な変化を見せ、各部分での必要に応じて彩色が施されている。このタイプは主に仏像や俑の類に多く、碗や壺はごくわずかである。

　第三のタイプは黄緑釉を中心とした三彩上に赤の上絵付けを施すもので、赤の上絵付けがあることによって一般の三彩とは異なる。このタイプは現在のところ、わずかに枕と玉壺春瓶にしか見られない。この第三タイプのものは、白地紅緑彩の誕生後、その技術が三彩に応用されたものと捉えることができよう。

　従来、白地紅緑彩はしばしば「宋赤絵」あるいは「宋加彩」と呼ばれ、

9-4 白地紅緑彩牡丹文碗　金　「泰和元年二月十五日」(1201) 墨書銘
　　 口径16.5cm　高6.3cm　底径5.4cm　逸翁美術館

9-5 白地紅緑彩牡丹文碗（9-4）の裏面

宋時代の製品であると考えられてきた。しかし、最近の考古学的発見や研究によって、こうした認識が誤りであったことが証明された。すなわち、伝世の紀年銘資料、白地紅緑彩の出土した墓葬や窖蔵（穴倉）、そして、発掘された古窯址という3種類の紀年資料の比較・研究によって、白地紅緑彩は金時代中期（12世紀後半）に出現し、金時代後期（13世紀前半）に隆盛を迎え、元時代にも引き続き焼造され、ほぼ明時代前期にその生産が停止しだということが明らかになったのである。

白地紅緑彩は、華北の河北・河南・山西・山東などの諸省で広範に生産されていた。考古学的調査と発掘によって、白地紅緑彩を生産していた窯は二十数か所以上あることがすでにわかっている。全体の状況から見ると、これら4省の多くの窯址では、白地紅緑彩が生産された時期はほぼ同じであった。このことから、白地紅緑彩の技術は誕生後、急速かつ広範に伝播していったことがうかがえる。これは金時代の華北における製陶業の密接なつながりが、各地の窯業をさらに発展させると同時に、繁栄へと導いた一つの表れであるといえる。

白地紅緑彩を生産した窯場は多いが、もっとも代表的なものとして挙げられるのが、河北省の磁州窯、河南省の当陽峪窯、そして、山西省の長治八義窯の3か所である。

磁州窯で生産された白地紅緑彩は、人形類が中心である。ここでは高さ61cmの仏像が発見されており、これが現在知られる最大の製品である。磁州窯の製品はその色彩がもっとも多彩かつ鮮やかで、台北・鴻禧美術館所蔵の文官坐像〈3〉（9-3）は緑・黄2色の色調が多彩で、現存する作例中、もっとも色合い鮮やかなものの一つである。

河南省修武県のの当陽峪窯は、実際には焦作市の十数か所の窯場と一体を成している【注4】。白地紅緑彩はおそらくまずこの当陽峪窯で誕生し、ここからそれ以外の地域へと伝播していったと考えられる。この地域の白地紅緑彩は皿類が中心となっており、鮮麗な赤の色彩、端正な造形、そして、もっとも精緻で美しい絵付けがその特徴である。上絵付けの赤による細い線、もしくは釉下の鉄絵によってまず文様の輪郭が描かれ、その中に彩色を施す手法が流行した。メトロポリタン美術館（ニューヨーク）所蔵の碗

は、その典型的な作例である。逸翁美術館(大阪府)所蔵の「泰和元年」(1201)銘の白地紅緑彩の碗(9-4)(9-5)も、おそらくこの当陽峪一帯の製品と考えられ、その精緻な絵付けと口縁部に施された黄彩は、他地域では見られないものである。

　1996年、山西省良治六義窯の発掘がおこなわれ、ここでも白地紅緑彩を中心とした陶磁器が生産されていたことがわかった。前述の第一、第二タイプの製品が見られるが、文様が多彩で、とくに吉祥文字による図案に特色がある。いくつかの図案は当陽峪窯のものと極めて類似しており、両者の密接な関係をうかがわせる。良治八義窯は白地紅緑彩をもっとも多量に生産したが、その製品に見られる釉色は黄味を帯び、胎土もかなり粗く、色彩の鮮麗さと絵付けの精緻さのいずれの点においても当陽峪窯には及ばない。

（秦大樹・北京大学助教授）

翻訳/小林仁（大阪市立東洋陶磁美術館学芸員）
日本語監修/中澤富士雄（たましん歴史・美術館副館長）

【注1】　長谷部楽爾『中国の陶磁』7（平凡社　1996）
【注2】　蓑豊「釉上彩絵装飾」（『迎接二十一世紀的中国考古学一国際学術討論会論文集』科学出版社　1998）
【注3】　秦大樹ほか「論紅緑彩瓷器」（『文物』10　1997）
【注4】　修武当陽峪焦作市の十数か所の窯址および博愛、済源の数か所の窯址は、製品の作風や特徴が非常に共通していることから、一連の窯場と見なすべきで、これを「懐州窯」と命名することを主張する学者もいる。
【注5】　小山富士夫氏はこの資料の紹介に際して、それが1920年前後に河南省清化鎮現在の済源県治から出土し、同様の碗14-15点が同時に出土したとされているということを指摘している。このことから、このタイプの器物が現在の河南省焦作一帯の製品であることがわかる。小山富士夫「宋代の絵高麗と宋赤絵」（『世界陶磁全集』10　河出書房　1955）参照。
【注6】　山西省考古研究所「山西良治六義窯試掘報告」（『文物季刊』3　1998）

　五彩の先駆とされる通称宋赤絵は、金の中期である十二世紀後半から華北の磁州窯を中心とした民窯で盛んに発展したことがわかってきた。そして元を経て、明の前期まで続いていた、とする報告である。

【参照】

〈1〉 赤絵玉壺春形瓶　高 28.0cm　口径 8.0cm　底径 9.0cm。
　　　『陶説』第106号　原色　「元の赤絵の出現」梅沢彦太郎（曙軒）　日本陶磁協会　1962。
　　　『明の赤絵』陶磁体系43　頁29・図27　頁86・図2　藤岡了一　平凡社　1972。

〈2〉 五彩蓮花文瓶　高 23.9cm。
　　　『東洋陶磁展』東京国立博物館図録　1970（昭和四十五年）。

〈3〉 白地紅緑彩文官坐像　高 32.0cm　台北市　鴻禧美術館。
　　　『世界美術大全集』東洋編　第6巻　南宋・金　頁16・図9　小学館　2000。

〈4〉 同様の作例、白地紅緑彩牡丹文碗　金　「泰和元年」(1201)墨書銘　口径 15.4cm　高 4.0cm　東京国立博物館。
　　　『世界美術大全集』東洋編　第6巻　南宋・金　頁222・図179、180、181　小学館　2000。

第10章　未知なるベトナム五彩

　十三世紀初頭チンギス汗(ハン)(本名テムジン　1155頃～1227　大祖1206～27)の下で急速に勢力を増強したモンゴル(蒙古)軍は、アジア大陸を東へ西へと領域を広げていった。1234年には中国北部の百十八年間続いたツングース系の女真人の金(1115～1234)を滅亡させ、1271年にフビライ(五代・世祖大ハン1260～94)が国号を中国風に「大元(ダイオン)」と定めた。そして1279年南部の三百年余続いていた南宋をも滅ぼして中国全土を手中にした。

　この時代のベトナムは、漢人にとって異民族が支配する国家となった元の脅

10-1　灰釉双耳壺　　高24.3cm　　胴径17.9cm
　　　底径16.3cm　　東南アジア陶磁館

10-2　白釉蓮弁文耳付壺　高16.0cm　胴径16.0cm

威から逃れてくる多くの中国人を受け入れていた。特に1274年には大量の移住があったと伝えられている。この時期、ベトナムはいっそう中国文化を摂取し、大いに発展していたであろう。

こうした背景があって、中国の五彩がベトナムにもたらされたとすれば、元の猛風が磁州窯をはじめ景徳鎮その他の窯業地に吹き込み、ほどなくベトナムに到達したことになる。先端技術であった五彩は、高度な技術を持った指導者があってこそ成せる技であるが、ベトナムにおける発祥が十三世紀であったのか、十四世紀になってからだったのか、今のところ、わからない。しかし、確かに元は東南アジアの窯業に新風を吹き込んでいる。

ここで改めてベトナム陶磁の流れを振り返ってみると、中国支配下の紀元前後に土器の時代から灰釉陶（かいゆう）（10-1）が始まったとされ、李朝（リー）（1009〜1225）には白釉陶（10-2）に進展していた。

また李朝にはじまり、次代の陳朝（チャン）（1225〜1400）にかけて黄白釉褐彩陶（10-3）（10-4）（10-5）、青磁（10-6）や白磁（10-7）、黒釉（10-8）（10-9）、褐釉（10-10）、緑釉（10-11）、などの陶磁が育まれた。ジョン・スティーブンソン氏とジョン・ガイ氏が中心となって刊行した『ベトナミーズ・セラミックス』（1997）（6-10）の114頁に、この時代の作と見られる黄白釉褐彩牡丹文梅瓶〈1〉（10-12）が、ジョン・スティーブンソン氏の論文中の写真資料上段右図19に紹介されている。この瓶子はもともと蓋が伴っていたと思われるが、それはさておき、器面に注目すると、文様を刻線でレイアウトした上を、鉄で彩っている。肩に雷文、主文に牡丹文、くびれた裾には上向きと下向きの蓮弁文がある。

またこの種の黄白釉褐彩陶（10-13）は十三世紀から十四世紀にかけて器体が伸び、大きくなるにつれて模様は区分され、鉄帯の横筋が増す傾向にある。そしてもともと20cm余りの容器だったものが、ついに蓋付きであれば最大で総高が70cmを越える長大な筒形容器〈2〉（10-14）になった。この大作への傾向は金（1115〜1234）の磁州窯に芽生えていて、龍泉窯などで1300年を前後する元の中頃より目立つようになる。ベトナム窯の器形もこれら諸窯と歩調を合わせながら、次第に独自な模様構成に力を注いだものと思われる。

この頃、筆描法による釉下鉄絵が生まれたとされるが、そのさきがけ的な作

10-3 黄白釉褐彩唐草文水盤　高18.0cm　胴径39.0cm

10-4 黄白釉褐彩幾何学文壺
　　 高26.0cm　胴径20.0cm

10-5 黄白釉褐彩草花文壺
　　 高18.4cm　胴径20.5cm

10-6 青磁擂座陽刻牡丹文碗
　　 高11.0cm　胴径14.9cm

10-7 白磁鎬文碗　高9.8cm　胴径12.9cm

10-8 黒釉高脚碗
　　 口径12.4cm　高6.9cm　高台径4.4cm

第10章　未知なるベトナム五彩

10-9　白釉黒釉碗　口径20.0cm　高8.0cm

10-10　褐釉碗　口径14.3cm　高5.5cm

10-11　緑釉碗
　　　口径10.0cm　高9.8cm　胴径12.0cm

10-12　黄白釉褐彩牡丹文梅瓶

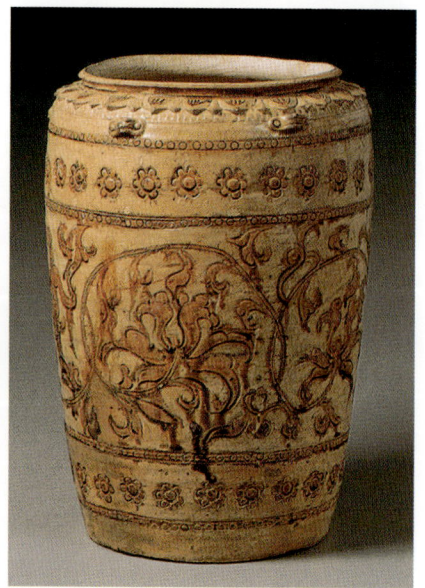

10-13　黄白釉褐彩牡丹唐草文壺
　　　高39.2cm　胴径27.2cm　底径20.9cm
　　　山田義雄コレクション　町田市立博物館

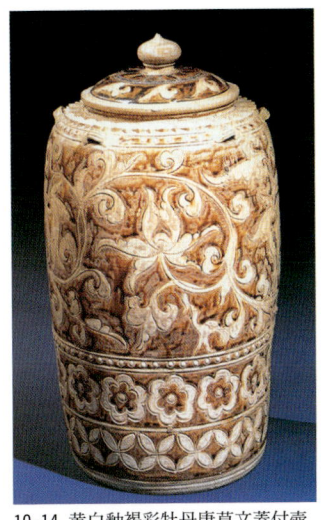

10-15 灰釉鉄絵蓮花文四耳壺
　　　 高19.2cm　胴径29.6cm
　　　 東南アジア陶磁館

10-14 黄白釉褐彩牡丹唐草文蓋付壺
　　　 高45.7cm

品であることを窺わせているのが、東南アジア陶磁館の灰釉鉄絵蓮花文四耳壺（10-15）や、往時の風俗を偲ばせる鉄絵朝貢図壺（10-16）（10-17）である。ただし、鉄絵朝貢図壺は、今のところベトナム産であるという確証に至っていない。それでも、人物が裸に近い姿で描かれているなど、その様相から見て、中国南部から東南アジアにかけてではなかろうかと想像されている。そこで、もし仮にベトナムであるとすれば、ベトナム鉄絵は案外早い段階で始まっていたのではないかと、つい考えさせられてしまうのである。そしてベトナム独自の器形と評される水注で、青磁、白磁、褐釉に次いで現れたのが鉄絵竹葉文水注（10-18）（11-32）（11-33）である。またこれと同時代か、継ぐ時代の作品と思われる、長谷部楽爾編著『インドシナ半島の陶磁』（瑠璃書房　1990）の213頁上部左のハノイ・ベトナム国立歴史博物館の鉄絵草花文燭台（10-19）は、本格的な鉄絵の初期的作品と思われ、所々を鉄帯で数段に区切る黄白釉褐彩陶の流れを汲んでいる。描かれた雷文や花唐草文は宋風であり、腰の花弁文は元風に見える。そして、古格を感じさせる福岡市美術館の梅花文などを描いた鉄絵四季花文瓶〈4〉（10-20）がある。また同手とみられる鉄絵水藻文瓶〈5〉（10-21）の口元の内側に蔓唐草文（10-22）、ほそい頸部には蕉葉文（しょうよう）に雷文（らいもん）（10-23）、主

10-16　鉄絵朝貢図壺　高18.7cm　胴径24.4cm　底径12.1cm　東南アジア陶磁館

10-17　鉄絵朝貢図壺（10-16）の展開図

10-18　鉄絵竹葉文水注　総高18.2cm　胴径18.2cm

10-19　鉄絵草花文燭台
　　　　ハノイ　ベトナム国立歴史博物館

10-20　鉄絵四季花文瓶
　　　　高28.8cm　口径2.0cm　胴径15.9cm　底径8.4cm
　　　　本多コレクション　福岡市美術館

第10章　未知なるベトナム五彩

10-21　鉄絵水藻文瓶　高30.0cm　胴径15.7cm

10-22　鉄絵水藻文瓶（10-21）の口元　口径 8.6cm

10-23　鉄絵水藻文瓶（10-21）の頸部　口径 8.6cm

10-24　鉄絵水藻文瓶（10-21）の底面　底径 8.1cm

10-26 鉄絵高士花喰鳥文壺　高27.8cm　口径7.2cm　胴径22.0cm　底径9.8cm
本多コレクション　福岡市美術館

第10章　未知なるベトナム五彩

10-27　鉄絵菊花文皿　口径30.3cm　高 6.0cm
　　　東南アジア陶磁館

10-28　鉄絵雲気文碗　口径11.0cm　高 7.8cm

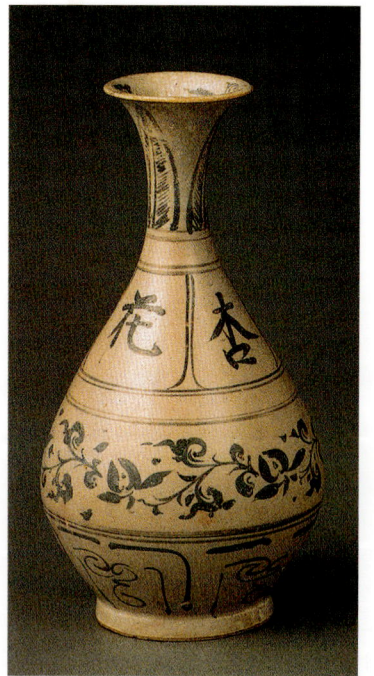

10-25　鉄絵文字花唐草文瓶　肩に「杏花味
　　　勝」の文字
　　　高29.8cm　口径 8.5cm
　　　胴径16.1cm　底径10.2cm
　　　東南アジア陶磁館

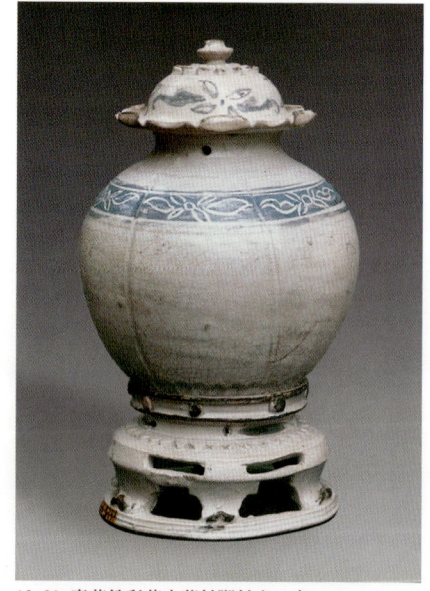

10-29　青花鉄彩花文蓋付脚付壺　高21.0cm
　　　ハノイ　ベトナム国立歴史博物館

文様は草文または水藻文、そして軽妙な蓮弁文（10-24）が肩と裾にある。また鉄で絵模様を描く前に、あらかじめ肩の蓮弁文をはじめとして所々おおまかに篦による刻線でレイアウトしてある。ここに挙げた二点の玉壺春瓶が細身の器形であるのに対して、太身の器形でこれも同時代と思われる肩に「杏花味勝」と書かれた、東南アジア陶磁館の鉄絵文字花唐草文瓶（10-25）がある。また福岡市美術館には鉄絵高士花喰鳥文壺（10-26）があり、共にベトナム陶人の文人趣向を書と画で味わうことができる。そして、並行して交易陶磁のはしりと目されている東南アジア陶磁館の鉄絵菊花文皿（10-27）や、このような鉄絵碗（10-28）なども作られていたのであろう。

　先に取り上げた黄白釉褐彩陶（10-13）（10-14）の二点には、文様帯の区切りや刻線があること、そして二点の鉄絵瓶（10-20）（10-21）にも刻線があるところなどほぼ同じ手法で、時代差が余り感じられない作品と思われるにもかかわらず、技術的な展開が顕著なところから、十三世紀から十四世紀にかけて陶磁界が画期的な変革期にあった印象を受ける。

　中でも壺や瓶が透かしの台を伴う形式が元の青白磁に見られるが、ブイ・ミン・チー著『ベトナミーズ・ブルー・アンド・ホワイト・セラミックス』（6-11）の頁245・図6の高さ21.0cmベトナム青花の蓋のある壺（10-29）にも、鉄彩を併用した透かしの台があり、青白磁に対比して、青花の発生を含めた年代を検討できないものかと思っている。

　そして、新たに生まれたであろう五彩や青花が後を追うように制作されたと考えられるが、ここで重要なのは、五彩が先に作られていたのか、それとも青花が先だったのかということである。中国では色絵がかなり先行しているので、ベトナムも同様であったとしても矛盾はない。

　また北宋に始まったのではないかとも考えられている、白地の釉下に酸化銅の絵具を用いて画き還元焼成する釉裏紅の存在も、ベトナムを刺激しカラー時代を促進する主たる要因ではなかったかと思っている。というのはベトナム五彩に施されたデザインが、元青花より先行すると考えられている釉裏紅の雰囲気をあわせ持っているからである。私はこの点に興味を持ち、大和文華館の釉裏紅鳳凰文梅瓶（10-30）と一対をなすとされる、MOA美術館の釉裏紅鳳凰文梅瓶（10-31）を見に行った。そしてこの一点のみ納められたケースのまわ

第10章 未知なるベトナム五彩

10-30 釉裏紅鳳凰文梅瓶　高39.5cm　胴径21.6cm　大和文華館

10-31 釉裏紅鳳凰文梅瓶　高38.9cm　口径 6.0cm　胴径21.2cm　底径14.9cm　MOA 美術館

りを、何回も回った。

　さらに見方を広げると、ラスター彩で文様を描く伝統を持つイランで、十二世紀頃よりニシャプールを中心に上絵技法で緻密な文様と絵画性を持つ上質なミナイ手（ペルシア語でエナメルの意味）陶器が作られていた。そして十三世紀から十四世紀にかけてコバルトを用いた青釉や藍釉に多彩な上絵を施し、更に金彩を施したラジュバルディーナ（ペルシア語で青藍色の意味でラピス・ラズリのような陶器）と呼ばれる青釉藍釉色絵陶器が流行した。この時代、元（1271〜1368）とイル汗国（1258〜1393）の交流は密接で、ベトナムも少なからずイスラーム世界の影響を受け、色彩への道が時流となっていた感がする。またこの頃インドでもイスラーム化が進み、アラブのムスリム商人のみならずインドのムスリム商人が東南アジア各地の港湾を賑わせていたであろう。この時代、アジア大陸においてイスラームの人々の言動は、なにかにつけて大きな影響を及ぼしたのではないかと思われる。こうして東西から伝えられた上絵付の技法は、亜熱帯の色彩感覚を持つベトナム人にとっては、もってこいの趣向であったに違いない。

　古来より赤は火と陽の象徴である。邪気を祓うなど赤の威力は小豆（あずき）や赤米をも尊び、五穀豊穣を祈願する農耕儀礼と強く結びついた。特に南宋色が反映し農耕が主体であった往時のベトナム人にとって、赤は生命を生み出す重要な色彩であったと思われる。古来インドより東南アジア、そして中国南部にかけてキンマの慣習が深く浸透していた。これは私の持論であるが、キンマを嗜むと口の中が赤い液体で溢れるが、人々はこれを血液が生ずる現象だと連想したのではないか。そしてキンマは生命の誕生と結びつき、婚礼には欠かせない儀礼となったのであろう。また、さらにキンマは蘇りや再生のシンボルとなり、その用具は明器にもなった。中でもベトナムでは、キンマに用いる李朝以降の石灰壺（10-32）が数多く出土する。このことからも命の根源を表す色と考えた、赤を尊ぶベトナム人の想いは格別なものであったと推察されるのである。そして、その赤に緑が組み合されることによって活力が生ずると考えられてきたので、五彩の原点となった紅緑彩にその意義を感じることもできる。

　十三世紀から十四世紀を境に、時代の要求により製陶の技法も急展開を見せ、器体も膨らみ、施す装飾文様も工夫されて細密化に向かっていった。

中国と東南アジアの主要古窯図

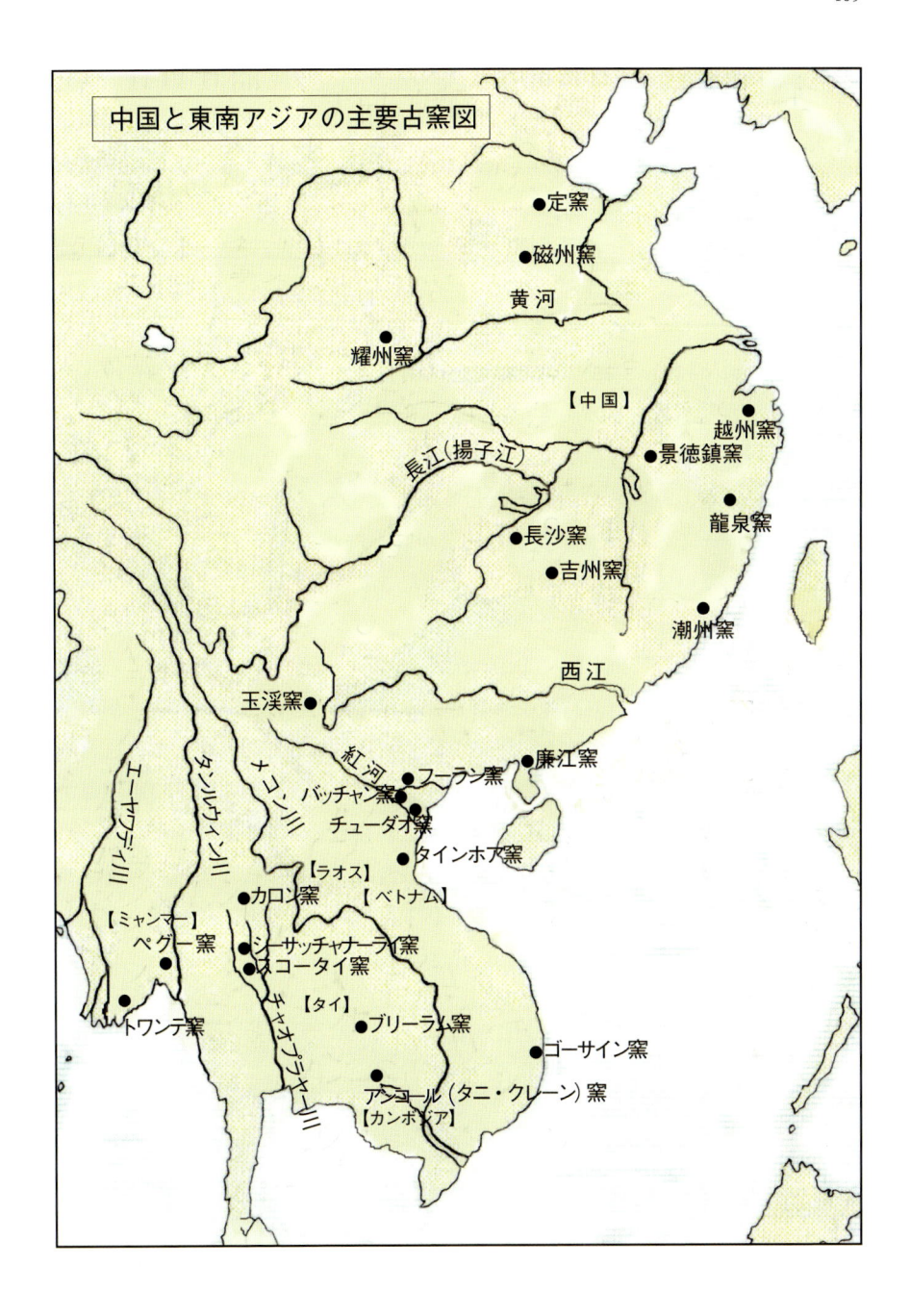

【中国】
- 定窯
- 磁州窯
- 耀州窯
- 越州窯
- 景徳鎮窯
- 龍泉窯
- 長沙窯
- 吉州窯
- 潮州窯
- 玉渓窯
- 廉江窯

黄河
長江(揚子江)
西江
紅河

【ベトナム】
- フーラン窯
- バッチャン窯
- チューダオ窯
- タインホア窯

【ラオス】
- カロン窯

【ミャンマー】
- ペグー窯
- トワンテ窯

【タイ】
- シーサッチャナーライ窯
- スコータイ窯
- ブリーラム窯
- ゴーサイン窯

【カンボジア】
- アンコール(タニ・クレーン)窯

エーヤワディー川
タンルウィン川
メコン川
チャオプラヤー川

2002年10月、日中国交正常化三十周年を記念して大阪市立美術館で特別展「白と黒の競演——中国・磁州窯系陶器の世界」が催された。その図録の第2部磁州窯系陶器の名品に、大和文華館所蔵で図135に掲載されている元の白地紅緑彩仙姑図壺〈9〉(10-33) がある。

　壺は四面の窓絵があり、写真面には人物と猿が描かれている。人物は鎌と籠を手にしていて、背に天蓋をともなっている。その様相から、名山にしか採れないとした霊芝を求める西王母の姿ではないかと思われる。西王母は崑崙山系に棲む仙女の領袖で、爛桃山の仙桃の木の所有者である。そして猿は桃を手にしているところから、その仙桃を食べて不老不死を得たとされる孫悟空なのかも知れない。このような物語風の題材を器面に取り入れた例は、元青花にいくらか見られるが、それらは当時流行していた元曲にもとづくという。白地紅緑彩仙姑図壺のこの絵にもそうした背景があったとすれば、『西遊記』もすでに元曲に現れていて、盛んに演じられていたことを窺わせる。

　この壺は鉄絵で枠取りをして焼き上げた後、赤と緑のエナメル彩で上絵付をしている。宋赤絵の伝統を継ぐものと思われるが、新資料のベトナム五彩の意匠と共通点が多くあり、同時性を感じさせる興味深い作品である。この種の磁州窯赤絵の壺や瓶子は、他にも外国の美術館所蔵集に収められているところをみると、ある程度世界に点在しているようで、今後集大成した展示会や図録を期待したい。磁州窯赤絵は十四世紀全体の五彩を考える上で重要となろう。

　南下した磁州窯など、華北の鉄絵装飾は華南の窯業に多大な影響を与えつつ、ベトナムを経由して、タイに根を下ろした。また紅緑彩も南下を続け、景徳鎮に辿り着いて元五彩となって表れた。そして、時を同じくしてベトナムでも五彩が開花する。しかし、その後景徳鎮、もしくはやや南で生まれたのかもしれない釉裏紅は、ベトナムに伝えられていたのか、今のところ定かではない。これまで知られているベトナム青花は、概ね化粧土が施されている。しかし新資料の胎土は灰地であったり、必ずしも良質に恵まれていなかったにもかかわらず、化粧掛けを行なっていない例があるように思う。ついては元青花に化粧土は掛けられていない。この時期ベトナムの陶工たちは胎土など素材の条件が充分に整わず、釉裏紅を試みはしたが、試み半ばで上絵付の道を選んだのかも知れない。

10-33 白地紅緑彩仙姑図壺　高29.5cm　口径18.0cm　胴径31.7cm　大和文華館

ところで、華北で育まれた紅緑彩が景徳鎮にも現れたが、その時点で、釉裏紅が先に焼かれていたのか、それとも五彩が先だったのかが知りたいところである。流れとしては五彩で、次いで釉裏紅となるように思われるが、これも難問である。なぜなら、釉裏紅の発生自体、景徳鎮より南にあった可能性があるからである。

　それにしても、中国の五彩は、宋赤絵以来元に至っても、赤と緑が主で、稀に黄を挿して描いていて、紅緑彩と称する表現を続けている。当時全盛であったはずの青花を伴った五彩がみられないのはなぜか。また緻密に描かれた元様式の釉裏紅が見られないのはなぜか、考えれば考えるほど疑問が増してくる。

　だが、景徳鎮に本格的に青花が現れる以前に、このようないくつかの流れをベトナムが受け止めていて、赤色と緑色の紅緑彩に、黄色を加え、さらに新生の青花でレイアウト、いわゆる下地で枠組みを取り始めたということも考えられる。そして、このような作品が中国の元に現れない限り、五彩に青花を初めて用いたのはベトナムであったということにはならないか。そして、多彩な五彩へと一気に開花した、と考えられないこともないのである。

　手元に、紅緑黄の五彩のみ（10-34）、青花を含んだ五彩（10-35）、青花のみ（10-36）の鳥文の盤と皿があるが、技法上、それぞれが発祥に絡む様相を秘めている。

　入手した紅緑黄の五彩の中でも、肩に獅子頭（10-37）が六つ、胴には雲気文に囲まれた浮き彫りで火焔宝珠を求める五爪で二角の親の双龍と子の双龍が器面全体を覆っている特筆すべき遺品がある。高さ54.0cmの大壺（10-38）である。壺の裾には青海波と波頭文があり、高台（10-39）はとても低く、渦状の轆轤目を残している。鉄銹は塗られていない。

　この五彩貼花火焔宝珠双龍文獅子頭大壺との出会いは2000年の初めであったが、買ったのは2003年になっていた。その理由は、五彩に接して間もない私に大壺の特性を即座に見抜くだけの力量が備わっていなかったこと。つまり、一見あまりにもゴテゴテしている上に色彩も奇抜に映り、拒否反応を起こし、敬遠してしまったのである。また、私の評価に比して、値が突出して高かった。

　その後、大壺はオーナーの所有となっていた。出向いた折にチラッと眼にすることもあったが、真剣に直視することはなかった。それが、五彩に眼が馴れ

囲まれる度合いが増し、いくつかの種類に見分けられるようになると、初見の時に受けた違和感が薄れかけたのか、いつの間にか気になり始めた。

　冷静に、そして素直な心で改めて見直すと、目から鱗で、作りは粗野ながらその造形は野武士のような無骨な味わいがあり、誠に力強く重々しい。庭石のように頑として動かない強固な意志すら感じる。私はその力感に次第に惹かれゆく心を止めることができなくなっていた。しかし、忘れかけていた値を再び問い掛けてみるものの、答えに変わりはなく、手の届かぬ巨星であった。

　大壺が心の一隅に住み着いてしまったそんな時、私はなにげなく広げていた『世界陶磁全集』13　遼・金・元（小学館　1981）の頁201・図104、景徳鎮の青白磁貼花雲龍文水注高さ15.8cm（10-40）に龍の浮彫があることを知った。私は技法の展開に沿い、五彩への道を漠然と考え、浮彫の龍に紅釉を塗ってみたり、筆で釉裏紅のように綾取ったりして一層艶やかな仕上がりを想像して楽しんだ。またさらに五彩ともなればこのような五彩貼花火焔宝珠双龍文獅子頭大壺の作品になるのだと思った。そしてさらに龍泉窯青磁の浮彫（10-41）に眼が止まり、獅子頭や双龍の盛り上がりと同じくするのではないかと考え始めた。それは、陶工が箆や刃物で器面を陶彫する感覚がまだ残っている時代のものではないか。そうした眼で見ると、龍の姿は元の青花に見られるような細身の長身ではなく、龍泉窯の青磁貼花雲龍文香炉（10-42）に現れる頭でっかちで短身短足の龍なのである。私は龍泉窯の存在を強く感じてしまった。

　それまでベトナム陶磁を考える際に、中心を占めていたのは景徳鎮であるが、それにとどまらず青磁で知られる龍泉窯、さらに筆描による鉄絵装飾で華北の磁州窯と端々に繋がりがあるのではと感じていた江西省の吉州窯（10-43）や、唐の頃から鉄や銅を用いて釉下彩を行なっていた湖南省の長沙窯までも、念頭に置かなければならなくなった。

　私はベトナム五彩の源流をこの五彩貼花火焔宝珠双龍獅子頭大壺に見た思いがして、買ってしまおうと心に秘めた。既に2002年になっていたが、オーナーにはその内もらうからと言いながら、延ばしに延ばして、結局品薄状態となった2003年の半ばに思い切って大枚をはたいた。今となれば、終始大壺を評価し続けたオーナーの心眼に頭が下がるばかりである。

　青花が入っていない紅緑彩で浮彫はこの大壺のみだが、他にも青花が入って

第10章　未知なるベトナム五彩

10-32　石灰壺　各種　東南アジア陶磁館

10-34　五彩鳳凰花文盤　口径35.0cm

10-35　五彩花鳥文稜花盤　口径40.0cm

10-36 青花花鳥山水文盤　口径33.0cm

10-37 五彩貼花火焰宝珠双龍文獅子頭大壺（10-38）の獅子頭

10-39 五彩貼花火焰宝珠双龍文獅子頭大壺（10-38）の底面

112　第10章　未知なるベトナム五彩

10-38　五彩貼花火焰宝珠双龍文獅子頭大壺　高54.0cm

10-40 青白磁貼花雲龍文水注　高15.8cm

10-41 青磁貼花雲龍文四耳壺　伝小田原城跡出土
　　　高50.2cm　胴径32.8cm　大和文華館

10-42 青磁貼花雲龍文香炉　口径26.2cm　高28.2cm　胴径30.3cm　建長寺

10-43　白地鉄絵奔鹿文蓋付壺
　　　南宋　嘉定2年(1209)　1970年南昌県出土
　　　総高19.0cm　口径10.4cm
　　　南昌市　江西省博物館

10-45　五彩花文瓶　高23.0cm

10-44　五彩花文壺

10-46　五彩束蓮文角形香炉　高37.0cm

10-47 五彩鳥花文四耳合子
　　　高12.0cm　胴径15.0cm

10-48 五彩花文鉢

10-49 クメール　褐釉櫛目波状文大壺
　　　高62.3cm　胴径44.5cm
　　　東南アジア陶磁館

10-50 五彩鳳凰牡丹文大壺　高63.0cm

10-51 五彩双鹿牡丹文蓋付大壺　総高70.0cm

第10章　未知なるベトナム五彩

10-52　クメール　褐釉蓋　高13.0cm　径9.0cm

10-53　五彩双鹿牡丹文蓋付大壺（10-51）の鳥形鈕付蓋

いない五彩は、壺（8-13）（10-44）皿（10-34）瓶（10-45）香炉（10-46）合子（10-47）鉢（10-48）などあり、これらは原初に迫る作品群だと感じている。

　従来の歴史観では、陳朝の前期（1225〜1316）は三度にわたる元の侵入を阻止し、隆盛であったが、後期（1317〜1400）になると衰退し始めたと考えられてきた。

　しかし、陳（チャン）朝後期には中国の山東から河南、そして江南地方に民衆による反国家勢力である紅巾軍（こうきん）が興り、北上して元を脅かしていた。また東南アジアではアユタヤ王国（1351〜1767）が興隆していて、隣国のカンボジア（真臘（しんろう））アンコール帝国（九世紀〜1432）はこの勢力に押されて衰退が始まっていた。

　アンコール帝国のクメール陶器は九世紀ごろより生産を本格化し、灰釉陶から黒褐釉陶を展開したが、ベトナムとも少なからず交流があったものと思われる。十一世紀から十三世紀にかけて作られたと見られている大作のクメール褐釉櫛目波状文大壺（10-49）と、五彩鳳凰牡丹文大壺（10-50）や、雌雄の鹿が寄り添う場面を描いた五彩双鹿牡丹文蓋付大壺（10-51）は、ほぼ同形である。その姿は特に、広い肩、低い頸部の立ち上がり、胴から底部にかけて急に細くなる点で共通している。またこれまでやや大きめのクメール陶の蓋（10-52）のみを散見してきたが、おそらくこれら五彩大壺の蓋（10-53）のような役割を果たしていたのであろう。

　この時期、周辺国の混乱期がベトナムの安定期であり、強いて陳朝に衰退の

要因は見当たらない。それどころか、当時の紅河デルタ地帯の総人口は五百万とも六百万とも言われる大所帯の国家であった。ベトナムは農業など一次産品をはじめ、工業も発展した内需主導の充実した経済社会を築き上げ、豊かな暮らしを演出していたように思う。ベトナムの美においても、受容した中国美を重視しつつ創造性豊かな時代で、国力は富み、爛熟期にあった。このような観点から、十四世紀のベトナムは充実しており、陶磁も技術革新が進み転換期にあった。これら五彩と青花の一群は、この時代を下限としているように思う。時の先端技術と爛熟した文化を満載したタイムカプセル。新発見のこの様式を「陳(チャン)様式」と命名しておきたい。

【参照】
〈1〉 黄白釉褐彩牡丹文梅瓶.
　　　Vietnamese Ceramics: A Separate Tradition, p. 114, Fig. 上段19, John Stevenson and John Guy, Art Media Resources with Avery Press, 1997.
〈2〉 同様の作例、黄白釉褐彩唐草文四耳壺　高59.0cm　Musées Royaux dart et d'Histoire, Bruxelles.
　　　『世界陶磁全集』16　南海　頁131・図102　小学館　1984.
〈3〉 鉄絵草花文燭台　ハノイ　ベトナム国立歴史博物館.
　　　『インドシナ半島の陶磁』頁213・図左　編著・長谷部楽爾　瑠璃書房　1990.
〈4〉 鉄絵四季花文瓶　高28.8cm　口径2.0cm　胴径15.9cm　底径8.4cm　本多コレクション　福岡市美術館.
　　　『ベトナムの陶磁』頁23・図27　福岡市美術館図録　1992.
〈5〉 鉄絵水藻文瓶　高30.0cm　胴径15.7cm.
　　　『東南アジアの古美術——その魅力と歴史』　頁281・図N-7　関千里　めこん　1996.
〈6〉 鉄絵文字花唐草文瓶　肩に「杏花味勝」の文字　高29.8cm　口径8.5cm　胴径16.1cm　底径10.2cm　東南アジア陶磁館.
　　　『安南古陶磁』頁3・図16　東南アジア陶磁館図録　1992.
　　　『ベトナム陶磁』頁55・図140　町田市立博物館図録　第82集　1993.
　　　『東南アジアの古陶磁展』（IV）頁31・図53　富山佐藤記念美術館図録　1997.
　　　Vietnamese Ceramics: A Separate Tradition, p. 332, Fig. 284, John Stevenson and John Guy, Art Media Resources with Avery Press, 1997.
〈7〉 釉裏紅鳳凰文梅瓶　高39.5cm　胴径21.6cm　大和文華館.
　　　『世界陶磁全集』13　遼・金・元　頁211・図206　小学館　1981.
　　　『元・明の青花』中国の陶磁8　頁7・図3　編著・中沢富士雄　長谷川祥子　監修・長谷部楽爾　平凡社　1995.

〈8〉 釉裏紅鳳凰文梅瓶　高38.9cm　口径6.0cm　胴径21.2cm　底径14.9cm　MOA美術館.
　　『皇帝の磁器——新発見の景徳鎮官窯』　頁128・図213　大阪市立東洋陶磁美術館図録　1995.
〈9〉 白地紅緑彩仙姑図壺　高29.5cm　口径18.0cm　胴径31.7cm　大和文華館.
　　『世界陶磁全集』13　遼・金・元　頁122-123・図99　小学館　1981.
　　『磁州窯』陶磁体系39　頁82・図88　長谷部楽爾　平凡社　1974.
　　『白と黒の競演——中国・磁州窯系陶器の世界』特別展　頁128・図135　大阪市立博物館図録　2002.
〈10〉 青磁貼花雲龍文四耳壺　伝小田原城跡出土　高50.2cm　胴径32.8cm　大和文華館.
　　『世界陶磁全集』13　遼・金・元　頁183・図156　小学館　1981.
〈11〉 青磁貼花雲龍文香炉　口径26.2cm　高28.2cm　胴径30.3cm　建長寺.
　　『世界陶磁全集』13　遼・金・元　頁183・図154　小学館　1981.

第11章　陳朝の青花と南海交易

　文化の創造は民間からと言われているように、磁肌にコバルト・ブルーが踊る青花の筆描法も民窯に誕生し、その発生源は中国の江南から南にかけての沿岸部にあったのでは、とする考え方が成り立ちつつある。

　もし、そうであれば、発生とほぼ同時期に景徳鎮やベトナムの諸窯へ伝えられたと考えてもおかしくはない。しかし、同時期と言っても全く同時ということはありえないから、どちらが先に着手していたのかとつい考えてしまう。

　そこで、ベトナム交易陶磁の初期青花を代表する小壺（11-1）や碗、そして皿（11-2）の主文様である菊花文に着目してみると、元の交易品であった青花の菊花文〈1〉（11-3）は概ね菊花を上から眺め、花蕊（かずい）は軽妙に渦巻き、葉は鋸刃のようにぎざぎざに表されている。この具象的な菊の葉の描き方は当時の新表現だったようである。それに対してベトナムでは、青花発生以前にすでに鉄絵で菊花文（11-4）（11-45）が描かれており、青花の発生とともにこれに倣っている。つまり、菊花を真上や横から捉え、花蕊を網目状に描く。また唐草文の細長い葉は縦の筋を残し、先にいくつかの瘤を溜めながらくるりと巻き込んでい

11-1 青花菊花文双耳壺
　高3.7cm　口径4.6cm

11-2 青花菊花文鎬皿
　口径17.9cm　高3.7cm
　東南アジア陶磁館

122　　　　　　　　　　　　第11章　陳朝の青花と南海交易

11-3　青花菊花文双耳壺　高5.8cm
　　　口径 2.8cm　　胴径 5.8cm
　　　底径 3.6cm　　関コレクション
　　　富山市佐藤記念美術館

11-4　鉄絵菊花文鉢　口径22.0cm　高9.6cm
　　　底径 7.3cm　　関コレクション
　　　富山市佐藤記念美術館

11-5　青花菊花文鉢　口径18.0cm

11-6 青花菊花文碗　口径18.0cm　高4.8cm　高台径5.5cm　本多コレクション　福岡市美術館

11-7 青花菊花文碗（11-6）の裏面刻花雲龍文

11-8 青花蓮花文鉢　側面に菊花文
　　 口径16.8cm　高8.7cm　底径6.6cm

11-9 青花蓮花文鉢（11-8）の表面

11-10 青花菊花文合子　高2.6cm　胴径5.6cm
　　　東南アジア陶磁館

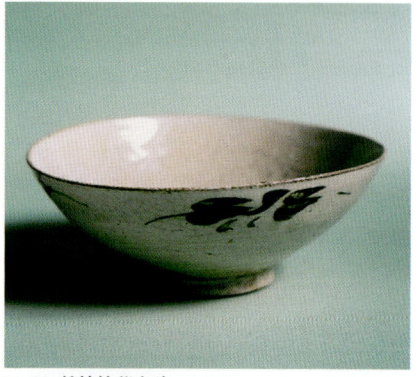

11-11 鉄絵竹葉文碗
　　　口径15.6cm　高6.2cm　底径6.2cm

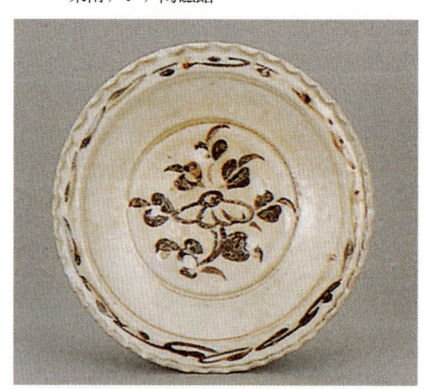

11-12 鉄絵菊花文輪花皿　口径17.2cm
　　　高2.7cm　底径6.8cm　関コレクション
　　　富山市佐藤記念美術館

る。この唐草文は北宋（960〜1127）から金（1115〜1234）にかけての定窯や耀州窯、そして磁州窯など華北諸窯の表現がベトナムに伝播し、李朝（リー）(1009〜1225)や陳朝（チャン）(1225〜1400)が身に付け継承してきた描き方である。こうした本来の姿ではなかったかと思われる新資料の青花菊花文鉢（11-5）の丁寧で重厚な表現に比べ、この手では上手と評価されている、裏面に雲気と龍を刻った福岡市美術館の青花菊花文碗（11-6）（11-7）をもってしても新資料の筆力に及ばないように、多くの交易品は手馴れた筆運びで粗略に仕上げられている。

　このように、ベトナムの菊花文は、鉄絵から青花に継がれた。したがって、殊に菊花文に関しては、いくつかの例外（11-8）（11-9）（11-10）もないわけではないが、元青花の交易品の影響をほとんど受けていないと言ってよい。だから、この意匠をもってしても、景徳鎮とベトナム、どちらが先に着手していたのかという結論は出しにくいのである。

　それでも大胆に考えれば、ベトナム青花の十四世紀とされる交易陶磁の大部分の文様が元青花の交易品に追随していることを思えば、より古いベトナム鉄絵の文様である竹葉文（11-11）や菊花文（11-12）（11-45）（13-102）を青花に用いていたことは例外となる。そこで言えることは、ベトナム青花の菊花文と元青花の菊花文の発生がほぼ同時であって、互いに影響し合うだけの時間的な間が持てなかった。もしくはベトナムの菊花文の方が早かったのかもしれないということである。

　菊花文の意図は、古代中国の鞠水伝説に由来している。河南省内郷県を流れる白河の、支流の崖の上にある菊の露が滴り落ち、川の水が極めて甘く、水辺に住む人はその水を飲めば長命を得るという。菊花の強い生命力にあやかってのことであろう。また菊酒を飲むことで壮健となり、薬用でもあった菊花を尊ぶ慣わしはこの華北に芽生え、梅、竹、蘭と併せて四君子となるところから陶磁の意匠にも好まれて、北宋の定窯をはじめ、その他の窯でもしばしば用いられた。さらに金から元にかけての磁州窯系の五彩にも認められているところから、菊花文のルーツは中国にあり、ベトナムの創意とは言い難い。だが、この度の新資料に菊花をあしらった例は五彩にも多くみられ、既にベトナムの文化に深く浸透し親しまれていたことがわかる。そして菊花文は高麗（918〜1392）

第11章　陳朝の青花と南海交易

11-13 青花零（霊）芝文瓶　高26.8cm　胴径14.1cm　中村三四郎コレクション　町田市立博物館

11-14 青花花唐草亀甲文八角瓶　　　11-15 青花牡丹唐草文面取水注　高22.5cm
　　　高27.6cm

から李朝（1392〜1910）にかけて、また鎌倉（1192〜1333）や南北朝（1334〜1394）の陶磁を飾ったように、この時代の風潮であったことが窺えるのである。

　これまで世に出ている十四世紀とされるベトナム青花の大半は交易品とみられる。しかし中には交易品らしからぬ製品がある。内需目的ではなかったかと想像させられるもので、そこには少なくともベトナムの伝統美である過去の様式がそこかしこに支配しているかに見え、モチーフの意図も明快に表され、運筆も丁寧で本画の様相を見せている。したがって国内の上流階級の日常品や献上品は、外需に応えた交易品とは本質的に異なった制作が行なわれていた可能性がある。代表的な例を玉壺春瓶に求めると、まず町田市立博物館の図録第122集『ベトナム青花』(2001) 図20で、同館所蔵の青花零(霊)芝文瓶〈2〉(11-13)がある。また図12　高さ19.0cmの青花花唐草文八角壺、さらに同館発行の図録第82集『ベトナム陶磁』(1993) 頁62・図163　高さ30.8cm口径8.8cm底径12.0cmの青花牡丹唐草文八角瓶〈4〉が挙げられよう。

　中でもブイ・ミン・チー著『ベトナミーズ・ブルー・アンド・ホワイト・セ

11-16 青花牡丹唐草文大壺　高42.2cm　ニューヨーク　メトロポリタン美術館

11-17 青花魚藻文大壺　高46.5cm
　　　Collection of Mr. and Mrs. R.P. Piccus

11-19 五彩孔雀文壺　高37.5cm　胴径40.8cm

11-18 青花花文合子　高5.4cm　胴径7.9cm
　　　東南アジア陶磁館

11-20 青花鳳凰文瓶
　　　高28.9cm　胴径14.6cm　高台径7.2cm
　　　本多コレクション　福岡市美術館

第11章　陳朝の青花と南海交易

11-21　青花龍文瓶　高28.6cm
Collection of John R. Menke

11-22　青花龍文蓋付壺　総高45.5cm
Collection of Ken Baars

ラミックス』の頁346・図161、高さ27.6cmの青花花唐草亀甲文八角瓶〈5〉(11-14)は傑作である。また大阪大丸心斎橋店美術部が開催し発行した図録『南海の古陶磁展』に掲載されている図50青花牡丹唐草文面取水注(11-15)も注目に値する逸品である。これらの作品に共通する、ややくすんだ青花の色合いや、面取、切子を伴う作行は、元青花の古式の作風と共通し、同時性を窺わせ、十四世紀も限りなく前半に近い雰囲気が漂っている。

　そしてこれらに次ぐのが、おそらくジョン・スティーブンソン＆ジョン・ガイ編著『ベトナミーズ・セラミックス』頁295・図224のニューヨーク・メトロポリタン美術館所蔵、高さ42.2cmの青花牡丹唐草文大壺〈6〉(11-16)であろう。また同書の個人蔵とされる頁292・図221、青花魚藻文大壺〈7〉(11-17)の大作も、それらに並ぶ作品となろう。

　おそらく新資料の作品群は間接的ながらも、これらの制作に影響を与え、与えられた存在であったに違いない。

　また東南アジア陶磁館の青花花文合子(11-18)は、精緻な意匠と鮮明な発

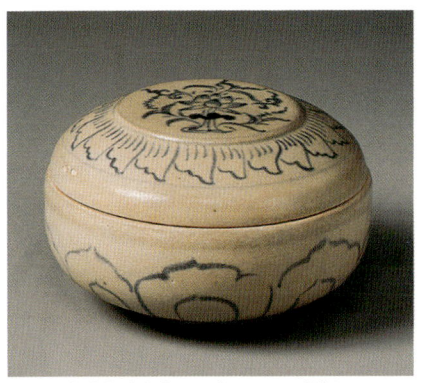

11-23 青花蓮池文合子　高7.0cm　胴径11.5cm
中村三四郎コレクション　町田市立博物館

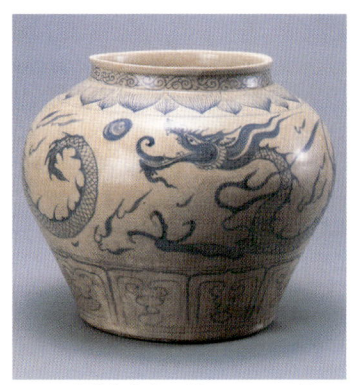

11-24 青花龍文壺　高25.2cm　口径17.7cm
胴径30.5cm　底径18.5cm

11-25 青花蓮花魚藻文馬上杯　高9.9cm
口径11.7cm　底径4.0cm　大樋美術館

11-26 青花蓮花魚藻文馬上杯（11-25）の裏面

11-27 青花蓮花魚藻文馬上杯（11-25）の表面

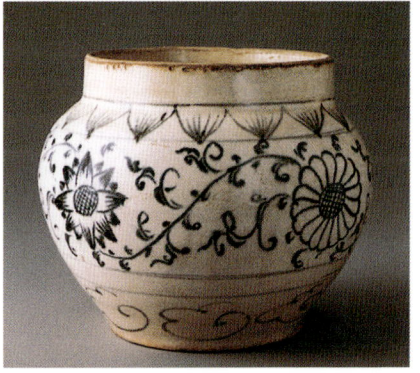

11-28 青花菊花文壺　高14.2cm　胴径17.7cm
東南アジア陶磁館

色をした優品である。

　それから、手元の一部の作品（11-19）と、釉調や蓮弁文が近似した青花鳳凰文瓶〈8〉（11-20）が福岡市美術館に収められている。意匠などから内需品より交易品へと移行していった過程を感じさせる興味深い秀品である。

　純然たる交易品はその主眼が量産と販促にあり、いかに素早く仕上げるかにある。器形や文様も時の流行を追いながら製作するので、主体性や精神性を必要としない。意匠の意味を充分理解することなく、手先のみの表現が多い。これらは一般に亜流とか地方作と呼ばれる民窯の傾向にみられる。具体的には、同じく玉壺春瓶で『ベトナミーズ・セラミックス』の頁333・図287に掲載の個人蔵、青花龍文瓶〈9〉（7-8）（11-21）や、頁292・図222ケン・バースコレクション、高さ45.5cmの青花龍文蓋付壺〈10〉（11-22）が、その代表例となる。また町田市立博物館の2001年発行の図録第122集『ベトナム青花』、図9青花蓮池文合子〈11〉（11-23）、図17青花龍文瓢瓶〈12〉、図18青花鳳凰文瓶〈13〉、や青花龍文壺〈14〉（11-24）、大樋美術館の青花蓮花魚藻文馬上杯（11-25）（11-26）（11-27）、東南アジア陶磁館の青花菊花文壺（11-28）、そして著名な作品である、銘白衣、青花龍文瓶（染付竜文花生）（1-1）（11-29）も金属器からくる特異な器形を持ちながら、絵は軽いタッチで素描風に描かれていて、これも同類に見える。

　こうしてみると、製作には二つの大きな流れがある。一つには本流とも言える自国の需要に即して過去の様式を尊重した作品と、もう一つは外需に応じ中国陶磁を即席に模した作風があるということである。

　またコバルトについても、西方の回回青（かいかいせい）は良質ながら入手困難とされ、周辺に産するコバルトを用いていたが故に鮮やかさに欠けているのでは、と考える

11-29　青花龍文瓶（染付竜文花生）　銘白衣
重要文化財　高28.7cm
石川県教育委員会

11-30 青花竹葉文水注　高18.0cm
Collection of Do Viet Vien, Hanoi

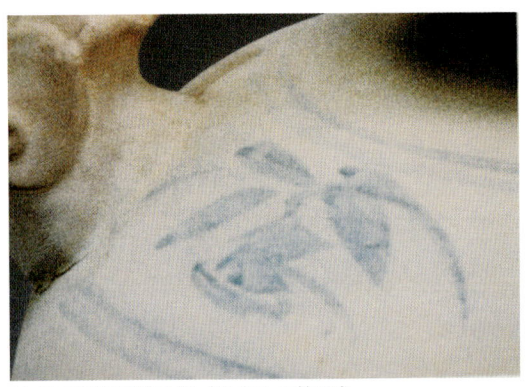

11-31 青花竹葉文水注（11-30）の竹葉文

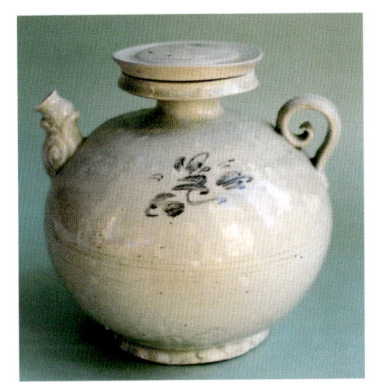

11-32 鉄絵竹葉文水注
　　　総高18.2cm　胴径18.2cm

11-33 鉄絵竹葉文水注（11-32）の竹葉文

11-34 青花五彩小器一括　チェンマイ県ホード郡廃寺出土（左上）　高5.4cm　チェンマイ国立博物館

11-35 青花鳳凰文皿　径28.2cm　高6.0cm　底径12.0cm

11-36 青花鳳凰文皿（11-35）の鳳凰文と五つの目跡

こともできる。だが青花の初期段階では、マンガンが多い土青と呼ばれるやや黒ずんだコバルトや不純物が含まれたコバルトも、それなりに評価して使っていたのではないかとも思える。コバルトに迫るのは難問だと思うが、この度入手した作品にも深く沈んだ濃厚な藍色から、濁った青色、透明な空色に至るまで、様々な発色があり、つい考えさせられてしまう。

その点で注目したいのは、先に挙げた『ベトナミーズ・ブルー・アンド・ホワイト・セラミックス』の、頁242・図1、青花竹葉文水注〈15〉(11-30)である。肩にサラッと描かれた竹葉文

11-37 青花紅釉貼花四神文蓋付壺　元　「大元至元戌寅」銘　後至元4年(1338) 1974年景徳鎮市出土　総高22.5cm　口径7.7cm　南昌市　江西省博物館

(11-31)がベトナム青花の起源ではないかとする著者ブイ・ミン・チー氏の提言が、ベトナム陶磁愛好者のみならず多くの関係者の関心を呼んでいる。同種の水注には青磁、白磁、褐釉、の他に鉄絵(10-18)(11-32)(11-33)が施され、器形の形式自体も古くベトナム独自の様式であるとされながらも、唐の邢州窯系白磁の影響を感じさせる作品群で秀作も多い。時代幅も長く、おそらく製作期間の中心は十二世紀から十三世紀にあるものと思われる。だから青花は鉄絵に少し遅れて十四世紀前後に作られたものか。この器形において最後に現れたであろう青花は、一見鉄絵と見間違うくらいダークな色彩である。

このように鉄絵と青花の時代はクロスしているかに見え、鉄絵と青花を併用した器もいくらか存在している。『世界陶磁全集』16　南海（小学館　1964）の頁222・図298、タイのチェンマイ県ホード郡廃寺出土ベトナム小器一括〈16〉(11-34)の右上小壺に、その一例を見ることができる。これら一括資料の七点

第11章　陳朝の青花と南海交易

11-38　青磁刻線文皿
　　　口径29.3cm　高7.5cm
　　　東南アジア陶磁館

11-39　褐釉波状文皿
　　　口径28.2cm　高8.0cm　底径8.0cm
　　　東南アジア陶磁館

11-40　緑釉蛇の目皿　口径17.2cm　高3.8cm
　　　東南アジア陶磁館

11-41　青花小壺　高4.1cm　胴径5.3cm

11-42　青花雲気文平壺　高6.1cm　胴径11.3cm
　　　東南アジア陶磁館

11-43　鉄絵幾何学文合子　高6.7cm　胴径8.9cm
　　　東南アジア陶磁館

11-44 鉄絵竹葉文碗　口径14.0cm　高6.5cm

11-45 鉄絵菊花文鉢　口径17.6cm　高6.7cm

11-46 青花菊花文輪花皿　口径30.9cm
　　　高6.7cm　底径8.0cm　町田市立博物館

11-47 青花束蓮文碗　口径17.6cm　アユタヤ
　　　チャンタカセーム宮殿国立博物館

（青花四点、鉄絵青花一点、藍釉または瑠璃釉一点、五彩一点）は編年と解説が省略されているが、おそらく十四世紀の作品であろう。中でも藍釉または瑠璃釉と五彩の小壺が含まれていて注目される。

　また私が入手した五つの目跡がある青花鳳凰文皿（11-35）には、絵付をする前の段階で鳳凰文（11-36）を釘彫状に描き、その後筆でコバルトを挿したのではないかと考えられるくらい、描かれたコバルトの線がへこんでいる。この技法は意匠のおおよそのあたりをつける線刻のことで、黄白釉褐彩（8-2）（10-3）（10-4）（10-5）（10-12）（10-13）（10-14）や鉄絵（10-20）（10-21）技法に先例があり、これを継承しているのではないかと思われる。しかし、濃厚なコバルトは焼成後にへこみを見せるとも言われ、いずれなのか判断しがたい

第11章　陳朝の青花と南海交易

のだが。

　これまで取り上げてきた青花は十三世紀の後期から十四世紀の前期および中期にかけてと思われる作品群である。しかし、ベトナムにおける青花の発生が本当はいつだったのかという問題は残る。

　ところで、景徳鎮における青花の発生年も、今もって定かではない。中国においてコバルトは唐三彩の藍彩や白磁器の釉下彩として使用されていたと言われてきた。実際、この頃の白磁青花が江蘇省揚州市唐城遺跡から出土して関心を集めている。作られたのは晩唐から五代（907〜60）にかけてと見られ、その特徴は、陶質の素地に化粧土が施され、濁ったコバルトで草花文や幾何学文などが稚拙に描かれているという。コバルトを使用して描く技法は既に九世紀のイラクで始まっていて、アッバース朝のサーマッラー遺跡から出土した白地藍絵陶器に見られる。このように中国青花の原点は、コバルトを産出したイスラームの世界にあるのではないかと考えられている。

　しかし、その後中国において青花の技法は途絶えていたらしく、五百年間の空白の後、元の時代に再び景徳鎮で本格的な活動期に入った。景徳鎮では、コバルトを器に掛けて藍釉とする段階から、筆で描く手法へと一気に進展した。その先駆けと見られているのが、景徳鎮で出土した青花紅釉貼花文楼閣[17]と青花紅釉貼花四神文蓋付壺[18]（11-37）である。この二点には1338年である元の後至元四年の紀年銘があり、これに基づき、今のところ筆描による青花の確証ある最も古い作例となっている。共にビーズ紐と称する素地に文様を貼り付ける貼花文を用い、手の込んだこの作りは金属装飾の手法を宋の青白磁がその流れを汲んだものと考えられている。

　実際の発生年は、これより十年くらい遡って考えても良いのかもしれない。というのは、間接的なことながら、龍泉窯の青磁や景徳鎮の青白磁を満載し日本に向かっていた中国の交易船が1970年代に韓国西海岸木浦沖の新安の海底で発見された。沈没船には青花磁器が含まれておらず、船が沈んだのは積まれていた木簡の解読から十四世紀前半の至治三年で1323年頃とみなされている。したがって、青花磁器は1323年頃の時点ではまだ焼成されていなかったのではないかと想像されているのである。

　さらに、江西省九江市で1319年にあたる延祐六年の紀年墓から出土した青白

磁に、総高 42.2cm の牡丹唐草文瓶がある。青花が施された七層の塔形蓋を伴い、肩に象と獅子の頭が各二頭交互に配されている。だが筆で描かれた如意頭文、牡丹文、蓮弁文は、いくぶん黒ずんでいるところからか、青花としながらも、鉄絵かもしれないと論議を呼び、今もって明らかではない。これも青花の発生年の推定に影響を及ぼしている。

　ベトナム青花の発生も、これらの見解を参考としつつも、より確かな後至元四年の1338年の紀年銘を基準として考えてきた。しかしベトナム青花がさらに上回るのではないかと疑問を持ちつつも、この紀年銘により、動きがとれなくなってしまう。そこで私は、この1338年を軸としながらも、ベトナムにはベトナムなりの青花の流れがあったと考えた方が良いのではないかと思いはじめた。それには、ベトナム青花は中国青花に先行するのではないかとする考え方が、すでに三、四十年前から存在していて、一部の識者に支持されてきた経緯もあるからである。先にも菊花文を例に触れたが、大胆に推論すれば、「隠された陶磁史」があり、青花においてベトナム窯が景徳鎮より先行していた、さらにベトナムが青花の発生源であったということもありえないことではない、と思ったりもした。

　他にも注意を払わなければならないことがある。この時代における碗や盤を重ねて焼くため内低部の目跡と釉剝ぎ、そして高台に塗られた鉄銹の問題である。事例も多様で絞りきれないが、輪状に剝いだ痕跡が残っているもの、重ね焼きをした形跡のないもの、そして目跡のあるものから、輪状の釉剝ぎのあるものと様々であり、十四世紀を前後して量産体制における技術的な交代期にあったことが窺える。

　流れとして、目跡のあるものから、輪状の釉剝ぎに移行していったということは明白のようである。特に目跡は宋赤絵と言われる中国北部金代の磁州窯系の白地紅緑彩の碗（9-4）（9-5）に重ね焼きによる五つの目跡が残されていることに注目したい。また灰釉のような青磁（11-38）、褐釉（11-39）、緑釉（11-40）の皿の蛇の目と言われるやや太めの釉剝ぎも、金代の耀州窯青磁の鉢に見られ、釉剝ぎの中でも先駆けの技法だったのかなと思ったりする。そして、定窯の白磁の碗などにも輪状に釉を削り落としている例もあるとのことで、目跡や釉剝ぎは北部諸窯に先例を見ることになる。目跡と釉剝ぎの技術展開は、

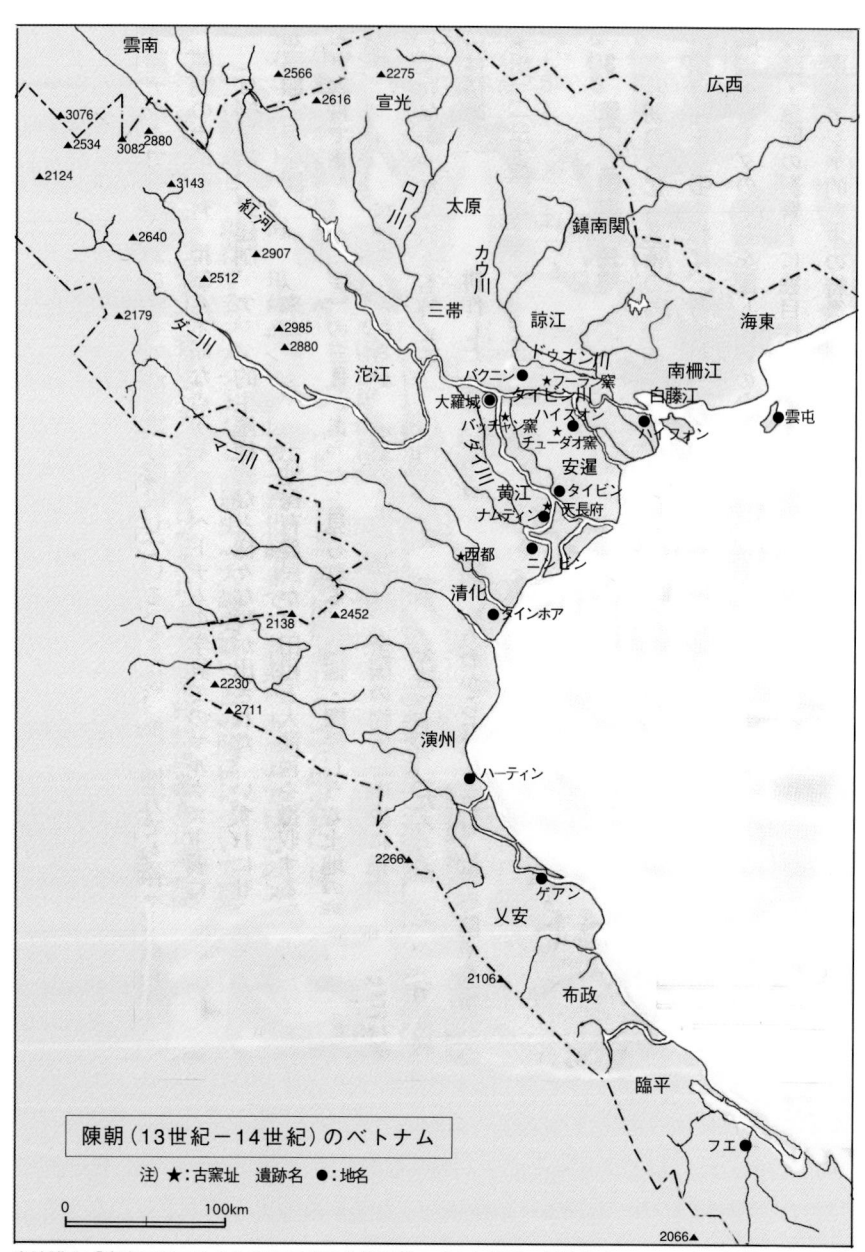

陳朝（13世紀－14世紀）のベトナム

注 ★：古窯址　遺跡名　●：地名

岩波講座『東南アジア史2』東南アジア古代国家の成立と展開　岩波書店　2001．より転載および加筆

いずれも、いかにより多くの作品を窯詰するかという新たな工夫の結果である。

またベトナム青磁の高台の内底を鉄で塗る手法も、耀州窯青磁をモデルとして李(リー)朝に始まったとされている。だが耀州窯青磁にその実例がなく、目的と意味にも定説がないところから、高級品であった耀州窯青磁の高台底がほとんど褐色であり、ベトナムでも褐色らしく鉄を塗るようになったのではないかという考え方に傾きつつある。この鉄銹についても、全く施されていないもの、輪状で部分塗りのもの、輪状は幅の細いものと広いもの、そして全面塗りと様々だ。ただし新資料の大半が全面塗りである。色合いは明るいチョコレート色から、それこそ鉄銹のようなやや暗い色まで、これも多様である。陳(チャン)朝では官窯作品の格調を高める意味を含め、高台に鉄銹を塗り民窯と区別していたとも言われている。もしそうであったとすれば、ほぼ全てにわたって鉄銹が施されている新資料の一群は官窯作品であった可能性が一段と高くなる。

なお新資料の中には、高台の高い五彩や青花の碗も見られる。高い高台を持つ碗は、これまで十五世紀から十七世紀にかけて作られた青花などによって知られ、ベトナム陶磁の特長とされてきた。しかし、近年中国福建に似た形式の青磁碗が存在するとの報告もあり、今後ベトナムとの関係が論じられそうである。

ベトナムの初期の交易陶磁は鉄絵や青花で、菊花文や霊芝唐草文などを描いた小壺（11-41）（11-42）に、合子（11-43）、碗（11-44）、および鉢（11-45）、皿（11-12）（11-46）が主な品目だったようで、十四世紀前後あたりから活発化したらしい。同時に黄白釉陶や黄白釉褐彩、緑釉に褐釉の生産品が東南アジアの内陸部に運ばれたり、海を越えたりしたが、これらは交易目的で作られた陶磁ではなく、内需で作られていた品が縁あって運ばれたに過ぎないように思う。

もともと陳朝の人々は水の民、海の勢力と表現され、漁業あるいは海賊を生業としており、海に強い。したがって当時紅河デルタの産品を運ぶトンキン湾から南シナ海への運行ルートは確立されていたものと思われる。彼らは強力な艦隊を誇り、外洋に向けて交易船も航行していたであろう。そう考えると、紅河デルタの東端一帯は中国やフィリピンルートへの重要な拠点だったはずである。またインドネシアなど東南アジアの交流点として、南のタインホア（清化）やハーティン（演州）、そしてゲアン（乂安）あたりの諸港を中継しなが

ら交易を行なっていたものと思われる。にもかかわらず、東南アジア内陸部や主な交易先であっとされるインドネシアやフィリピンから出土する十四世紀とされるベトナム陶磁はいたって少ない。

　李朝は1149年、南海交易の基地として、ヴァンドン（雲屯）を開港したとされている。この港は東北部クアンニン省にあったとするのが定説であるが、内陸の港なのか、島なのか、あるいは地域の総称なのかも、今もってはっきりしていない。このように不透明な状況から考えると、陳朝の南海交易自体、それほど盛んではなかったのではないか。古くはベトナムの湾岸に沿って航路が開かれ、中継交易が行なわれていた時代もあったが、十一世紀以降南シナ海を直行する大型のジャンク船が登場し、大洋から入り組んだトンキン湾への航行は敬遠され、世界の海上交易から取り残されていったのではないだろうか。またその反面、当時の安定したベトナム情勢から見て、ベトナム自体がトンキン湾内へ立ち入る外国船を制限し、沿岸や本土に接近させなかったのではないかとも考えられる。したがって、中国やイスラームの交易船の寄港が途絶え気味であったことも。それでも1348年ヴァンドン海庄にジャワ商船が来航したとされる記述もあるが、陳朝の交易陶磁はゆるやかに活動していたという程度の流通に過ぎないように思えてならない。

　ところでジャワ船といえばインドネシアへ輸出していたタイルは、いつ頃から応じていたのかが気になる。

　ジャワに栄えたヒンドゥーの大国マジャパヒト（1293〜1520頃）王宮址や後に興ったイスラーム勢力の浸透による寺院址出土の壁面装飾タイル[20]には、鉄絵と青花が見られる。青花はコバルトが一段と薄明るく透明になっているものが多く、大半が黎朝なのであろう。しかし、中には時代差を感じさせるものもあり、陳朝の青花がないとも限らない。そして鉄絵の雷文や蔓草文の意匠は古く感じるし、破片からも、迷いなくしっかりと踊るような筆さばきで描かれているようにみえる。これらは十四世紀、陳朝の受注品ではなかったかと思ったりする。

　またタイのシャム湾に浮かぶラン・クェーン島付近で沈没船が発見され、1978年から81年にかけて調査が行なわれた。その際、タイのモン陶や元青花などとともに青花束蓮文碗（11-47）が引き揚げられている。積載されていた陶

磁器をほぼ同時代とみなすことができれば、概ね十三世紀から十四世紀にかけての産物となる。したがって、ベトナム青花の交易陶磁はいつごろから始まっていたのかという難問に対して、この碗は一つの座標となり得る。

このように、外需による中国陶磁を模した陳朝の交易陶磁は、おおかた元の中頃から受注し製作したものであろう。

しかし、ベトナム青花の編年的研究の位置付けとしては、現在のところ陳朝末期である十四世紀の中頃に始まったのではないかとの観点に留まったままである。その根拠として、元末から明の動乱期、特に1368年、建国間もない明が民間商人の渡航を禁じたあたりから、諸外国の商船は中国の代替品を一層ベトナムに求めたのではないかとの推論によるものである。だが、歴史上ではこの頃より陳朝の宮廷内で外戚である黎(胡)季犛（レー　ホー　クイリー）(1336～1407)が台頭し、政治的実権を奪取しつつあったこと。加えて隣国チャンパとの戦いが激化していたこと。そうした不安定な世情であったにもかかわらず、従来の解釈ではこの時期民窯生産が最盛期を迎えていたような印象を受けるのであるが、ここはむしろ減退局面にさしかかっていたと考えるほうが自然のような気がするのであるが、いかがであろうか。

【参照】
〈1〉青花菊花文双耳壺　高5.8cm　口径2.8cm　胴径5.8cm　底径3.6cm　関コレクション　富山市佐藤記念美術館。
　　『フィリピンにわたった焼きもの――青磁と白磁を中心に』関コレクション　頁68・図137　富山市佐藤記念美術館図録　1999。
〈2〉青花零(霊)芝文瓶　高26.8cm　胴径14.1cm　中村三四郎コレクション　町田市立博物館。
　　『ベトナム陶磁』頁60・図160　町田市立博物館図録　第82集　1993。
　　『ベトナム・タイ・クメールの陶器』中村三四郎コレクション　頁27・図49　町田市立博物館図録　第88集　1994。
　　Vietnamese Ceramics: A Separate Tradition, p. 335, Fig. 290, John Stevenson and John Guy, Art Media Resources with Avery Press, 1997.
　　Gom Hoa Lam Viet Nam Vietnamese Blue & White Ceramics, p. 262, Fig. 35, Bui Minh Tri, Kerry Nguyen-Long, Nha Xuat Ban Khoa Hoc Xa Hoi, Social Sciences Publishing House, Ha Noi, 2001.

　　　　　『ベトナム青花――大越の至上の華』　頁25・図20　町田市立博物館図録　第122集　2001.
〈３〉　青花花唐草文八角壺　高19.0cm　胴径16.8cm.
　　　　　『ベトナム青花――大越の至上の華』　頁22・図12　町田市立博物館図録　第122集　2001.
〈４〉　青花牡丹唐草文八角瓶　高30.8cm　口径8.8cm　底径12.0cm.
　　　　　『ベトナム陶磁』頁62・図163　町田市立博物館図録　第82集　1993.
〈５〉　青花花唐草亀甲文八角瓶　高27.6cm.
　　　　　Gom Hoa Lam Viet Nam: Vietnamese Blue & White Ceramics, p. 346, Fig. 161, Bui Minh Tri, Kerry Nguyen-Long, Nha Xuat Ban Khoa Hoc Xa Hoi, Social Sciences Publishing House, Ha Noi, 2001.
〈６〉　青花牡丹唐草文大壺　高42.2cm　ニューヨーク　メトロポリタン美術館.
　　　　　Vietnamese Ceramics: A Separate Tradition, p. 295, Fig. 224, John Stevenson and John Guy, Art Media Resources with Avery Press, 1997.
〈７〉　青花魚藻文大壺　高46.5cm　Collection of Mr. and Mrs. R.P. Piccus.
　　　　　Vietnamese Ceramics: A Separate Tradition, p. 292, Fig. 221, John Stevenson and John Guy, Art Media Resources with Avery Press, 1997.
〈８〉　青花鳳凰文瓶　高28.9cm　胴径14.6cm　高台径7.2cm　本多コレクション　福岡市美術館.
　　　　　『ベトナムの陶磁』　頁49・図65　福岡市美術館図録　1992.
　　　　　Gom Hoa Lam Viet Nam: Vietnamese Blue & White Ceramics, p. 262, Fig. 34, Bui Minh Tri, Kerry Nguyen-Long, Nha Xuat Ban Khoa Hoc Xa Hoi, Social Sciences Publishing House, Ha Noi, 2001.
〈９〉　青花龍文瓶　高28.6cm　Collection of John R. Menke.
　　　　　Vietnamese Ceramics: A Separate Tradition, p. 333, Fig. 287, John Stevenson and John Guy, Art Media Resources with Avery Press, 1997.
〈10〉　青花龍文蓋付壺　高45.5cm　Collection of Ken Baars.
　　　　　Vietnamese Ceramics: A Separate Tradition, p. 293, Fig. 222, John Stevenson and John Guy, Art Media Resources with Avery Press, 1997.
〈11〉　青花蓮池文合子　高7.0cm　胴径11.5cm　中村三四郎コレクション　町田市立博物館.
　　　　　『ベトナム・タイ・クメールの陶器』中村三四郎コレクション　頁27・図47　町田市立博物館図録　第88集　1994.
　　　　　『ベトナム青花――大越の至上の華』　頁21・図9　町田市立博物館図録　第122集　2001.
〈12〉　青花龍文瓢瓶　高17.0cm.
　　　　　『ベトナム青花――大越の至上の華』　頁24・図17　町田市立博物館図録　第122集　2001.
〈13〉　青花鳳凰文瓶　高24.8cm　胴径13.8cm.
　　　　　『ベトナム青花――大越の至上の華』　頁24・図18　町田市立博物館図録　第122集　2001.
〈14〉　青花龍文壺　高25.2cm　口径17.7cm　胴径30.5cm　底径18.5cm.

　　　　　『南海の古陶磁展——インドシナ半島中世王国のやきもの』　頁50・図47　大丸・心斎橋　図録.
　　　　　『珠玉の東南アジア美術』　頁14・図8　福岡市美術館図録　2000.
　　　　　『ベトナム青花——大越の至上の華』　頁23・図13　町田市立博物館図録　第122集　2001.
〈15〉　青花竹葉文水注　高18.0cm　Collection of Do Viet Vien, Hanoi.
　　　　　Gom Hoa Lam Viet Nam: Vietnamese Blue & White Ceramics, p.242, Fig.1, Bui Minh Tri, Kerry Nguyen-Long, Nha Xuat Ban Khoa Hoc Xa Hoi, Social Sciences Publishing House, Ha Noi, 2001.
〈16〉　青花五彩小器一括　チェンマイ県ホード郡廃寺出土　高（左上）5.4cm　チェンマイ国立博物館.
　　　　　『世界陶磁全集』16　南海　頁222・図298　小学館　1984.
〈17〉　青花紅釉貼花文楼閣　元　「大元至元戌寅」銘　後至元4年（1338）高29.5cm　南昌市　江西省歴史博物館.
　　　　　『世界陶磁全集』13　遼・金・元　頁264・Fig.174　小学館　1981.
〈18〉　青花紅釉貼花四神文蓋付壺　元　「大元至元戌寅」銘　後至元4年（1338）1974年江西省景徳鎮市窖蔵出土　総高22.5cm　口径7.7cm　南昌市　江西省博物館.
　　　　　『世界陶磁全集』13　遼・金・元　頁264・Fig.172、173　小学館　1981.
　　　　　『中国江西省文物展』頁75・図66　岐阜県美術館図録　1988.
　　　　　『世界美術大全集』東洋編　第7巻　元　頁284・図139　小学館　1999.
〈19〉　青花牡丹唐草文塔式蓋付瓶　江西省九江市延祐六年（1319）墓出土　総高42.2cm　江西省九江市博物館.
　　　　　『世界陶磁全集』13　遼・金・元　頁262・Fig.170、171　小学館　1981.
　　　　　『世界美術大全集』東洋編　第7巻　元　頁283・図138　小学館　1999.
〈20〉　壁面装飾タイル　インドネシア　デマク回教寺院・マジャパヒト王宮址出土.
　　　　　『世界陶磁全集』16　南海　頁222・図299、300、301、302、303　小学館　1984.

第12章　中国の双龍とベトナムの鳳凰

　アジアからヨーロッパにかけて空前の版図を手中にした元(1271〜1368)末期の景徳鎮に、元様式(至正1341〜67)と称する青花磁器が忽然と姿を現し、一気に完成期へと向かった。
　その象徴的存在が、デイヴィッド・コレクションの青花龍文双耳瓶一対〈1〉(12-1)で、通称「デイヴィッド瓶」と呼ばれている著名な陶磁器である。この一対の「デイヴィッド瓶」の頸部に信州路玉山縣(現江西省)順城郷徳教里の道教信者である張文進が、家内安全を祈ってこの花生と香炉を寄進したと書かれていて、その年紀は元の「至正十一年四月」で、西暦の1351年にあたる。
　これを初めて紹介したのが大英博物館のR.L.ホブソン氏で、1929年のことである。それを1950年代に入って、アメリカのワシントンD.C.にあるフリヤー・ギャラリーのジョン・アレキサンダー・ポープ氏が類例の検証を行なった。そして紀年銘の入ったデイヴィッド瓶を基準とし、模様構成や描法を詳細に検討して発表した。これに基づき元青花は広く認識され、「至正様式」の名称を生んだのである。ジョン・アレキサンダー・ポープ氏はさらに研究を進め、元青花に含まれていた洪武(1368〜98)と思われる製品を摘出して、「洪武様式」を設定した。この研究は元と洪武の陶磁の関心を促し、今も重要な役割を果たしている。
　デイヴィッド瓶の祖型は皈依瓶と呼ばれる日月瓶(12-2)にあると思われ、宋の景徳鎮の影青、すなわち青白磁で作られている。主に鳥の蓋を伴う日月瓶の器体の上の部分には、青龍、白虎、蛇、亀、そして十二支を表したとされる人物像などを配した浮彫が装飾性豊かに施されている。仏教ならびに道教と係わり、江南地方の宋から元にかけての木棺のある墓室から一対ずつ出土する。ちなみに、本書に掲載しているこの日月瓶は、南昌県の陳氏墓からの出土品で

12-1 青花龍文双耳瓶一対　元　「至正十一年」(1351) 銘
　　（左）高63.4cm　口径14.8cm　底径17.3cm　（右）高63.6cm　口径13.9cm　底径17.3cm
　　ロンドン　パーシヴァル・デイヴィッド財団

ある。

　冒頭に述べたデイヴィッド・コレクションとは、中国陶磁の研究家として有名なイギリス人パーシヴァル・デイヴィッド（1892〜1964）卿が、半生をかけて収集した中国陶磁の名品1400余点からなる世界屈指のコレクションである。このコレクションは1950年に一括してロンドン大学に寄贈され、パーシヴァル・デイヴィッド財団が設立された。

　2003年9月に届いた写真を見て仰天した。

　何枚かの写真の中にデイヴィッド瓶と同じ形式の瓶（12-3）があったからである。しかも一対並べて、一枚の写真に納められていた。サイズは、高さ50cmと52cmと書いてある。私は緊急事態発生とばかり急遽バンコクへ飛んだ。まさに私にとって天王山の戦いだと感じたのである。

12-2 青白磁日月瓶一対　南宋　嘉定2年（1209）　1977年南昌県陳氏墓出土
総高70.0cm　口径9.2cm
南昌市　江西省博物館

　デイヴィッド瓶の胴には双龍が描かれているのに対し、この瓶は百鳥の祖で、仁愛と慈悲の象徴とされる鳳凰が、上昇する姿（12-4）と下降する姿（12-5）で交互に舞っている。また瓶の耳はデイヴィッド瓶が象頭であるに対し、この瓶は元の青白磁や青花に見られるS字形で蔓草のような耳（12-6）をしている。渦巻き状の高台内（12-7）の轆轤目は、その例に漏れない。また瓶の形態や文様帯の割付はデイヴィッド瓶と同じでありながら、意匠は唐（618〜907）や遼（916〜1125）の雰囲気を持ち、既に伝統を踏まえたベトナム様式、あるいは陳様式とも言える完成度が窺え、流麗にして洗練され、高貴に仕上げられている。鳳凰のデザインに、あえて共通例を見出すとすれば、やや稚拙ながらこれもデザイン化された磁州窯で元の黒釉刻花鳳凰文瓶[2]（12-8）が思い浮かぶ。北と南、その距離は遥か遠く離れているのだが、どこかに相通ずるところがある。

12-3 五彩鳳凰文双耳瓶一対　(左) 高52.0cm　(右) 高50.0cm

12-4 五彩鳳凰文双耳瓶（12-3）
　　　胴部の上昇する鳳凰文

12-5 五彩鳳凰文双耳瓶（12-3）
　　　胴部の下降する鳳凰文

12-6 五彩鳳凰文双耳瓶（12-3）の頸部

12-7 五彩鳳凰文双耳瓶（12-3）の底面

12-8 黒釉刻花鳳凰文瓶　高29.3cm
ケンブリッジ
ハーバード大学サックラー博物館

買い付け時に、私は思わず一対の瓶と記念撮影をした。美術品との記念撮影、それは生涯に幾度もないことであると同時に、これまで抱えていた編年への迷いは消え去り、新資料は1351年を前後する作品群であるとの確証を得た。それはまた、これまでの自信が確信に変わった瞬間でもあった。この瓶とその他の品々数十点を積載した貨物船が南シナ海を北上し日本に向かっている数日間、無事を願わずにはいられなかった。こんな思いをしたのも初めてだった。

私はこの五彩鳳凰双耳瓶を、デイヴィッド瓶に対して、セキ瓶と勝手に銘々して悦に入っている。

今回収集した中に、この五彩鳳凰双耳瓶一対と雰囲気を共にする、五彩牡丹唐草文獣頭双耳瓶（12-9）がある。模様や色彩そして造形の見事さもさることながら、獣頭の耳が印象的な瓶である。このような獣頭の耳が付いている壺や瓶は、中国の例から見てやや古く位置づけされる。ご覧のように、この五彩牡丹唐草文獣頭双耳瓶の器形が同じくデイヴィッド・コレクションで、龍泉窯の通称天龍寺青磁と呼ばれている青磁牡丹唐草文瓶[3]（12-10）にとても似ている。龍泉窯青磁牡丹文瓶には口もとの内側を縁取るように、元の年号で泰定四年（1327）に浙江省龍泉県流山万安社の張進成なる者が、一家の平安と富を祈願して、覚林院の大法堂に供えた一対の瓶であるとの銘分が刻まれている。共に大作で五彩は高さ57.5cm、龍泉窯の青磁は高さ71.0cmである。またカンザス・シティのネルソン・アトキンズ美術館が所蔵する北宋の磁州窯で作られた、白釉黒搔落龍文瓶[4]（12-11）も同形のようで、どこかに伝承の趣が感じられる。高さ56.8cmというサイズも似ている。

また手元にこれらと一連と思われる五彩鳳凰牡丹唐草文螭龍双耳瓶（12-12）

12-9 五彩牡丹唐草文獣頭双耳瓶　高57.5cm　胴径31.0cm

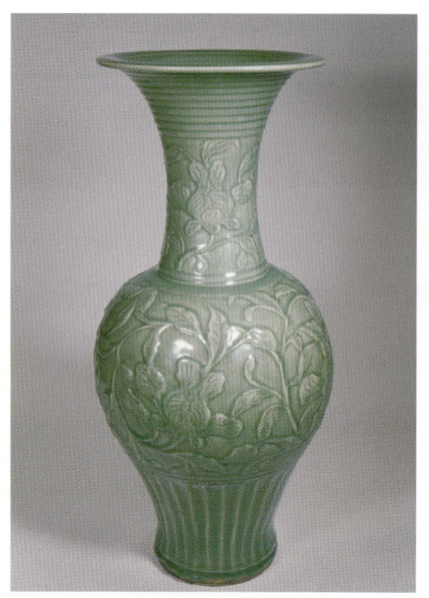

12-10 青磁牡丹唐草文瓶　元　「泰定四年」(1327) 銘
高71.0cm　口径29.1cm
ロンドン　パーシヴァル・デイヴィッド財団

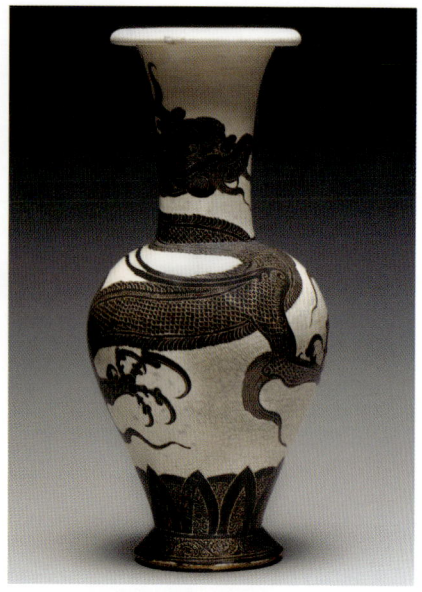

12-11 白釉黒搔落龍文瓶　高56.8cm　胴径25.4cm
カンザス・シティ
ネルソン・アトキンズ美術館

12-13 五彩鳳凰牡丹文象双耳壺　高約45.0cm

12-14 青銅龍文下撫形瓶
高27.6cm　口径6.6cm　底径9.8cm
根津美術館

12-12 五彩鳳凰牡丹唐草文夔龍双耳瓶　高57.2cm　胴径29.5cm

があるが、器の裾の最下部が鉄錆で塗られていて、先行する黄白釉褐彩陶の胴を取り巻く区切りの鉄帯を見る思いがする。

　収集した中には、象頭の耳で五彩鳳凰牡丹文象双耳壺（12-13）もある。紅の色が濃厚で妖艶な壺である。根津美術品所蔵の中にも南宋時代の青銅の龍文下蕪形瓶〈5〉（12-14）があり、同じく象頭の耳が見られる。ここにも古代中国金属器の伝統を感じる。

　繰り返すが、デイヴィッド瓶には1351年と紀年銘が書かれている。一対の鳳凰瓶の出現によって、一群の五彩と青花の陶磁が十四世紀中頃を前後するということが確実となった。五彩鳳凰双耳瓶は、その優美さからして、ベトナム陶磁史における完成期の、さらに言えば頂点を極めた逸品だと思っている。

　それはまた、元の完成期が陳朝の完成期でもあったと言える。

【参照】
〈1〉 青花龍文双耳瓶一対（通称・ディヴィッド瓶）　元　「至正十一年」(1351) 銘　（左）高 63.4cm　口径 14.8cm　底径 17.3cm、(右) 高 63.6cm　口径 13.9cm　底径 17.3cm　ロンドン　パーシヴァル・デイヴィッド財団.
『元の染付』陶磁体系41　頁39・図35　矢部良明　平凡社　1974.
『世界陶磁全集』13　遼・金・元　頁62-63・図49、50、51　小学館　1981.
『元・明の青花』中国の陶磁8　頁16・図12　編著・中沢富士雄　長谷川祥子　監修・長谷部楽爾　平凡社　1995.
『世界美術大全集』東洋編　第7巻　元　頁233・図172　小学館　1999.
〈2〉 黒釉刻花鳳凰文瓶　高 29.3cm　ケンブリッジ　ハーバード大学サックラー博物館.
『世界美術大全集』東洋編　第7巻　元　頁292・図156　小学館　1999.
〈3〉 青磁牡丹唐草文瓶　元　「泰定四年」(1327) 銘　高 71.0cm　口径 29.1cm　ロンドン　パーシヴァル・デイヴィッド財団.
『青磁』陶磁体系36　頁74・図81　小山冨士夫　平凡社　1978.
『世界陶磁全集』13　遼・金・元　頁40、41・図28、29　小学館　1981.
『世界美術大全集』東洋編　第7巻　元　頁213・図146　小学館　1999.
〈4〉 白釉黒搔落龍文瓶　高 56.8cm　胴径 25.4cm　カンザス・シティ　ネルソン・アトキンズ美術館.
『磁州窯』陶磁体系39　頁108・挿図40　長谷部楽爾　平凡社　1974.
『磁州窯』中国の陶磁7　頁43・図43　長谷部楽爾　平凡社　1996.
『世界美術大全集』東洋編　第5巻　五代・北宋・遼・西夏　頁15・図7　小学館　1998.
〈5〉 青銅龍文下蕪形瓶　高 27.6cm　口径 6.6cm　底径 9.8cm　根津美術館.
『世界美術大全集』東洋編　第6巻　南宋・金　頁228・図194　小学館　2000.

第13章　ベトナムの陶磁と歴史

1 古代雄王(フンヴォン)伝説

　ベトナムは東南アジアで一番古い歴史を持つ。

　古代人は先史時代の中石器時代から新石器時代にかけて、洞窟に住み、狩猟や採集の生活を送っていた。それらはソンヴィー文化やホアビン文化、そしてバクソン文化やダブート文化などと呼ばれ、長く続いた。

　ダブート文化の名称ともなったタインホア省のダブート貝塚から、新石器時代中期にあたる五千年前の土器の伴出が認められている。内側から石などを当て、外側から縄を巻いた板で叩いて作った、底の丸い、縄簾文土器である。おそらくこれが中国から東南アジアに伝播した最初のやきもので、その後も長く作りつづけられたものと思われる。

　そして稲作農耕が河川域の段丘上で行なわれるようになり、ヴィンフー省のフングエンをはじめ、ドンダウ、ゴームンなどに、土器、装飾品、青銅器、そして鉄器を使用した、紅河(ホン)文明とも言える文明が育まれた。

　伝承によると、三千年余り前に、紅河(ホン川)本流と西からのダー川と北からのロー川との合流域にあるフンリン山を中心に、開国の祖といわれる雄王(フンヴォン)王家が文郎国(ヴァンラン)というベトナム最古の国家を築いていたという。このベトナム建国の雄王伝説にのっとって、旧暦の3月10日に埋葬地とされるフンリン山の廟で行なわれる祭には、全国から多くの巡礼者が集う。

　その後、これらの文化を基盤に、銅鼓(13-1)で有名な青銅器(13-2)(13-3)および鉄器文化のドンソン(東山)文化が展開する。紅河やその分流の平野、そしてダー川やマー河、カ河流域のタインホアにもドンソン文化が広がっ

た。1924年、タインホア市北郊のマー河右岸の支流ハムロン河岸のドンソン村で、農民や漁師が偶然多数の青銅器を発見し、フランス極東学院の一員で蒐集家でもあったパジョ氏に売却した。アジア研究の推進役を果たしていたフランス極東学院は、それに基づき、1925年から1928年にかけて、この地域の大規模な発掘調査を行なっている。1929年、フランス人学者ヴィクトール・ゴルーベフ氏によって、さまざまな出土品の研究が発表された。そして、1933年、オーストラリアの考古学者ハイネ・ゲルデルン氏の見解により、新発見の遺物は古代文化の遺産であるとして、発見された地名にちなみ「ドンソン文化」と名付けられた。さらに1935年から1939年にかけても調査が行なわれた。

　遺跡の多くは、銅鼓を持つ土杭墓、舟形棺墓、甕棺墓、石蓋墓で漢（紀元前202～8・25～220）式墓までである。副葬品は主に青銅器、鉄器、ガラス、土器（13-4）で、時代的には戦国時代（紀元前403～紀元前221）から後漢（25～220）までである。

　ベトナムにおけるドンソン文化の範囲は、中越国境から中部のザイン川付近に及ぶという。いずれも首長制で、稲作農業、高床住居、精霊信仰を基盤に、多くの人々が河川の周辺に居住し、船を交通手段としていた。さらに船は戦闘用と競技用もあったという。

　このドンソン文化を象徴する銅鼓には、人々の暮らしぶりやベトナム人の世界感の一端が表現されている。鋳出された紋様は各区画帯に分けられていて、

13-1 ドンソン文化の銅鼓
　　高63.0cm　面径79.0cm
　　ハノイ　ベトナム国立歴史博物館

13-2 ドンソン文化の青銅器

13-3 ドンソン文化の青銅器
　　ハノイ　ベトナム国立歴史博物館

13-4 ドンソン文化の土器

　上部の鼓の部分の中心には太陽崇拝であろう太陽が輝き、四方八方に光線を放っている。鳥たちが飛び交い、社のまわりを水鳥の羽毛をつけた冠を被り、鋤や鎌を持った人たちが踊っている。周囲を雷文に蔓文や鋸歯文で刻み、これらを同心円が幾重にも囲む。円形の四方に象形の蛙が四匹。また胴部から脚部にかけて、先端が鳥の形をした舟を大勢の人が漕いでいる。槍と弓で武装した戦士の姿もある。杵で臼をつく人が描かれているが、銅鼓そのものの形が臼をイメージしているとも受け取れる。馬や鹿たちが走り、魚が泳ぐ等々、各区画の紋様は自然界の天から地を意識した配置で構成されている。

　紋様に見られる動物も崇拝の対象のようで、鳥、鹿、魚、蛙は後の陶磁器に

もよく描かれたり、かたどられたりして、古来の伝承が偲ばれる。銅鼓は権力の象徴であると共に、穀物の豊穣と子孫繁栄の願いが込められて作られた。また再生を信じて、船で死者の魂を天界へと運ぶ儀式でも用いられ、葬送と共に雨乞いなど農祭の儀式にも打ち鳴らしていたらしい。この文化は中国南部から東南アジア、そしてマレー半島からインドネシアにかけての広い地域に強い影響を与えている。これら初期金属文化は、ベトナム人の根本を形成する重要な意義を持っている。

　ドンソン文化期のベトナムでは、土器作りが日常的に行なわれていた。それらは青銅器に似た形ながら、模様はまだ簡単な五線譜文と呼ばれる櫛目のような波状の刻線文が印文で飾られていて、多くの遺跡で陶片が出土するという。主要農作物であるもち米を調理する蒸し器が土器で作られていたとされ、米を餅にしたり、酒にしたりしていたようである。家畜は牛や豚、鶏など飼育され、魚も大切な糧であった。また森や湿地には象、虎、熊、鹿、山猫、孔雀、野鴨などが数多く生息していて、人々は狩りを行い、野生の象を捕獲し飼い慣らしていた。

　紅河流域の古代人で、原初の国家を建てた文郎国の雄王家は、十八代の雄王が続いたと言われている。この雄王家は、紀元前257？年中国の蜀地（四川の古称）から、おそらく雲南を経て来襲したのであろう安陽王との戦いで滅んだ。

　ところで1986年、四川省広漢市の三星堆という集落で、煉瓦を焼く土を採取する作業中に、二つの土穴からおびただしい数の青銅器や金製品、玉石器に石器、土器などが、多くの象の牙とともに発見された。そのほとんどがこれまで全く知られていなかった遺物で、中原から遠く離れた古代文明として一躍脚光を浴びた。特に、生と死をつなぎ神と人との媒体として造られたと思われる、目玉が飛び出た奇怪で巨大な青銅製の仮面群や長大な人物像は圧巻で、これら異彩を放つ出土品は従来の中国考古学の常識をことごとく覆した。また三星堆の一帯は二重の城壁に囲まれていて、一大古代都市遺跡であったことが判明した。

　この三星堆文化は紀元前2500年から紀元前1000年にかけて展開していた。殊に巴蜀文字という絵文字を持つなど、明らかに黄河文明と系統を異にする独

1 古代雄王伝説　163

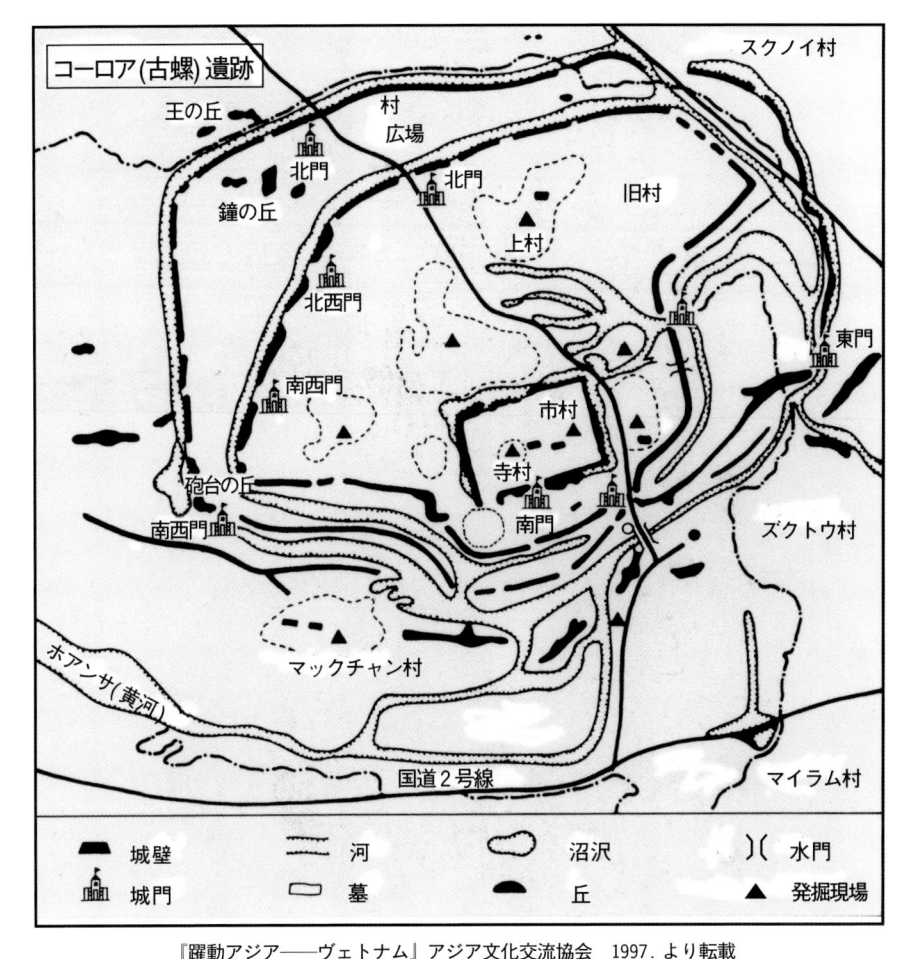

コーロア(古螺)遺跡

地図凡例：
- ■ 城壁
- ⛩ 城門
- 〜〜 河
- ▭ 墓
- ◯ 沼沢
- ⌒ 丘
-)(水門
- ▲ 発掘現場

『躍動アジア――ヴェトナム』アジア文化交流協会　1997．より転載

自の文化圏であった。2000年、成都で蜀の王族と見られる墓から2500年前の巨大な舟形木棺群が見つかっている。さらに2001年成都市郊外の金沙遺跡より、黄金仮面など三星堆の出土品と類似した出土品が認められるなど、近年相次ぐ大発見によって蜀王国の歴史が一気に遡ることが確実視されている。

　征服者安陽王（アンズオンヴォン）はこれらの文化を担ってきた蜀人で、その末裔と思われる蜀泮（トゥックファン）が雄王（フンヴォン）との戦いに勝利して安陽王と称した。王位に着いた安陽王は文郎国（ヴァンラン）の中心勢力であった泰甌人と貉越人を融合させて甌貉王国（アウラク）（紀元前208

〜紀元前179 ?) を古螺(コーロア)に建国する。

　古螺はハノイの北西方約60km、河川運航上の重要な位置にあり、紅河とカウ川を繋ぐ主要な水路であったホアンザン川の北側にあたる。自然堤防の段丘上に築かれた城砦の形は、カタツムリの殻に似ていて螺城(ラタイン)と呼ばれる。城址は全周8km、円形外城6.5kmの間城、1.6kmの方形内城の三段による総延長16kmに及ぶ。それに10mから30mの濠を巡らせた巨大な大土城遺跡が残されている。伝説によれば九層の城壁を設えていたというこの遺跡は、先史城砦が基礎になっていた可能性もあるという。一帯はドンソン文化を始めとするベトナム文化の根幹が詰まった、古代遺跡の密集地帯なのである。

【参照】
〈1〉銅鼓　高63.0cm　面径79.0cm　ハノイ　ベトナム国立歴史博物館.
　　　『世界美術大全集』東洋編 第12巻　東南アジア　頁254-255・図196、197　小学館2001.

2　中国支配下のベトナム

　古代ベトナムの原住民たちは、さらにその後も中国人の侵略を受けることになる。

　戦国時代（紀元前403〜紀元前221）に黄河と長江（揚子江）の中流域や下流域に割拠していた韓(かん)・魏(ぎ)・趙(ちょう)・斉(せい)・秦(しん)・燕(えん)・楚(そ)の戦国七雄が互いに争っていた中で、現在の陝西(せんせい)省を本拠地としていた秦(しん)（紀元前221〜紀元前207）が天下統一を果たしたことがそのきっかけだった。秦の王は、王より高い皇帝という身分を新たにもうけて、自ら中国最初の皇帝となった。それが始皇帝(しこうてい)（紀元前259〜紀元前210　王位紀元前246〜紀元前221　帝位紀元前221〜紀元前210）で、1974年に西安市で発見された秦始皇(しんしこう)陵(りょう)兵馬俑(へいばよう)坑(こう)は余りにも有名である。

　始皇帝は紀元前214年、越(べと)人の領域であった南の珠江流域にまで支配下に収めると、広西を桂林郡(カンシイ)、広東を南海郡(カントン)、その南を象郡とする三郡を設置した。

象郡は諸論があるようだが、紅河デルタをも含む範囲であったらしい。象郡という名称からも、中国の南からベトナムにかけて象の一大棲息地域だったことが窺える。

この三郡の指揮官であった漢人の趙佗（ちょうだ）（？～紀元前137）が、秦末期の混乱に乗じて独立し、紀元前206？年現在の広東省広州市を首都とする南越王国を興して武王と称した。1984年、その広州市の丘で建設工事中に南越王墓が発見された。墓の主は紀元前122年に没した南越国の二代趙眜王（ちょうばつ）と見られ、石造の墓室に納められていた遺物は、西漢南越王墓博物館の所蔵となっている。初代の武王は漢（前漢・紀元前202～8）と戦う一方で、ベトナムの安陽王の甌貉（アウラク）国を、紀元前179？年、幾度かの攻撃の末に併呑した。しかし、その南越王国も紀元前111年漢帝国の侵略をうけて滅亡し、ベトナムは再び中国の枠内に戻され、今度は、交趾（こうし）（ハノイ）、九真（タインホア）、日南（じつなん）（クアンナム）の三郡に支配統治された。

この時のベトナムの総人口は約百万。これは長江（揚子江）の南では群を抜いた多さで、ベトナムの歴史の深さを感じさせる。気候的に恵まれ、地理的にも南海諸国の玄関口であったことがこれだけの人口集中をもたらしていたのか。

さらに中国の前漢（紀元前202～8）から後漢（25～220）にかけての混乱期に、中国人の移住民が大挙してベトナムへ流入してきた。これによってさらに人口増加が加速され、ベトナム人と中国人の間で摩擦が増大した。

紀元後の40年から43年にかけて、漢の地方官である太守に対してベトナム人

13-5 家（蔵）形土器
　　　長径14.5cm　短径11.0cm　高11.2cm

13-6 灰釉獣三足盤　口径22.8cm　高12.5cm
　　　東南アジア陶磁館

による抵抗運動が表面化した。今のハノイ北西方向にあたる土豪の姉妹であった徴姉妹(ハイバチュン)は、姉の夫が交趾(こうし)の太守に殺されたことに挙兵し、妹と共に反乱を起こしている。

この頃ベトナムは漢の影響下で、土器（13-5）の時代から、中国銅器に似た形態で白い素地に薄い灰釉(かいゆう)を掛けた獣三足盤（13-6）などが紅河地帯のハバック省ダイライなどで作られはじめ、陶磁器の黎明を告げている。

その後の二世紀から三世紀にかけても、中国人支配者層や屯田による移住民の数が増加の一途を辿り、ベトナム人とせめぎ合う時代が長く続いた。また中国国内に混乱が生じると、ベトナム人はしばしば反乱を起こした。

この頃、紅河デルタを中心とした交趾(こうし)地方は、後漢の建安八年（203）「交州」と改称された。その交州から284年に南にかけて広がった趙嫗(チェイアウ)の反乱は独立運動のさきがけであった。

541年、交州の豪族である李賁(リービ)（503〜48）が蜂起して中国勢力を征圧し、544年には南のチャンパ王国にも勝利した。そして国名を万春(ヴァンスアン)国とし、南越皇帝と称して、ベトナム史上初の皇帝を名乗った。李賁(リービ)は都に開国寺という仏教寺院を建立するなど、この時代は仏教、儒教に次いで道教、そして仏教の流れをくむ禅宗が広まりをみせた。また一部のベトナム人に中国語が普及しはじめていた。

万春(ヴァンスアン)国は544年から一時的にせよ独立を果たしていたが、603年、隋（589〜618）に侵略されて、最初のベトナム王朝は約五十八年間で幕を閉じた。次いで唐（618〜907）が成立すると、622年に交州大総統府をハノイ（河内）に設置し、都市建設が行なわれた。ハノイはトンキン湾の河口から150km上流にあって標高は6mにしか過ぎず、当時の外洋船が河口から紅河をさかのぼりうる限界の地点を選んだものと言われる。交州大総統府は、その後の679年、安南都護府と改名された。

しかし、中国の支配に対するベトナムの抵抗は根強く、687年に李嗣先(リトゥティエン)と丁建(ディンキエン)が農民の重税に反発、722年には梅叔鸞(マイトゥックロアン)が地方行政官吏に反抗、766年から791年にかけて馮興(フウンフン)が交州都護の暴政に抗議するなどして、大規模な反乱を起こした。その後も、779年、840年、858年、860年、880年というように蜂起が頻発している。ベトナム人は常に中国人と争い、融和を繰り返しながら、

中国人の同化政策の下に長い年月を過ごした。そしてベトナム人は固有の言語を持ちながら、それとは異質な漢字を受容し、漢字を通して中国文明を吸収、あらゆる発展に役立てた。ベトナム語を漢字音にしたチューノム（字喃）を創案したのもこの頃である。

　唐（618〜907）の国力が弱っていた846年と860年に安南都護府が雲南の南詔（なんしょう）（649〜902）軍に攻撃され、863年から866年にかけて占領された。これに中国出身の節度使であった高駢（こうべん）が対抗、撃退して高駢政権（866〜875）を樹立した。こうして越（ベト）人の国としてベトナムが半自立を確立するとともに、中国の実効支配に陰りが出はじめた。

　唐末から五代（907〜60）十国（891〜979）にかけての動乱期に、ベトナムは独立への胎動とも言える内紛の時代に入った。

　この時、海の勢力と思われる中国の節度使を自称しいてたハイズオン（海陽）の土豪曲（クック）氏が905年に自立し、906年唐の承認を受けて独立国家の道を探り始めた。曲（クック）氏はその後三代にわたり政権を握ったが、930年中国の十国のひとつである広東を中心としていた南漢（917〜71）の干渉を受けて滅びた。だが翌年の931年、山地の勢力タインホア（愛州）出身の揚廷芸（ズオンディンゲ）が、ベトナムを支配する南漢の勢力を排除し、自ら節度使となった。しかし、937年にその揚廷芸（ズオンディンゲ）が部下に暗殺されるや、938年再び南漢が侵攻してきた。この南漢軍に揚廷芸の女婿で、やはりタインホア出身の呉権（ゴークエン）が立ち向かった。紅河デルタは平坦で、満潮時には紅河のかなり上流まで潮が上がってくるのを知る呉権は、白藤江（バックダンザン）を遡る南漢の艦隊との決戦を前に、河の水面下に先端を鉄で覆った杭を無数に差し込んでおいた。満潮時に艦隊を上流に誘い、引き潮時に杭が運航を阻止するという作戦である。作戦が的中し、南漢の艦隊が川中で身動きのとれなくなったところに、呉権は上流と両岸から攻撃をしかけて壊滅させた。

　939年、揚廷芸の女婿であり武将であった呉権（ゴークエン）（在位939〜44）は独立に成功を治め、安陽王によって建設された古都古螺（コーロア）で王位に就き、一気に中国の支配を脱して呉朝（ゴー）（939〜67？）を建国した。しかし王は944年逝去し、呉権の治世は五年しか続かなかった。呉権の死後、外戚で呉権の妻の兄である揚三哥（ズオンタムカー）（在位944〜50）が王位を奪ったが、まもなく呉権の子である呉昌文（ゴースオンヴァン）（在位950〜51、954〜65）と兄の呉昌岌（ゴースオンガップ）（在位951〜54）が奪回し、兄弟による政

13-7 青磁龍首水注　高22.2cm　胴径19.1cm　底径15.9cm　中村三四郎コレクション
町田市立博物館

権が再び成立した。しかし954年呉昌岌が死去、さらに965年呉昌文が戦死し、呉昌熾が王位を継ぐが、やがて呉王朝は途絶え、国内は分裂、群雄割拠の世に入った。呉氏の後継者たらんとして、中には交易により財を成した地方豪族も頭角を現すなどして、十二人の諸勢力が覇権を争ったことから、この時代のことを十二使君の時代と呼んでいる。この十二使君の戦闘は二十年以上続いた。

　この時、彗星のように現れて十二使君を平定して再統一を果たしたのが、山地の勢力の丁部領（ディンボリン）（925〜79　在位966または968〜79）であった。丁部領はデルタと山手の接点ニンビンの土豪で、父は揚廷芸と呉権に仕えていた。丁部領

13-8 無釉焼締陶　ドゥオンサー窯址出土

は中国に依存する海の勢力を一掃して、966？年、本拠地華閭を首都に丁朝（ホアルー）（ディン）
（968？～80）を興国した。華閭の都はハノイから南へ約114km、ニンビン市
の西6kmにあった。周辺は陸のハロン湾と称される景勝地で、奇峰に囲まれ
た盆地の要害であった。都は内城、外城、南城に分かれ、今も城壁の一部が残
っている。丁部領は国名を大瞿越とし、自らを大勝明皇帝と称した。970年、（ダイコーベト）
初めて元号を用いて太平とし、ここに王朝国家の原形が成立した。

　一方、中国では960年に宋が建国していた。宋との友好に心を砕いた丁部領
は、朝貢外交により交趾郡王に封じられた。しかし、その丁部領も979年、跡
継ぎを巡る内部抗争に巻き込まれ、父子共に暗殺の憂き目に遭った。この時代、
集権国家体制や世襲は困難で、統治者の継承争いは絶えず、実力ある者のみが
権力を握ることができた。

　三世紀頃から十世紀までの間はベトナム人にとって暗黒の時代であり、ベト
ナム陶磁史もまた闇の中にある。残念ながら今もって明快な資料に乏しく、青
磁龍首水注〈1〉（13-7）（13-10）や、焼いたとされる青磁天鶏壺などを越州窯青（てんけいこ）（えっしゅう）
磁と対比することにより、わずかながらその世界が垣間見える程度に過ぎない。
しかし、この間にも、印文のある壺や耳の付いた壺など、無釉焼締陶〈2〉（13-8）
がハノイ北東30kmバクニン省のドゥオンサー窯などで焼かれていたことが、
近年の発掘調査によって明らかにされた。その伝統は途切れ途切れながらも今
日まで続いている。

【参照】
〈1〉 青磁龍首水注　高22.2cm　胴径19.1cm　底径15.9cm　中村三四郎コレクション　町田市立博物館．
　　『ベトナム・タイ・クメールの陶器』中村三四郎コレクション　頁12・図3　町田市立博物館図録　第88集　1994．
〈2〉 無釉焼締陶．ドゥオンサー窯址出土．
　　『東洋陶磁史——その研究の現在』　頁14・図58　東洋陶磁学会　2002．

3　ベトナム様式の開花

　979年に暗殺された丁部領(ディンボリン)の未亡人であった揚(ズオン)皇后は、山地の勢力タインホア出身で、丁部領の十道将軍を務めていた黎桓(レーホアン)(在位980～1005)と再婚、丁宮廷内の摂政の役目を果たして副王となり、実権を握っていた。しかし、宮廷内では軍人出身の黎桓でなければ宋軍の侵攻による国難を救えないと帝王に推され、前黎(レー)朝(980～1009)を創始し王位に就いた。

　北宋(960～1127)軍はこのベトナム王朝の内紛に機敏に反応して行動を起こし、陸海より侵攻を開始するものの、黎桓はこれを阻止。この980年から981年にかけての戦いでも、ベトナム軍は白藤江(バクダンザン)で完勝した。

　黎桓は翌々年の982年に、南の隣国林邑(りんゆう)の後継であるチャンパ(占城)(せんじょう)王国にも攻め入り、現在のチャキュウの近くにあったインドラプラを占領破壊した。インドラプラとは大乗仏教におけるインドラ神の都という意味で、シンハプーラを改名したものであった。この遠征以降、ベトナムはチャンパを貿易支配して朝貢国化しようと、長年にわたり攻防を繰り返すことになる。

　1005年に黎桓が命を引き取ると、皇子たちの争いが始まり第五子が帝位に就くものの、彼も死んでしまった。

　そこで1009年黎朝の近衛隊長で海の勢力であったバクニン出身の李公蘊(リコンウアン)(974～1028　在位1009～28)が、大官や仏教勢力の後押しを受けて帝位に就き、首都を山地の華閭(ホアルー)から、平地で紅河流域であるハノイの大羅城(だいら)に移して李(リ)朝とした。大羅城は767年羅城として築かれたが、866年これを拡張して大羅城とし、周囲6km、高さ8mの城壁で囲んだ。1010年李公蘊(リコンウアン)の船がこの大羅城に着い

3 ベトナム様式の開花

たその時、金の龍が城砦から飛び立つのを見て大羅城に替えて、昇龍城(タンロン)と名付けたという。

　李朝(リー)(1009〜1225)は文武を充実させ長期政権への道を歩みはじめ、ベトナムは新しい時代に入った。城内に宮殿を造営し、土着の神々や龍神崇拝をはじめ、大乗仏教を奉じた。城外には四大寺院や一柱寺、生地バクニンの古法など、ハノイや各地に次々と寺院を建立して、仏教王朝といわれる政治体制を整えて普及に努めた。

　また1038年皇帝自ら水田を耕す天子親耕の儀礼を行ない、農業国家として民心を集めた。だが李朝下では土地は皇帝の所有で公有地であり、貴族や役人、功労者に分配し、小作人が耕した。各村落では行政が農民に農地を割り当てていた。そして李朝は北部山地や南方のタインホア(愛州)、ハーティン(驩州)、ゲアン(演州)にいたる諸勢力を鎮圧した。

　前黎朝がチャンパ王国の都であるインドラプラを破壊したが、チャンパ王国はその後ベトナムの脅威を避けるかのように、国の中心をさらに南のヴィジャヤに遷都した。李朝は1044年、このヴィジャヤを襲撃している。さらに国名を大越(ダイベト)と改めた三代李聖宗(リタイントン)(在位1054〜72)も、1069年ヴィジャヤを攻撃している。

　また李朝は北宋(960〜1127)に対して朝貢を重ねつつ、国交を図るものの、両国の雲行きは怪しくなり、ついに四代李仁宗(リニャントン)(在位1072〜1127)のベトナム軍が決起して先制、1075年に中国に越境し、最前線を奇襲した。しかし宋軍の反撃に遭い、李仁宗は再びベトナムの陸海で迎え撃つことになった。両者の戦闘は一ヵ月以上におよび、1076年和議が成立。宋軍の戦死者は三万人にものぼったと伝えられている。宋は、ベトナムを占領することが中国の国力を増強し、北方の脅威の備えになるという考えに立っていた。この時、李朝皇帝は十歳と若く、すべての指揮をとって防衛にあたっていたのは、将軍李常傑(リトンキエト)(1019？1035？〜1105)であった。

　李常傑は陣中から「南国山河南帝居、截然定分在天書、如何逆虜来侵犯、汝等行看取敗虚」(南の国の山河はベトナムの帝王が支配するところ、中国とははっきりと定め分かつと天書にも書かれている、どうして宋軍がこの地を侵すことができようか、このような理に反する行為に及ぶ者は、敗北の憂き目にあ

うこと必定である）、と詩文を詠み、志気を高めた。語り継がれる勇將の逸話に、ベトナム人の強固な魂が伝わる。

　戦い抜いた李朝は多難な時代を乗り越え、ベトナム誕生以来最も充実した国家となった。だが干ばつや大水害など、自然災害が繰り返し襲いかかった。李朝ではこれに対応して少規模ながら紅河デルタの開拓を進め、運河の掘削に着手している。

　李朝は宋に対して、六十七回の朝貢を記録している。これはチャンパ王国の六十六回を上まわる。朝貢品は主に飼い慣らした象や象牙、亀甲、犀の角に燕巣、沈香（じんこう）や漢方薬、白檀、金銀器であった。1080年代には、近代まで続く中越国境がほぼ確定した。しかし、中国は相変わらずベトナムを自国の一部とする意識が強く、隙あればと介入の機会を窺い、また周辺国を味方につけるなどして圧力をかけていた。

　ベトナムは紀元前後から長く中国の支配下にあり、陶磁器も青銅器を模した漢様式の灰釉陶（13-9）から、越州窯青磁の作風が影響した中国風とベトナム風が相半ばした作品（13-7）（13-10）を残す一方、建築資材の瓦やタイルなど製作していた。

　独立後の李朝前期には、主として、耳付で肩や蓋に蓮弁を彫った無紋の白釉蓮弁文耳付蓋付壺（13-11）や白釉褐彩瓶（13-12）など作られ、ベトナム固有の陶磁文化が鮮明になった。

　また早くから鉄による黒釉や褐釉も始まっていたとされ、黄白釉陶を一歩進めて、器の胴部を竹管の切り口で模様を描き、鉄彩を施した黄白釉褐彩草文脚付壺（13-13）や黄白釉褐彩蓮華文瓶（13-14）が登場するなどして、多彩化への道を開こうとしていた。これらの意匠は、既にベトナムで伝統化していた建築装飾の彫文様である花唐草に、中国の釉下鉄彩の技法を取り入れたものであった。この黄白釉褐彩陶磁は土着性の強い作品に成長し、やがてベトナム陶磁の代表格の一翼を担う力量ある作品群となった。ベトナム人本来の美意識を滲ませるこれらの陶磁器を「ベトナム様式」と命名しておきたい。

　またこのベトナム様式の作品群を生みだし開花させたのは、タインホアを中心とした山地の勢力であった。1930年代のはじめ、タインホアのバイトゥオンでダムの工事中に、銅鼓などと共に青磁の碗、皿、鉢が多数出土した。ベトナ

ムの古陶磁研究者によれば、タインホア省にはノンコン、クアンスオン、ホアンホア、ティンザ、ハムゾンなどに陶片が散乱する物原があり、ここでも青磁や褐釉が発掘されているという。

タインホアの陶人たちが自らの様式を確立してゆく過程で影響を受けたのは、宋や元の中国陶磁だけではない。東南アジアの大国であったカンボジア（真臘）のアンコール帝国（九世紀〜1432）が南シナ海への出口を求めてたびたびチュオンソン山脈を越えゲアンに来襲したと言われているので、ベトナムはクメール陶器文化も受け入れていたであろう。このようにアンコール帝国やチャンパ王国の両国に接していた陶人らは、ヒンドゥー文化に用いていた仏教で言うところの迦陵頻伽である黄白釉褐彩半人半鳥形水注（13-15）などの作品も手がける一方、中国の金属器の器形や装飾（13-16）を陶磁器に取り入れていた。

また朝貢外交による北宋（960〜1127）および南宋（1127〜1279）との交流も盛んで、李

13-9 灰釉双耳壺
高29.8cm　胴径25.0cm　底径19.0cm

13-10 青磁龍首水注
高22.2cm　胴径19.1cm　底径15.9cm
中村三四郎コレクション　町田市立博物館

13-11 白釉蓮弁文耳付蓋付壺　総高19.7cm　胴径19.4cm　東南アジア陶磁館

3 ベトナム様式の開花

13-12 白釉褐彩瓶

13-14 黄白釉褐彩蓮華文瓶

朝末期に中国へ赴いた三名の使者が帰途現在の広東省の北端に位置する潮州で製陶技術を学び、十二名の中国陶人を伴って帰国したとされる。李朝皇帝はこれらの陶人たちが生み出す作品を賞賛し、三名の使者をそれぞれ、バッチャン、フーラン、ヌイゴムの製陶の聖師とし開窯したと伝えられている。この頃には飲茶の習慣も身に付いていて、茶碗など新たに宋の製陶技術を導入してそのモデルやデザインを学び、青磁（13-17）や白磁（13-18）に積極的に活かしていたことが窺える。

13-13 黄白釉褐彩草文脚付壺
高21.8cm 胴径21.5cm
東南アジア陶磁館

キンマ（コショウ科の蔓草）を嚙む風習に必須の、石灰壺（13-19）も盛んに作られていた。この風習は古代インドから東南アジア諸国を経てベトナムに伝えられた。キンマをたしなむには、檳榔樹の実の核を薄く切り鬱金の粉や香

13-15 黄白釉褐彩半人半鳥形水注
　　　（左）高12.2cm　長径14.3cm　短径7.7cm
　　　（右）高12.3cm　長径14.8cm　短径7.0cm

13-16 黄白釉褐彩陰刻花文小盤
　　　口径9.8cm　高2.0cm

13-17 青磁鎬文碗　口径15.2cm　高7.3cm

13-18 白磁印花文碗　口径12.3cm　高5.6cm
　　　東南アジア陶磁館

13-19 白釉石灰壺
　　　高7.9cm　胴径6.8cm　底径4.5cm
　　　東南アジア陶磁館

料と混ぜ、石灰を薄く塗ったキンマの葉で巻いて噛む。噛み煙草のような一種の嗜好品なのだが、覚醒作用があり、一時的にスッキリする。しかし、口の中が真っ赤になり、常習性がある。石灰が歯を丈夫にするとも言われているが、そのうち歯が黄色、さらに黒くなる。ベトナムの人々は黒い歯をして、身体に刺青をしていたとよく言われたのはこのためであろう。またキンマの風習は儀式化し、ベトナム人の婚儀その他の儀式に欠かせない重要な役割を持つようになった。

　この李朝も、末期の1175年から1209年にかけて、皇帝の側近同士の争いから中央政権の権威が退潮し、紅河デルタを中心に各地で反乱が相次いだ。飢饉と暴動に国土は荒廃し、山地民までも李朝に反抗した。

4　元に負けない大越帝国

　1209年、李朝末期の宮廷で一人の将軍が反乱を起こした。七代高宗（在位1175～1210）皇帝と皇子は都からタイビン省の海邑に逃れた。その地の有力者であった陳(チャン)李は、娘と皇子を結婚させて新王朝を建てようと目論んだ。皇子は長じて八代恵宗(フエトン)（在位1210～24）皇帝となったが、妻の一族の動きに危険を感じ、ハイフォン省の有力者であった段一族に身を寄せた。陳(チャン)一族と、恵宗皇帝および段一族との間で激しい抗争が起きた。しかし1217年、ついに段一族は陳一族に降伏、政治の実権は陳(チャン)氏に帰した。恵宗皇帝はその後発狂し、出家して城内の寺で死ぬまで暮らしたとされている。

　李朝の実権を握った陳(チャントゥド)守度(1194～1264)は恵宗皇帝に男児がいなかったので、王位を次女で七歳の李仏(リーパットキム)金に譲らせて九代皇帝昭(チェイウホアン)皇（在位1224～25）とし、ベトナム初の女帝とした。昭皇と陳守度の甥、八歳の陳(チャンカイン)煚は遊び友だちになっていたが、ある日、昭皇が四角い布に包んだ檳榔樹の実とキンマを陳煚に投げ与えたとして、陳氏は結婚の承諾だとみなし王位を禅譲させた。

　この陳一族による策略婚によって、李朝は消滅する。

　陳(チャンカイン)煚は八歳で大宗となったが、政務は伯父の陳(チャントゥド)守度が行なっていた。陳氏一族は代々ナムディンのトゥクマク（即墨）に住み、漁業や海賊を生業とし

第13章　ベトナムの陶磁と歴史

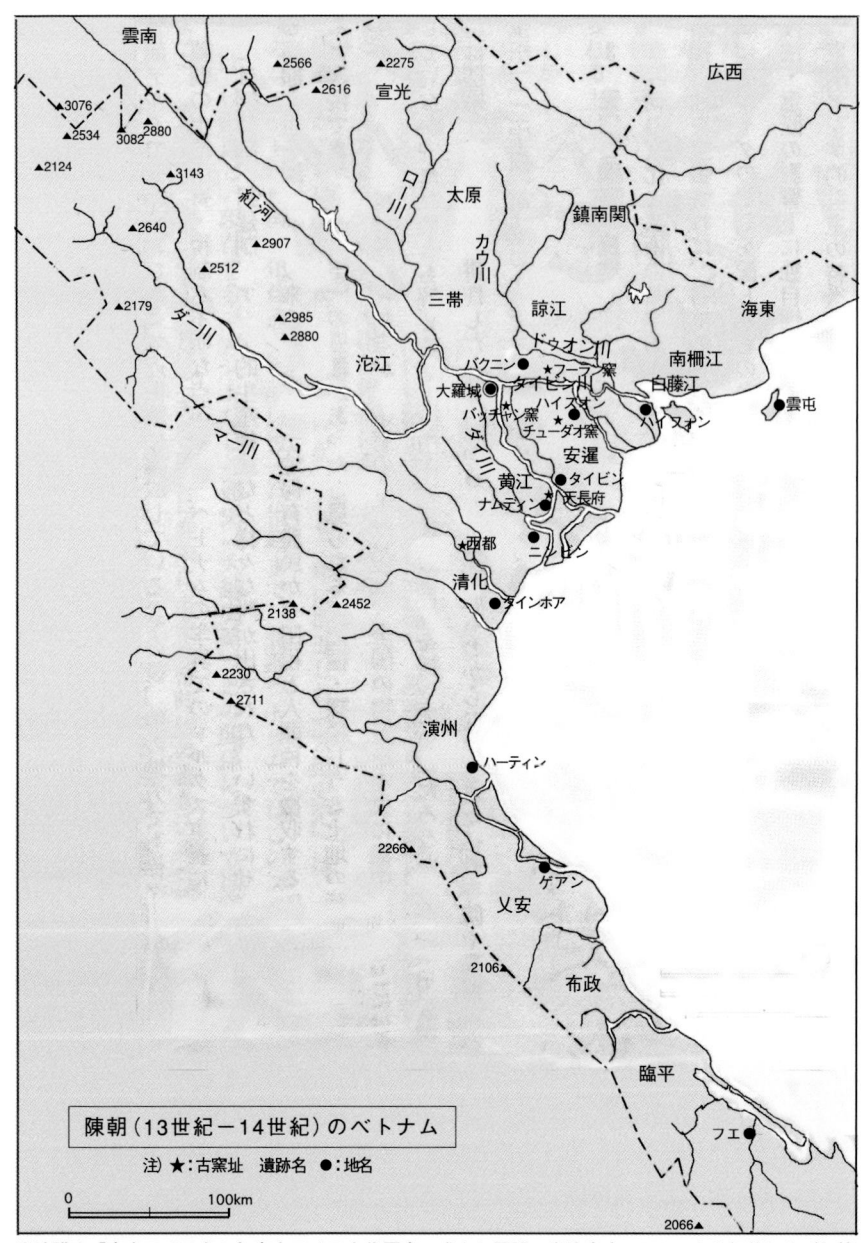

陳朝（13世紀－14世紀）のベトナム

注）★：古窯址　遺跡名　●：地名

岩波講座『東南アジア史2』東南アジア古代国家の成立と展開　岩波書店　2001．より転載および加筆

ていたとされる。陳守度自身は福建人の家系で、紅河デルタの諸勢力の抗争を鎮めたタイビン地域の土豪だった。陳守度はまず李王家の外戚となり、宮廷の内部から転覆を図って陳朝(チャン)(1225〜1400)を興し、李氏の係累をことごとく絶った。

　陳朝初代皇帝となった陳煚(チャンカイン)こと陳太宗(チャンタイトン)(在位1225〜58　上皇在位1258〜77)は李朝の国家事業を継いで紅河デルタの開拓を拡大し、1248年、本格的な治水土木や沿岸部の干拓など、社会資本の整備に力を入れた。また陳朝は李朝の国名であった大越(ダイベト)を名乗り、安定政権を目指し、皇帝は皇子が青年になると譲位する上皇制を敷いて王位継承を実現させた。しかし、あくまで実権は上皇にあった。政治軍事などのあらゆる統率権は陳一族が独占し、近親結婚もいとわず皇族と貴族同士の血の繋がりを強化した。高官の多くは陳氏一族に占められ、支配階級の一体感を高めるとともに、軍隊組織を整備して、強力な国家を作りあげていった。

　また陳朝ではベトナム人の民族意識が高まって、唐の支配下の頃に発生したベトナム語を漢字にしたチューノム(字喃)の使用が本格化し、固有の文化の形成を促進した。これはベトナム人の本格的なアイデンティティの確立でもあった。

　チャンパ王国に対しては、1252年、首都ヴィジャヤに遠征している。しかし陳朝初期の皇帝たちを何より悩ませたのは、元寇であった。

　元軍は雲南の南詔(なんしょう)王国(649〜902)の後身となったタイ人の大理(だいり)王国(937〜1094、後理王国1097〜1254)を1254年に滅ぼし、タイ人の南下を加速させた。1257年雲南にあったフビライ(後の五代・世祖大カン　1260〜94)の元軍は、南から南宋を攻めることを名目としてベトナムの通過を求めた。だが元の目的はベトナムを服従させるか、支配が目的であり、陳太宗(チャンタイトン)はこれを拒否したため、元軍は紅河を南下して昇龍城を占拠した。しかし元軍は兵糧の調達ができず、また紅河から陳の水軍に攻められ、余儀なく和議に応じ、元への朝貢を命じて引き揚げた。以後、元は様々な要求を突き付けるが、陳朝はことごとく拒否している。

　雲南の昆明では紀元前五世紀から紀元後の一世紀頃にかけて滇(てん)王国が栄え、滇池(てんち)の東側の石寨山(せきさいざん)から銅鼓をはじめとする青銅器が多数出土している。古来、

雲南とベトナムの人々は紅河によって交流を持ち、中国南部と共にドンソンに象徴される文化を広く共有して深く結び付いていた。

中国雲南省に発する紅河（ホン川）は、船の運航に適した一直線の水路で、しかも滝がなく山中を掛け抜け一気にデルタへ流れ出る。そして紅河は六本の川に分かれてトンキン湾へ呑み込まれる。全長1200kmのこの大河は、乾期と雨期の水量が極端に違う荒川でもある。特に、陳朝の時代からデルタ地帯に長大な堤防を築き、特に五代陳明宗（ミントン）（在位1314〜29　上皇在位1329〜57）は率先して水利工事を指揮し洪水に立ち向かっている。

だが平時の広大なデルタは紅河の恵みを存分に受けていて耕作も潤っている。また今も紅河が運んだ赤土で煉瓦を焼く窯がデルタの方々で黒煙を上げている光景は壮観である。煉瓦は住宅や塀の建設に欠かせない資材で、赤ともオレンジともつかない赤褐色で、誠に重厚かつ魅力的な色合いをしている。

未確認だが、1351年紅河が氾濫を起こし、周辺の村々が農作物の被害を受けたとされる記録が残されている。その中に今日陶磁器の里として知られる、バッチャン（鉢場・鉢など碗類を作る村）の名が記されているという。バッチャンはハノイから車で約四十分余り、紅河の対岸で下流にあたる。市内からチュオンズオン橋を渡り、平地より10m余り高い堤防上から田園を眺めながら走ると、やがて村の入口に着く。

バッチャンは古く白土坊と称し良質の土を産する村を意味するハックトフオンと呼ばれていたが、後に百場とされ、多くの窯場のある村としてバッチャンフォンとして知られていた。「ベトナム様式の開花」で記したように現在の広東省の北端に位置する潮州の製陶技術によって、800年前の李朝時代に製陶がはじまったという過去が語られながらも、確かな陶磁史は解っていない。だが山の勢力であるタインホアから移住してきた陶工たちによって、さらに旧ニンビン省ボ・バット村の陶工たちの移住によって開窯したともいわれる。

十五世紀はじめ玩薦（グエンチャイ）（1380〜1442）が著した文集『仰斎集』の「輿地志」の中で、バッチャン村は碗、鉢類の生産を生業とし、以前、中国への貢ぎ物に七十組の食器類を納めた記述もあるという。こうしてみるとバッチャンは1428年より始まる後黎朝時代以前からベトナムの主要な窯業地として盛んに活動していた様子が窺える。しかし、それを示す最も古い窯体は、紅河のたび重なる

氾濫のもと地中深く眠ったままなのだろうか。

　今日バッチャン村の窯屋に囲まれた商店街は陶磁器で埋め尽くされ、通りには器を藁にくるんで竹籠に入れ自転車や荷車で運ぶ人々や、山積みにしたトラックが頻繁に行き交う。観光客はその中をかいくぐりながら、食器や飾り壺など、気に入った品を探し歩く。

　1264年、陳朝創始の立役者であった陳守度(チャントゥド)が死去するが、その間王朝の基礎を固めた役割は大きかった。また上皇であった初代皇帝陳太宗も1277年に没した。この1277年に、元軍は上ビルマのバモーを占領、また1279年には南宋(1127〜1279)を滅亡に追い込んで併呑した。この時期、元と国境を接することになったベトナムは非常事態であり、中国人難民も大量に流入した。

　元軍は1274年高麗軍を伴って博多に来襲、「文永の役」として知られる。次いで再来襲した「弘安の役」は1281年のことであった。元はまた、1282年にカンボジア(真臘(しんろう))のアンコール帝国(九世紀〜1432)を攻撃、1283年にはチャンパ王国と下ビルマのペグー王国(1281〜1539)に侵攻している。

　陳朝三代陳仁宗(チャンニャントン)(在位1278〜93　上皇在位1293〜1308)は、1284年から1285年にかけて元との戦いに備え、国中の実力者を集めて支持を得た。そして陳朝初代太宗の兄、柳の子である興道王陳国峻(チャンクオックトアン)(興道(フンダオ)は王号　1226〜1300)を総指揮官に任じ全軍の統率を委ねた。この時陳興道(チャンフンダオ)の軍はいったん昇龍城を占領されるものの、死闘で士気が下がっていた元軍にゲリラ戦で反撃し、撃退した。

　元軍は1287年上ビルマのパガン王国(1044〜1299)を服属させ、1287年と1288年に三たびベトナムへ侵攻してきた。陸路はランソン(諒山)から越境し、海路はトンキン湾から紅河を遡って襲いかかった。しかし陳軍は善戦し、白藤(バクダン)江(ザン)でまたもや鉄杭作戦を展開して多くの艦隊を沈没させた。そして最終的にヴァンドン(雲屯)で補給艦隊をも全滅させた。

　その後の元軍は1292年から93年とジャワ遠征を最後に東南アジアから引き揚げ、翌1294年正月、フビライ汗(ハン)(世祖大ハン　1260〜94)の死によって南方と東方への武力攻撃が止まった。

　陳朝は三度の元寇をいずれも民兵と共にゲリラ戦で耐え抜き、首都ハノイ昇龍城を死守した。昇龍城はデルタの中心にある平城で本来防衛に弱い。それで

13-20 黄白釉褐彩禅僧像　高9.5cm　幅12.1cm　奥行10.4cm

4 元に負けない大越帝国

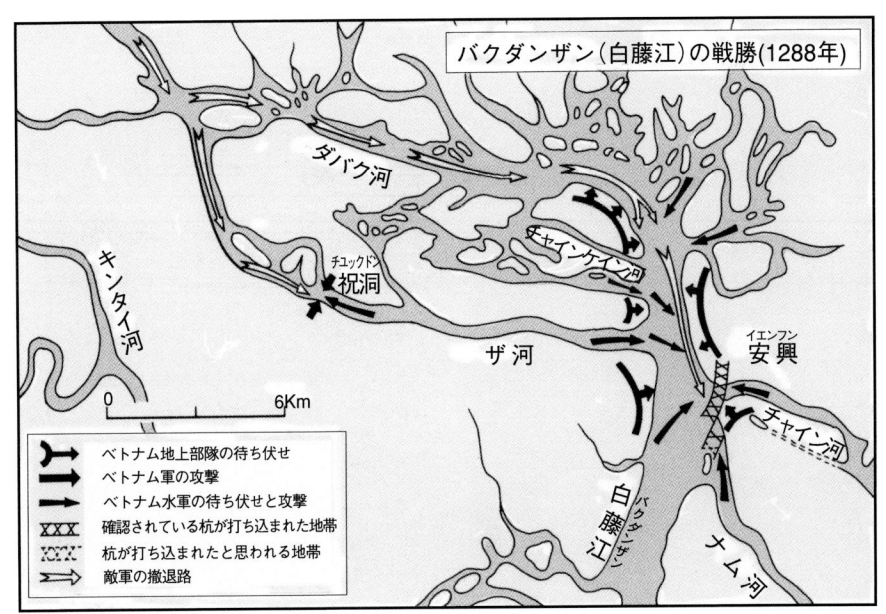

バクダンザン(白藤江)の戦勝(1288年)

地図中の地名:
- ダバク河
- キンタイ河
- チュックドン　祝洞
- チャインケイン河
- ザ河
- イエンフン　安興
- チャイン河
- 白藤江　バクダンザン
- ナム河

凡例:
- ベトナム地上部隊の待ち伏せ
- ベトナム軍の攻撃
- ベトナム水軍の待ち伏せと攻撃
- ××× 確認されている杭が打ち込まれた地帯
- 杭が打ち込まれたと思われる地帯
- 敵軍の撤退路

『写真記録東南アジア　歴史・戦争・日本5「ベトナム　ラオス　カンボジア」』ほるぷ出版．より転載

も陳朝の人々が元を相手に勝ち抜くことができたのは、水の民とも言われるように水の威力を知り尽くした強みがあったからだ。そして、よく訓練された水軍は、元軍の補給路を断ち、飢えと疲れを誘って撃退する作戦を用いた。この時代、確かにベトナムのエネルギーが頂点を極めたかに見える。それにもかかわらず元を脅威としていた陳朝は、以後、絹織物をはじめとした多くの品々を献上し、朝貢外交を重ねている。

陳朝の紹隆十五年（1272）黎文休（レーヴァンフウ）によって漢文で表した最初のベトナム通史『大越史記』全三十巻が編まれた。内容は南越王趙佗（ちょうだ）（？〜紀元前137）から李朝（1009〜1225）滅亡までを記していたと伝えられているが、原本は失われ、確かではない。

そして1293年英宗に譲位し、上皇となった仁宗はナムディンで悟りを開き李朝及び陳朝にかけて栄えていた禅宗の三つの宗派を統合させて竹林禅宗を創設する。竹林派の開祖となった仁宗は安子山で法螺（1284〜1330）や玄光（1254〜1334）と共に仏道に精進した。以降竹林派はベトナム仏教の主流とな

13-21 青磁蓋付壺　総高12.9cm　胴径14.6cm

13-22 青磁童子花印花文鉢
　　　口径15.0cm　高4.5cm
　　　大樋美術館

13-23 青磁菊花輪花鉢　口径17.4cm　高6.5cm
　　　東南アジア陶磁館

13-24 青磁瓜形水注　高19.4cm　幅17.5cm
　　　木村定三コレクション　愛知県美術館

13-25 青磁魚形硯
　　　長径17.3cm　短径13.8cm　高5.0cm
　　　東南アジア陶磁館

13-26 青磁象形水滴　高 6.5cm　長径10.5cm

13-27 青磁皿 5
　　　平均　口径14.6cm　高3.9cm　高台径6.4cm

13-28 青磁皿 5（13-27）の裏面

13-30 青磁鬼神獣頭不遊鐶壺（13-29）の鬼頭

13-31 青磁鬼神獣頭不遊鐶壺（13-29）の獣頭不遊鐶

13-29 青磁鬼神獣頭不遊鐶壺

13-33 青磁擂座碗　口径11.7cm　高 7.6cm
底径 6.4cm　大樋美術館

13-34 青磁擂座碗（13-33）の底面

13-32 青磁印花文瓶
　　　高32.6cm　口径18.4cm　胴径15.4cm

13-35 青磁鉄絵魚文鉢
　　　口径16.7cm　高 6.8cm　底径 5.6cm
　　　東南アジア陶磁館

13-36 青磁褐彩菊花文合子
　　　高 5.7cm　胴径10.2cm

第13章　ベトナムの陶磁と歴史

13-40　白磁印花文碗 5　平均　口径16.1cm　高 5.4cm
　　　東南アジア陶磁館

13-37　青磁褐斑文碗　口径16.3cm　高 6.0cm
　　　東南アジア陶磁館

13-39　白磁鎬文碗　口径11.0cm　高 9.5cm
　　　高台径 6.5cm

13-38　白磁人物像灯火器　高15.0cm
　　　岡本保和コレクション　蒲郡市博物館

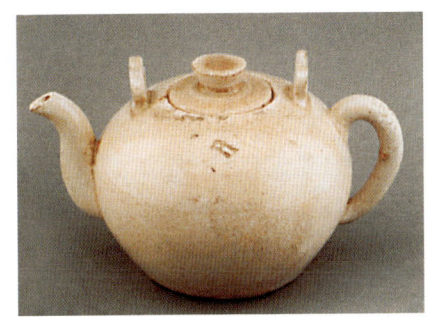

13-41 白磁水注　高9.1cm　長径15.3cm
　　　短径10.8cm　東南アジア陶磁館

13-42 白磁鉄釉印花文碗　口径16.0cm
　　　高5.8cm　東南アジア陶磁館

13-43 褐釉碗

13-44 褐釉碗（13-43）の底面

る。そして仁宗はチューノムの書物を残し、大僧正（13-20）となった。

　私が取り憑かれている五彩および青花の遺品は、王侯貴族の華やかなりし社会であったこの頃から、展開への気運にあったものと思われる。これら五彩や青花には、普遍性を念頭にグレードの高い制作を心がけた職人たちの精神と技が感受される。その上、陳朝の人々に否応なしに身に付いた緊張感も運筆に表れていて、装飾文様など見事なタッチで力強さも感じる。またこれらには伝統に基づくハッキリとしたモチーフがあり、その骨組みがしっかりと表わされ、対象を生き生きと捉えている。おそらく一部には宮廷画家の登用もあったのではないかとさえ思える優れた描写の作品も少なくない。また陳朝の人々の心は寛大かつ開放的で、しかも勇猛果敢であったとされ、そこには必ずしも良くない土質のハンディを克服し、限界の大きさ（13-243）に挑んだ陶人の気迫が伝

13-46　褐釉黒斑文碗　口径16.5cm
　　　　東南アジア陶磁館

13-45　褐釉手付水注　高18.9cm　胴径14.0cm
　　　　東南アジア陶磁館

13-48　緑釉長頸瓶
　　　　高16.2cm　胴径11.3cm
　　　　山田義雄コレクション
　　　　町田市立博物館

13-47　緑釉刻花文瓶　高26.1cm　口径8.0cm
　　　　胴径15.3cm　底径9.2cm
　　　　本多コレクション　福岡市美術館

4 元に負けない大越帝国

13-51 緑釉印花宝尽文皿 5　平均　口径13.5cm　高 3.5cm

13-49 緑釉刻渦巻唐草文碗
　　　高12.8cm　胴径16.7cm

13-50 緑釉合子　高 3.8cm　胴径 6.7cm
　　　東南アジア陶磁館

13-52 緑釉馬上杯
　　　高11.4cm　口径12.9cm　底径 4.7cm

13-53 緑釉碗　口径10.6cm　高 8.7cm

わってくる遺品も多い。

　1300年、ベトナムを元寇から死守した救国の英雄である陳国峻（チャンクオックトアン）こと陳興道（チャンフンダオ）が没した。陳興道は死の床で陳朝皇帝に次なる言葉を言い残したという。「民の負担を楽にしてやることが、長期的にみて我々の利益に叶う最高の戦略であり、かつ国家として生き延びるための最善の政策である」

　陳興道（チャンフンダオ）を祀るハイズオンのデン・キッバックは、今も多くの人々の祈りに包まれている。

　その翌年の1301年、仁宗（ニャントン）上皇がチャンパを公式に訪問した。そして、この時に交わした約束により、娘である玄珍公主を1306年チャンパ王ジャヤ・シンハヴァルマン三世に嫁がせると同時に、フエ一帯まで領域を広げた。この友好関係は、翌年、ジャヤ・シンハヴァルマン三世の死によってもろくも崩れたが、元寇に荒れたこの時期、陳朝とチャンパ王国は一時的にせよ協力関係にあったようである。

　元軍はフィリピン以外、全東南アジアの人々を震撼させ、何らかの形で侵略の恐怖にさらした。しかしこの二、三十年の動乱のあとのベトナムや東南アジア諸国は、確実に新たな時代に向かっていた。

　元（1271〜1368）が東南アジアに猛威を振るったこの時代、陳朝は以前にも増して押し寄せる多くの中国人を受け入れ、北宋（960〜1127）、金（1115〜1234）、および南宋（1127〜1279）に繋がる諸文化を一気に呑み込んだ。そこには故地が福建または桂林といわれる陳（チャン）氏の、同胞を受け入れる寛容な気持ちも働いていたものと思われる。というのは、諸民族の融合によって血統が複雑で繋がらないということなのか、歴史上説明されていないのでここはあくまでも想像の域を出ないのであるが、ベトナムの陳（チャン）氏を中国の陳（ちん）氏の末裔であるとみなして、陳氏のルーツをさらに辿ると、一族の発祥や伝統がいたって古くから伝えられているのである。それによると、陳（ちん）（紀元前11世紀？　紀元前1127？〜紀元前479）は、紀元前の春秋戦国時代（紀元前777頃〜紀元前221）の十二国に数えられていた国の一つで、現在の河南省淮陽県を中心とした地域の一帯に割拠していた。またこの十二国と江南の呉と越とともに戦国列国と呼ばれていたとされる。だが陳は弱小国で、長江文明の流れを汲む南の大国で、現在の湖北省と湖南省にわたる広い領土を勢力圏としていた楚（そ）（紀元前？〜紀

13-54 五彩緑釉鳥形壺　高28.3cm　長径27.0cm　短径19.0cm

元前223）に属国扱いを受けていたうえ、紀元前479年に滅ぼされ、併合されてしまう。その楚が紀元前278年秦に都郢を占領され陳に遷都している。

　また、紀元後の南北朝時代（439〜589）の557年、呉興郡長城県、現在の浙江省長興県の武人であった陳覇先は、梁（502〜557）の禅譲を受けて陳（557〜589）を建国、初代皇帝となり武帝と称した。華北出身の皇帝で占められていた南朝緒朝中初の江南出身者による建国であった。以後五代の皇帝が続くものの、まもなく隋（589〜618）の天下統一によって消滅し、南朝最後の王朝となってしまった。だが、この陳王朝の興隆が32年間という短い期間であったにせよ、長江以南から万春国（541〜603）であったベトナム国境にいたる

13-55 緑釉白釉刻渦巻唐草文四耳壺　高42.0cm

広大な領域を支配していたことからも、中国全土に江南に陳氏ありと大いに謳われていたことであろう。また南朝では王朝交代によって生じる政治的な混乱とは対照的に、文学や仏教が隆盛をきわめ、六朝(りくちょう)文化と呼ばれる貴族文化が華開いていたという。

そして、こうした陳の流れを汲む人々が亡国の下に長い歴史を生き抜き、一部の後裔たちがベトナムという新天地で再び陳(チャン)王朝を興していたとすれば、元に戦く中国人の危機に機敏に対処し、多くの移住民を歓迎していたのではないかと思えるのである。

陶磁器にも最新の技術がもたらされ、青磁（13-21）（13-22）（13-23）（13-24）（13-25）（13-26）（13-27）（13-28）（13-29）（13-30）（13-31）（13-32）（13-33）（13-34）、青磁鉄絵（13-35）、青磁褐彩（13-36）（13-37）、白磁（13-38）（13-39）（13-40）（13-41）、白磁鉄釉（13-42）、褐釉および鉄釉（13-43）（13-44）（13-45）、褐釉鉄彩（13-46）など大いに進展し、緑釉（13-47）（13-48）（13-49）（13-50）（13-51）（13-52）（13-53）も世に送った。また両国の陶人たちも互いに解け合い、両文化を糧に、切磋琢磨して新たな作品作りを模索し始めたものと思われる。それが今回入手した五彩と青花で、殊に前時代の名残と見られる緑釉の多用が眼を引く五彩鳥形壺（13-54）や、中に一点のみ緑釉と白釉を掛け分けた高さ42.0cmの渦巻唐草文四耳壺（13-55）の大作があり、緑の華を添えている。

5 華麗なる王侯貴族の美意識

　これまで、かれこれ四年から五年の歳月をかけて獲得した一群の陶磁器に、考察を重ねた結果、ベトナムへの元寇が止んだ陳朝三代仁宗（ニャントン）（在位1278〜93　上皇在位1293〜1308）皇帝の治世から、外戚の胡氏が陳朝の政権を握り、九代芸宗（ゲトン）（在位1370〜72　上皇在位1372〜94）に強い影響力を及ぼす1370年頃までの約百年余の遺品であると、大まかに推定する。それはまた、中国でいうところの、元末から明初に相当する。この間の歴代皇帝は絶大な権力を有し、国力は充実していた。王朝下の美術は制作者の芸術意欲を高め、中国美術から脱皮した独自な様式を確立している。

　この度出土した蓮葉蓋を伴う青花鹿竹牡丹文蓮葉蓋付壺（13-56）（13-57）（13-58）は、元の青花雲龍文荷葉蓋付壺（13-59）をはじめとして、元（1271〜1368）とも、明（1368〜1644）とも言われる雲南玉渓（ぎょっけい）窯の青花牡丹唐草文蓮葉蓋付壺〈1〉（13-60）と器形や文様構成をほぼ同じくするところから、互いにどのようにかかわっていたのか興味深い。そして、浙江省江山窯や江西省吉州（きっしゅう）窯の元青花と、いかなる接点を持っていたのか。また青花と白地鉄絵の違いはあるものの、元の後至元三年（1337）の墓から出土した広東省雷州半島廉江（れんこう）窯の鉄絵花鳥文蓋付壺〈2〉（13-61）とも共通した雰囲気を感じさせるところから、なんらかの交流があったのではないかと想像される。ベトナム窯とこれら中国の各窯とは近距離にあり、制作時期をはじめ鉄絵や青花の相互間の影響関係が改めて論議されそうである。

　それにしても、ベトナムの十三世紀後半から十四世紀前半の約百年余の歴史や陶磁史は、どうしてこうも不透明なのか。山にたとえるならば、頂きの部分や裾の部分はしっかり見えているのに、七合目当たりがいつも霧や雲に覆われていて見通しがきかない。これがベトナム陶磁史のこれまでの姿であった。ところが私が収集した新発見の品々により、突然雲や霞が晴れ、山は全容を現した。

　だが、このような資料が現れるのではないか、と以前から予測していた陶磁学者がいた。ロンドン・ヴィクトリア＆アルバート美術館のジョン・ガイ氏で

13-56 青花鹿竹牡丹文蓮葉蓋付壺　高37.0cm

13-57 青花鹿竹牡丹文蓮葉蓋付壺（13-56）の鹿文

13-58 青花鹿竹牡丹文蓮葉蓋付壺（13-56）の竹文

5 華麗なる王侯貴族の美意識　　　　　　　　　197

13-59 青花雲龍文荷葉蓋付壺
　　　 1980年江西省高安県窖蔵出土
　　　 高36.0cm　口径21.0cm　底径20.5cm
　　　 南昌市　江西省博物館

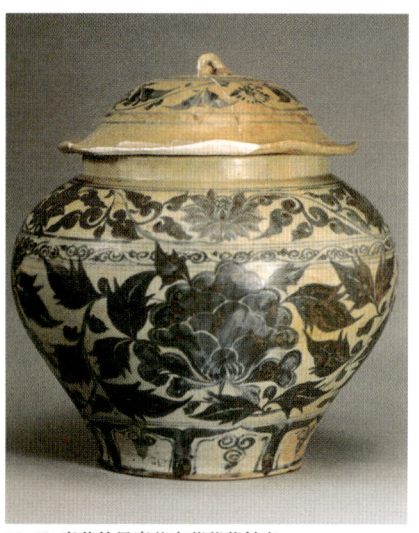

13-60 青花牡丹唐草文蓮葉蓋付壺
　　　 昆明市　雲南省博物館

13-61 鉄絵花鳥文蓋付壺
　　　 後至元三年（1337）墓出土
　　　 総高31.0cm　口径 8.0cm
　　　 広州市　広東省博物館

ある。ジョン・ガイ氏は『世界陶磁全集』16南海（小学館　1984）「ベトナムの陶磁」西田宏子氏訳の127頁で、青花について次のように論述している。

　ベトナムの青花磁器の編年で困るのは、明らかに十四世紀の作品が、中国の十四世紀、すなわち元から明初期の作品と似ているところがないことである。中国青花の十四世紀の磁器を情熱と想像力をもって写しているのは、次の発展段階でみられるイスタンブールにある紀年銘としてはもっとも早い1450年銘をもつ「トプカプの天球瓶」こと青花磁器瓶（5-3）（6-7）（13-62）（13-129）などがそれで

13-62　青花磁器瓶（青花牡丹唐草文瓶）
　　　　後黎朝前期　「大和八年」（1450）銘
　　　　高54.9cm　口径10.6cm　底径19.0cm
　　　　イスタンブール　トプカプ宮殿博物館

ある。この時期のベトナム青花磁の文様には花文、ことに牡丹、蓮、菊、などや各種の水草に魚を配したものが多い。これらはまた十四世紀の中国磁器の文様で大変好まれたものであるので、元、明初の影響を受けたこれらのベトナム陶磁の始まりを、十四世紀の中頃に考えることができる。しかしながら、1450年という指標は重要な資料であり、このほかに資料があらわれるまでは、十五世紀をベトナム青花磁の初期と受け止めねばならない。

　読みが深く、先見性が光る一文である。
　また五彩については、長谷部楽爾編著『インドシナ半島の陶磁』（瑠璃書房1990）の「Ⅱベトナムの陶磁」（四、黎時代とその以後）の217頁に著者の見解が示されている。これも重要な内容なので原文の一部を記す。

13-63 五彩花喰鳥文稜花盤　口径25.0cm　ライデン国立民族学博物館

　ベトナムの五彩は、日本の場合がそうであるように、先行する中国の五彩に刺激され、あるいは中国の技術に学んで焼きはじめられたものと想像される。この中国の五彩とベトナムのそれとの関係がどのようなものか、まだ論じられたことがない。ベトナムの五彩の中で古式の遺例と考えられる、ライデン民族博物館所蔵の五彩花喰鳥文稜花盤（13-63）〈3〉（13-137）などをみても、中国風の意匠とはいえず、すでにベトナムらしい五彩にしあげられているところからすると、最も初期の遺例はまだしられてはいないのではないかと考えられる。

　これも、ベトナム五彩の原点を鋭く予見している。
　これまでベトナム陶磁史における青花を語るポイントに、元様式を継承した末に1450年銘を持つ「トプカプの天球瓶」（5-3）（6-7）（13-62）（13-129）が存在する、というシナリオが成り立っていた。だが、雲や霧に覆われていて見

13-64 五彩樹鳥花文瓶　高48.0cm

えていなかった陶磁は、大方の人が予想していたであろう、元様式そのものではなかった。実はこのことはとても重要なことで、ベトナム陶磁の主張は、長いベトナムの歴史の中でベトナム人自身が蓄え培ってきた文化を基盤とし、時の波に洗われながら新たな表現を試み開花結実した結果であった。例えば「トプカプの天球瓶」(5-3) (6-7) (13-62) (13-129) の祖型が、完成度の高い五彩樹鳥花文瓶 (13-64) であったり、五彩牡丹唐草文瓶 (13-65) であるように。

そして、元 (1271〜1368) の中期頃よりベトナムも元様式の器形に則り、

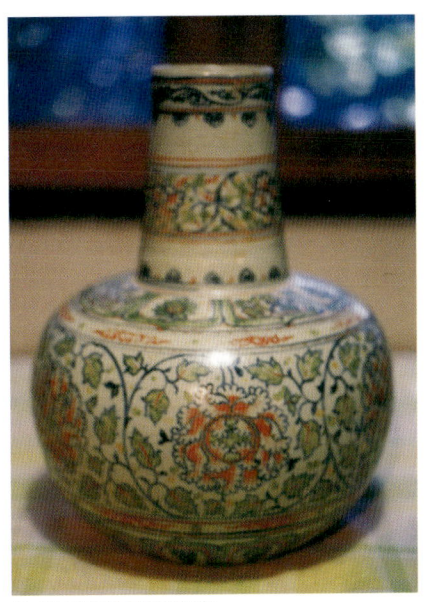

13-65 五彩牡丹唐草文瓶

大型化の傾向に歩調を合わせた遺品も少なくない。だが意匠となると、その度合いは低く、せいぜい二割とか三割とわずかで、所々に元様式が忍び込んでいるといった程度なのである。大半の文様は元様式以前の様相が著しく、すでに中国流からベトナム流に解釈され、装飾されていたのである。

これら王侯貴族たちが愛した陳様式は、芸術意欲の高い大作に強調されている。そして、情熱を傾けた意匠のバルールもマチエールも抜群なのである。

【参照】
〈1〉 青花牡丹唐草文蓋付壺　昆明市　雲南省博物館.
　　　『世界美術大全集』東洋編　第7巻　元　頁284・図140　小学館　1999.
　　　同様の作例　青花牡丹唐草文壺および蓋付壺　雲南省禄豊県出土.
　　　『世界陶磁全集』13　遼・金・元　頁268・Fig. 181、182、183、184　小学館　1981.
〈2〉 鉄絵花鳥文蓋付壺　後至元三年 (1337) 墓出土　総高31.0cm　口径8.0cm　広州市広東省博物館.
　　　『世界美術大全集』東洋編　第7巻　元　頁293・図157　小学館　1999.

〈3〉　五彩花喰鳥文稜花盤　口径25.0cm　ライデン国立民族学博物館
　　　『タイ・ベトナムの陶磁』陶磁大系47　頁26・図23　矢部良明　平凡社　1978.
　　　『世界陶磁全集』16　南海　頁46、47・図32、33　小学館　1984.

6 元の五彩と釉裏紅（ゆうりこう）と青花、そして明の釉裏紅

　中国の北部は「華北」、南部は「華南」あるいは「江南」と呼ばれている。言葉も違い、気候風土による暮らしぶりや気質にも違いがあるが、陶磁器にもどことなくそれぞれの個性が反映しているように感じる。

　元（1271～1368）の人々の身分は、モンゴル人（百万人前後）が最上位で、次いでウイグル・ペルシア・アラビアなど西域の色目人（しきもく）（百万人前後）、金（1115～1234）の統治下にあった華北の漢人（一千万人前後）、そして一番低く見られていたのが最後まで抵抗した後ようやく降伏した南宋（1127～1279）に属していた華南の南人（なんじん）（六百万人強）であった。

　古代の南人諸国は秦の始皇帝によって統一されたが、秦が滅亡する際、南方地域で南越（なんえつ）が興った。その領土はベトナムをも含んでいたと言われ、血筋を辿れば、旧ベトナム人である山地の勢力を除くベトナム人と南人はほぼ同族と言える。

　いうまでもなく、景徳鎮は長江（揚子江）下流域の南にあり、華南や江南と呼ばれる南人社会である。そこはモンスーン気候に恵まれた生産性豊かな一大田園地域と山間に開けた盆地で形成されており、これまで個性ある幾多の文化を育んできた。その先例として知られるのは、中国における稲作の中心地であった河姆渡（かぼと）文化である。また福建省普河の河口に栄えた泉州の港をはじめとした沿岸部は、唐代から中国を代表する対外交易の舞台である。その背景には浙江省の越州窯や龍泉窯をはじめ、江西省の北端で昌江に沿う景徳鎮、ならびに湖南省、福建省や広東省の内陸部一帯にかけて名だたる窯業地が点在し、盛んに生産された陶磁器は沿岸部より船出した。

　この沿岸部から内陸部にかけての民窯に、十三世紀末期から十四世紀初頭にかけて根を下ろしつつあった技法が、器面に刻文を施し銅を筆で塗って青白磁

に発色させた辰砂とも呼ばれる紅釉(こうゆう)(13-66)、そして銅を筆で模様を描いた釉裏紅(ゆうりこう)(13-67)、そしてコバルト顔料を用いた藍釉(らんゆう)(瑠璃釉)と青花の表描法であった。銅は焼成技術によって、緑にも赤にも焼き上げることができる。紅釉や釉裏紅は銅を還元炎で焼き紅色を得る手法であるが、銅が窯の中で流れたり、うまく発色しない場合がある。それに比べてコバルトを発色させる青花の方がはるかに容易らしい。青花の作品は概ね菊花文(11-1)や霊芝唐草文(11-41)(11-42)のある小品と言われ、交易先であったフィリピンなど東南アジアで発見されている。これらの中に青白磁に用いられた刻花(こっか)や印花の技法があり、次いで大阪市立東洋陶磁美術館蔵の玉壺春で、青白磁貼花花卉文瓶(ちょうかかき)(13-68)にも見られる貼花装飾(ちょうか)が始まる。そして、通称ゲニエール・フォントヒル瓶に代表されるビーズ紐貼花装飾(14-2)は元大徳二年(1298)、あるいは三年(1299)と墨書銘のある青白磁水月観音坐像(13-69)にも表されているところから、紅釉や釉裏紅に先行して作られた彫塑的な装飾手法とみなされている。したがって、ビーズ紐貼花装飾を伴った紅釉や釉裏紅は、青白磁における釉下彩色のさきがけだと考えられているのである。

　中国陶磁にさして詳しくない私が単純な見方でもの申すのははばかられるが、東南アジアの方向から元様式に視線を向けてみたい。

　華南の浙江省で後漢から三国時代にかけて、古越磁(こえつじ)と称する青磁が焼かれた。以来伝統ある青磁窯として知られた越州窯が、北宋(960～1127)に至って衰退に向かうが、中期にはその伝統を受け継いだ龍泉窯が興隆する。また五代(907～960)の江西省では景徳鎮が青磁と白磁を製し、北宋の中期から後期にかけて青白磁の名窯として全国に知られる存在となった。その青白磁が、元になると幾分粗製気味となる。しかし、元末の段階で元様式と称する元青花が生産され、青白磁から一段と白い磁器に達した。おそらくその過程で、素地の磁石に粘土質の高嶺土(カオリン)を加えて高温で焼くと、より白くなる技術が開発されたからなのであろう。

　これら北宋以降の華南諸窯の様々な陶磁を通観すると、元の途中から南人の感性から遊離した作品に変貌してゆくように見える。

　特に元青花には大きく分けて三通りの作風が認められる。それは、まだ幾分空間を残し画風も優しさが漂う南人風と、厳格な精神性が全面を支配する漢人

13-66 青白磁刻花紅釉鳳凰文瓶（釉裏紅鳳凰文瓶）
　　　高22.4cm　胴径11.3cm
　　　大和文華館

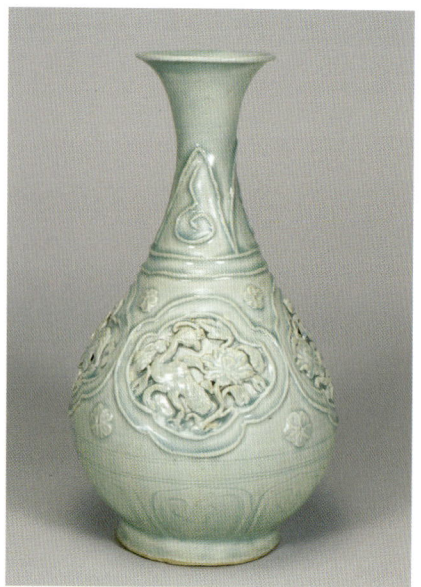

13-68 青白磁貼花花卉文瓶
　　　高27.9cm　胴径15.8cm
　　　大阪市立東洋陶磁美術館

13-67 釉裏紅柳兎文片口　口径18.3cm　高4.8cm　底径9.9cm　関コレクション　富山市佐藤記念美術館

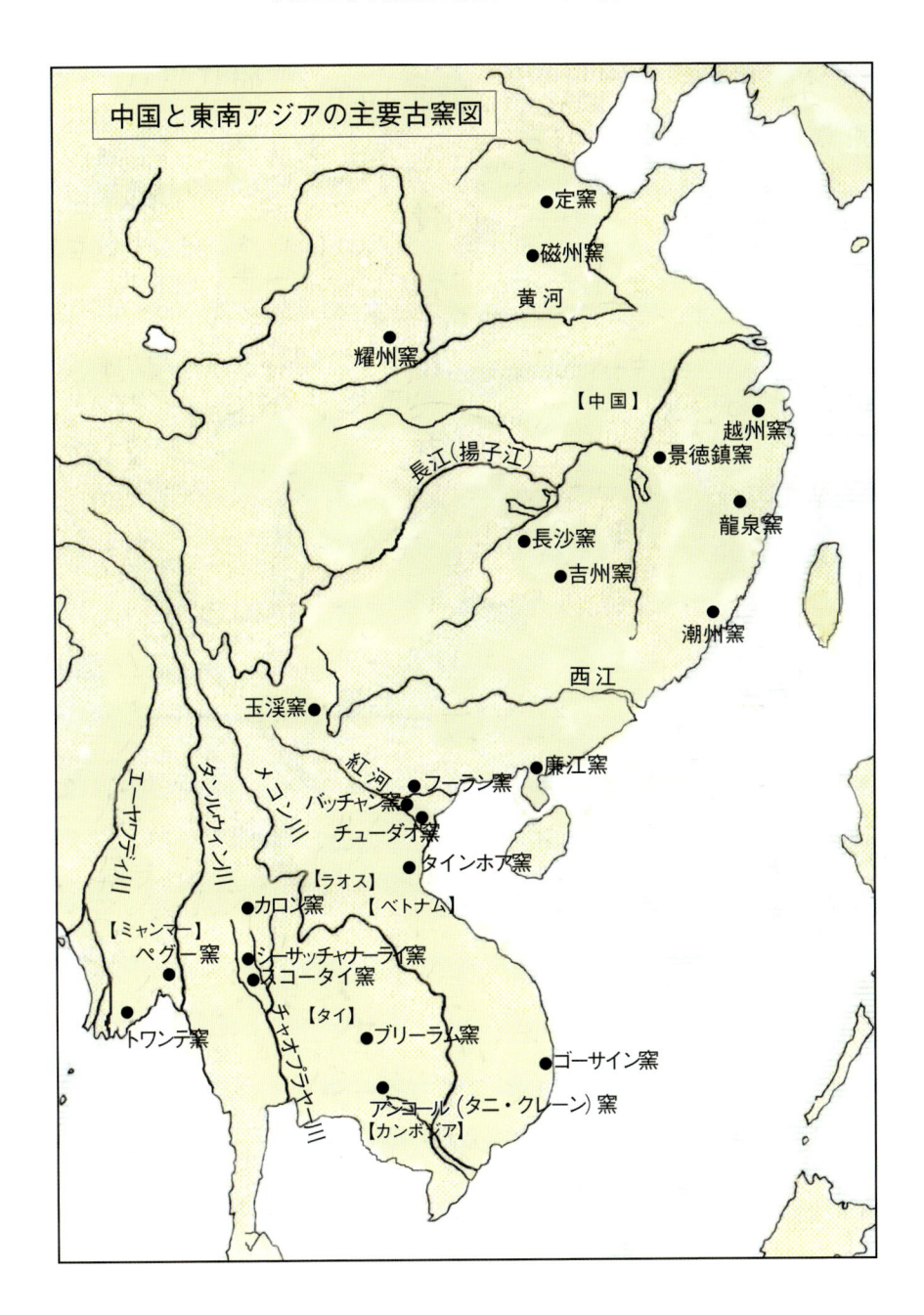

6 元の五彩と釉裏紅と青花、そして明の釉裏紅

中国と東南アジアの主要古窯図

【中国】
- 定窯
- 磁州窯
- 黄河
- 耀州窯
- 長江（揚子江）
- 越州窯
- 景徳鎮窯
- 龍泉窯
- 長沙窯
- 吉州窯
- 潮州窯
- 西江
- 玉渓窯
- 紅河
- フーラン窯
- 廉江窯
- バッチャン窯
- チューダオ窯
- タインホア窯

エーヤワディ川
タンルウィン川
メコン川

【ラオス】
- カロン窯

【ベトナム】

【ミャンマー】
- ペグー窯
- シーサッチャナーライ窯
- スコータイ窯
- トワンテ窯

チャオプラヤー川

【タイ】
- ブリーラム窯
- ゴーサイン窯
- アンコール（タニ・クレーン）窯

【カンボジア】

風、そして精緻で豪華な意匠で埋め尽くされた西域のイスラーム人風というようにである。これらの意匠や造形はそれぞれ文化圏の違う人たちが係わり、時とともに変化していったものと思われる。したがって、景徳鎮において元青花が生まれた当初、それは至正年間が始まる1341年以前のことであるが、おそらくまだ南人によって進められていたであろう。

　白色を尊ぶモンゴル人は、南人が景徳鎮で白磁に藍色を施した新感覚の青花磁を焼成していることに着目し関心を持つ。おそらくモンゴル人と色目人の感性にピッタリきたのだろう。モンゴル人はまず絵付に当たり、

13-69　青白磁水月観音坐像　元「大徳二/三年」(1298/1299) 銘　高51.4cm
　　　　カンザス・シティ　ネルソン・アトキンズ美術館

中原の漢人を送り込んだ。そして黄河中流域から下流域の伝統美を青花に求め、これを需要する。さらにイル汗国（1258〜1393）の色目人に総合プロデュースを担わせ、ペルシアの建築や金属器など工芸品の緻密な模様構成と一部器形の指導に当てた。また回回青の調達や、元からの指示で青花磁器を色目人の社会へ友好を示す特別な下賜品として供給させる役割も与えた。漢人は宋の美的感覚とイスラームの装飾美を融合させ、一気に元様式の頂点を極めていった。南人はこの間ノウハウを提供し、轆轤形成や焼成など単に下働きをさせられていたに過ぎなかった。

　このような想像に基づいて、面取された作品を含む一連の奔放な絵付である玉壺春瓶の青花玉取獅子文面取瓶（13-70）や青花松竹梅文双耳瓶（13-71）、そして空間を生かした表現の青花牡丹唐草文梅瓶（13-72）などは、至正以前

6 元の五彩と釉裏紅と青花、そして明の釉裏紅　　　　　　　　　　207

13-70 青花玉取獅子文面取瓶
河北省保定市永華路出土
高32.5cm
北京市　故宮博物院

13-71 青花松竹梅文双耳瓶
1976年波陽県出土
高24.2cm　口径4.7cm
南昌市　江西省博物館

の南人の手によるものと見たい。またこれらに一脈通じる作品として、タイのアユタヤにある現ラタナコーシン王朝(1782〜)のラーマ四世モンクット王(在位1851〜68)を記念するチャンタカセーム宮殿国立博物館所蔵で、1374年創建とされるワット・プラ・マハータットから出土した青花蓮池花唐草文獣頭双耳蓋付面取壺(13-73)(13-74)にも同様の奔放さが漂う。壺は八角の面取で肩に獣頭が付き、上から菊に宝相華文、開光部には南画風に、葡萄に竹、蓮池、瓜に竹を描き、これを囲み埋め尽くす勢いで唐草模様が渦巻いている。そして丸い滴の付いた蓮弁文が裾を取り巻く。壺には動きがあり古格でプリミティブな大作である。これらの作品を南人風とする。

　次いで西夏の時代に建設され、チンギス汗(ハン)(本名テムジン　1155頃〜1227 大祖1206〜27)が奪った黒河のオアシス都市カラホト(黒水)古城やカラコルム一帯から出土する元青花の磁器片や出光美術館の青花騎馬人物文壺(13-75)、大阪市立東洋陶磁美術館の重要文化財である青花蓮池魚藻文壺(13-76)、青花

13-72 青花牡丹唐草文梅瓶　高38.1cm　胴径23.7cm
　　　大阪市立東洋陶磁美術館

牡丹文壺（13-77）、青花菊牡丹文盤（13-78）を南人風から漢人風とし、1964年河北省保定市永華路の窖蔵から出土した青花龍文八角瓶（6-14）（13-79）や青花双龍牡丹文耳付壺（13-80）など、本格的な元青花の作品群を漢人風と見たい。

　と、このように明確に分けられるわけではないが、南人の伝統美に分け入った漢人の伝統美が、景徳鎮で重なり、溶け合いながら、次第に漢人色の強い作品に変化していったと感じるのである。

　そして、西域に行き渡った作品の大半は大盤のようだが、手仕事が深まり、密度が濃く整然とした装飾で職人的な感覚を受けるものが多く、極めて濃厚なイスラーム人風の作品（13-81）である。

　したがって元青花の初期の段階では南人による闊達な筆さばきで簡略に描かれた民窯風の交易品が先駆けとなり、まず華南の需要に供し、近隣諸国とりわけ島嶼部を含む東南アジアの各地へ行き渡ったと見ることができないだろうか。そして、景徳鎮で急成長を遂げた元青花は、さらに南アジアや中近東などの広範囲な諸外国の要望に応えていったのであろう。

　ベトナムの五彩や青花はこれら元青花の興隆の時代と並び、場合によってはそれを凌駕する勢いがあり、さらにこのような想像にも繋がる。

　すでに景徳鎮で生産されていた釉裏紅や五彩は、白磁や青花を求めて登場したモンゴル人によって影が薄くなったのではないか。モンゴル人は身分を一番低く見ていた南人が好む色彩磁器を良しとしなかった、もしくは否定した。そ

6 元の五彩と釉裏紅と青花、そして明の釉裏紅　209

13-73　青花蓮池花唐草文獣頭双耳蓋付面取壺
　　　　総高48.5cm　蓋径15.4cm
　　　　アユタヤ　チャンタカセーム宮殿国立博物館

13-74　青花蓮池花唐草文獣頭双耳蓋付
　　　　面取壺（13-73）の獣頭

してモンゴル人をはじめ色目人や漢人の介入により、南人が主役であった景徳鎮内の勢力バランスが崩れ、南人陶工たちの移動を促したのではないか。

　と考えさせられるほどに、この度入手したベトナム五彩や青花には、景徳鎮の作行を備え、1995年平凡社発行の中国の陶磁8『元・明の青花』頁6・図2に掲載の江西省高安県窖蔵出土で高安県博物館の釉裏紅花鳥文壺〈4〉（13-82）と
こうあん
相通ずる感覚が各所に見られ、その特徴が顕著に反映しているのである。

　こうした背景を考慮しながらさらに思いを巡らすと、元が中国に侵攻を進める過程で、華北に点在する磁州窯の鉄絵の下絵付や紅緑彩の上絵付の手法を身に付けた人々も元の色彩感覚に追われるかたちで、やむなく南下させられ、拡散しながら難を逃れていたのではないか。この時、磁州窯の感覚は窯場から窯場へと伝わり、影響を及ぼしていった。またその過程で磁州窯系と言われる陶工たちが育まれ、それらの陶工によってさらに南へと伝播し、やがてベトナム

第13章　ベトナムの陶磁と歴史

13-75　青花騎馬人物文壺　高28.4cm
　　　　口径22.1cm　胴径33.9cm　底径20.0cm
　　　　出光美術館

13-76　青花蓮池魚藻文壺　重要文化財
　　　　高28.2cm　胴径33.8cm
　　　　大阪市立東洋陶磁美術館

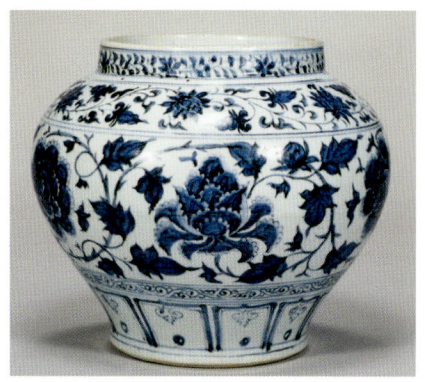

13-77　青花牡丹文壺　高28.0cm　胴径34.0cm
　　　　大阪市立東洋陶磁美術館

13-79　青花龍文八角瓶
　　　　河北省保定市永華路窖蔵出土
　　　　高46.2cm
　　　　北京市　故宮博物院

13-78　青花菊牡丹文盤　口径44.2cm　高8.0cm
　　　　大阪市立東洋陶磁美術館

に辿り着き五彩への道を拓いたのではないか。したがって、磁州窯の白地紅緑彩（9-4）（9-5）（11-33）がベトナム五彩の生みの親であり、釉裏紅（11-30）（11-31）（13-82）は兄弟的存在となる。

　ところで他にも兄弟がいるとすれば、五彩の碗類と古赤絵の一部に存在する玉壺春瓶の類であろう。碗類は1995年大阪市立東洋陶磁美術館発行の図録『皇帝の磁器──』新発見の景徳鎮官窯　頁111・図192、193に五彩である紅彩蓮花文破片径3.2cm（13-83左）と、紅緑彩菊花文破片径4.0cm（13-83右）が掲載されていて、1981年に景徳鎮市落馬橋から出土したとある。これらは景徳鎮における、最も早い上絵付磁器の遺物とされ、元代の景徳鎮で五彩磁が焼かれていたことを立証した。これらは磁州窯系の様式に近似していて、器種には小碗、高足杯等が多く、フィリピン出土物と一致するという。なお落馬橋の遺構の堆積物中には五彩がきわめてわずかしか見られないそうで、成品となった磁器に文様を付け

13-80　青花双龍牡丹文耳付壺　高38.7cm　胴径32.4cm
大阪市立東洋陶磁美術館

13-81　青花宝相華唐草文盤
口径45.3cm　高9.2cm
大阪市立東洋陶磁美術館

13-82 釉裏紅花鳥文壺　1980年江西省高安県窖蔵出土　高24.8cm　口径13.3cm　底径15.4cm
高安県博物館

6 元の五彩と釉裏紅と青花、そして明の釉裏紅　　213

13-83 (左) 紅彩蓮花文碗片　径3.2cm　(右) 紅緑彩菊花文碗片　径4.0cm　景徳鎮市落馬橋出土
景徳鎮市陶瓷考古研究所

　再度焼成するために廃品が少ないのではないかと想像されている。それにひかえ白磁や青花はかなり多い。伴出した五彩と青花の文様は基本的に一致し、五彩の焼造年代と、元青花の年代の近いことを意味するという。
　それからフィリピン出土の碗類として、1999年富山市佐藤記念美術館編集発行の関コレクション『フィリピンにわたった焼きもの——青磁と白磁を中心に』の頁69・図140に口径11.9cm、高7.0cm、底径5.1cmの五彩菊花文碗(6)(13-84)、図141に口径9.5cm、高6.0cm、底径4.0cmの五彩菊花文碗(7)(13-85)が掲載されている。これも元時代で十四世紀とされる。碗の菊の花蕊は、共に粗略な渦巻き状であるところから民窯によるものと考えられる。お断りするまでもないが、この関氏と、私とは別人である。関氏とは、アンドリュウ・関・ドゥズィック夫妻のことで、コレクションは1970年代を中心にフィリピンで収集されたものである。
　それにしても現存しているこの種の景徳鎮系の紅緑彩の碗は、十数点あるかないかで、ここまで寡少なのはなぜか。あえて景徳鎮系とするのは、宋から元にかけて青白磁を焼いていた窯が景徳鎮の湖田窯の他にも、華南の各省にまたがる広範囲に四十ヵ所以上認められていて、そのいずれかの窯で五彩磁が焼か

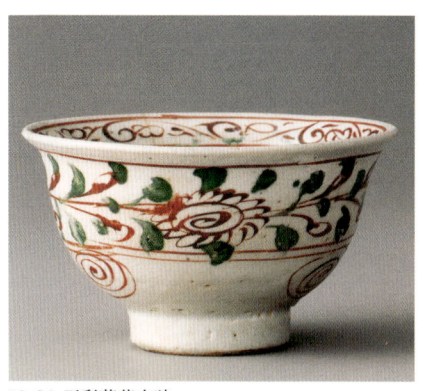

13-84 五彩菊花文碗
　　　口径11.9cm　高7.0cm　底径5.1cm
　　　関コレクション　富山市佐藤記念美術館

13-85 五彩菊花文碗
　　　口径9.5cm　高6.0cm　底径4.0cm
　　　関コレクション　富山市佐藤記念美術館

れていたとしても不思議はないからである。
　一方、古くから古赤絵として知られる大和文華館の五彩玉取獅子文瓶（13-86）や東京国立博物館の五彩玉取獅子文瓶（13-87）の存在がある。古赤絵の瓶は特に華南の雰囲気が漂っていて、景徳鎮から江南地方にかけて五彩磁が芽生えていたことを物語る。古赤絵とは、明初以降の十四世紀後半から十五世紀の色絵磁を指しているが、これら玉壺春瓶類はその内でも初期的扱いを受けている。だがこの五彩玉壺春瓶も寡少で、数点ないし十点余しか世に出ていない。その作風は手元のベトナムの五彩鳥文玉壺春瓶（13-88）と似ていて、背景の文化を共有しているように思う。そもそも玉壺春瓶の需要は、主に南に多いと言われている。また宋に始まった玉壺春瓶の器態には二つのタイプが認められ、頸部が細く胴もスッキリした長身のタイプは北方形であるのに対し、頸部や胴の張りがやや太めのおっとりタイプは南方形と見ることができる。ただこれら古赤絵やベトナム五彩玉壺春瓶の時代となると、第9章「宋赤絵と元五彩」の中で藤岡了一氏が説くように、明初でもって十四世紀後半から十五世紀とするのが大方の見解らしい。しかし、私には、景徳鎮市落馬橋から出土した碗類の陶片とフィリピンで収集された碗類が元と言われ、古赤絵の玉壺春瓶の類も同類に見えることから、やはり第9章「宋赤絵と元五彩」における赤絵玉壺春瓶（9-1）（13-89）を元ではないかとする梅沢彦太郎（曙軒）氏の見解と同様で、どうしても明初ではなく元となってしまう。しかも至正以前の古式に思えるの

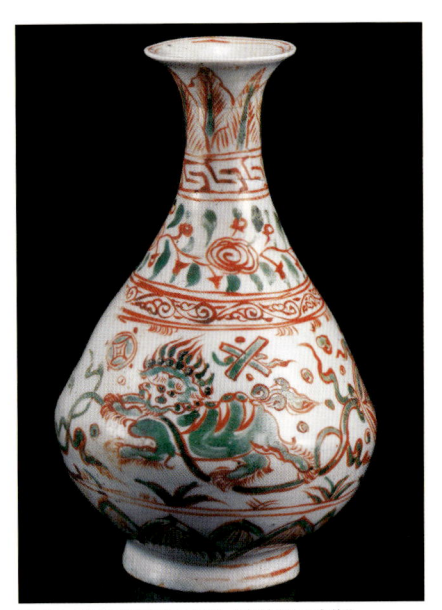

6 元の五彩と釉裏紅と青花、そして明の釉裏紅

13-86 五彩玉取獅子文瓶（赤絵獅子文瓶）
　　　高24.0cm　胴径14.5cm　大和文華館

13-87 五彩玉取獅子文瓶　高25.0cm
　　　口径7.9cm　東京国立博物館

13-88 五彩鳥文玉壺春瓶　高27.8cm
　　　胴径15.6cm　底径10.5cm

13-89 赤絵玉壺春瓶
　　　高28.0cm　口径8.0cm　底径9.0cm

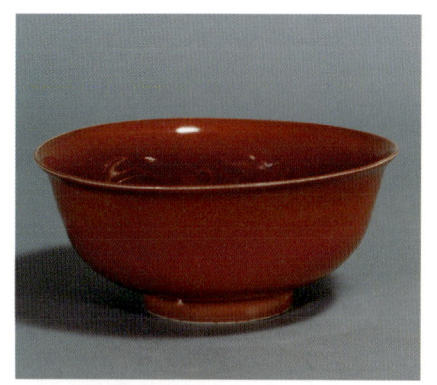

13-90 紅釉雲龍文鉢
　　　口径16.5cm　高6.9cm
　　　大阪市立東洋陶磁美術館

13-91 釉裏紅菊牡丹文鉢
　　　口径20.0cm　高10.0cm
　　　大阪市立東洋陶磁美術館

である。

　したがって釉裏紅や、景徳鎮市落馬橋出土の五彩磁器片やフィリピン出土の五彩碗と古赤絵の玉壺春瓶を同類とし、これらを双子だとして、そこにベトナム五彩の玉壺春瓶を加えて三兄弟とみたいのである。だが今のところどちらが長子だったのかわからない。

　このように考えると、元（1271〜1368）の南下にともなって、遼（916〜1125）、北宋（960〜1127）、金（1115〜1234）の美は華南に息づき、南宋（1127〜1279）の美は活路を求めてベトナムの美と融合したかに見える。

　元政権の大都に対し、反乱分子として紅色の頭巾を目印として立ち上がった紅巾軍は、やがて南下して江南をも戦火に巻き込んだ。その結果、景徳鎮はモンゴルの支配から脱したものの、一帯は群雄割拠の世相を呈した。おそらくこの事態に元青花の生産は急萎し、以後細っていったものと思われる。

　この乱世に躍り出たのが安徽省鳳陽県出身の、中国新時代の英雄朱元璋（しゅげんしょう）である。朱元璋は金陵（南京）を中心に郷土防衛軍を統合して、華南随一の勢力圏を固め、至正二十四年（1364）には呉王と称した。そして1368年には中国歴代皇帝として異例となる長江（揚子江）の南の金陵（南京）を首都と定めて帝位に就き、明を興して洪武を年号とした。その洪武帝（在位1368〜98）は皇帝独裁体制を確立するとともに、国家建設にあたり、華南の漢人として積極的に華北の漢人との融和を図ったとされる。

南京の洪武宮址からは千点以上の陶磁片が見つかっていて、大半が後世の青花などであったが、洪武様式と呼ばれる釉裏紅も出土している。色目人が頼りだった回回青の入手がままならなくなり、また自ら海禁制策を発布したことによりコバルトが不足気味で、青花がわずかしか焼成できなかった。否、そうではなくモンゴル人である元が好んでいた青花に重きを置かなかった。したがって洪武帝の姓である「朱」の色で飾る、銅の発色による紅釉（6-17）（13-90）や釉裏紅（6-18）（13-91）といった南人好みの色彩感覚を再び蘇らせ景徳鎮珠山官窯である御器廠に再登場させた。しかし、一度景徳鎮で咲きかけていた五彩は既にベトナムで大輪の花となって開花していて、洪武帝といえども追随を許すものではなかったのではないか。

　中国陶磁愛好者のみならず大方の陶磁ファンが心に引っかかっている一文が、洪武二十年（1387）に曹昭が著した『格古要論』の「元朝焼小足にして印花なる者にて内に枢府字ある者高し。新焼にて大足素なる者潤に欠く。青花および五色花ある者かつ俗なること甚だし。今焼にて此器の好き者は色白くして瑩なるもの最高。また青黒色に戧金ある者は多くこれ酒壺酒盞にしてはなはだ愛すべし」の「青色（青花）および五色の花（五彩）ある者かつ俗なること甚だし」であるが、私には、陳朝におけるベトナム五彩の繁栄をこころよしとしていなかった洪武帝の心中を暗に表しているように思えてならないのだが。

【参照】
〈1〉青白磁貼花花卉文瓶（通称・ゲニエール・フォントヒル瓶）　高28.3cm　口径8.0cm　底径10.0cm　ダブリン　アイルランド国立博物館.
　　『世界美術大全集』東洋編　第7巻　元　頁225・図162　小学館　1999.
〈2〉青白磁水月観音坐像　元「大徳二/三年」（1298/1299）銘　高51.4cm　カンザス・シティ　ネルソン・アトキンス美術館.
　　『世界陶磁全集』13　遼・金・元　頁202・Fig. 107　小学館　1981.
　　『元・明の青花』中国の陶磁8　白磁仏像　頁96・挿図13　編著・中沢富士雄　長谷川祥子　監修・長谷部楽爾　1995.
　　『世界美術大全集』東洋編　第7巻　元　頁49・図33　小学館　1999.
〈3〉青花玉取獅子文面取瓶　河北省保定市永華路出土　高32.5cm　北京市　故宮博物院.
　　『元の染付』陶磁体系41　頁64・図60　矢部良明　平凡社　1974.

〈4〉　釉裏紅花鳥文壺　1980年江西省高安県窖蔵出土　高24.8cm　口径13.3cm　底径15.4cm　高安県博物館.
　　　『中国江西省文物展』頁80・図71　岐阜県美術館図録　1988.
　　　『元・明の青花』中国の陶磁8　頁6・図2　編著・中沢富士雄　長谷川祥子　監修・長谷部楽爾　1995.
〈5〉　紅彩蓮花文碗片　径3.2cm　紅緑彩菊花文碗片　径4.0cm　景徳鎮市落馬橋出土　景徳鎮市陶瓷考古研究所.
　　　『皇帝の磁器——新発見の景徳鎮官窯』　頁111・図192、193　大阪市立東洋陶磁美術館図録　1995.
〈6〉　五彩菊花文碗　口径11.9cm　高7.0cm　底径5.1cm　関コレクション　富山市佐藤記念美術館.
　　　『フィリピンにわたった焼きもの——青磁と白磁を中心に』　関コレクション　頁69・図140　富山市佐藤記念美術館図録　1999.
〈7〉　五彩菊花文碗　口径9.5cm　高6.0cm　底径4.0cm　関コレクション　富山市佐藤記念美術館.
　　　『フィリピンにわたった焼きもの——青磁と白磁を中心に』　関コレクション　頁69・図141　富山市佐藤記念美術館図録　1999.
〈8〉　五彩玉取獅子文瓶　高24.0cm　胴径14.5cm　大和文華館.
〈9〉　五彩玉取獅子文瓶　高25.0cm　口径7.9cm　東京国立博物館.
　　　『明の五彩』中国の陶磁9　頁5・図1　矢島律子　監修・長谷部楽爾　平凡社　1995.
　　　『世界美術大全集』東洋編　第8巻　明　頁267・図140　小学館　1999.

7 青磁の幻想

　ところで、今では空論となってしまったが、私を囲みはじめた大きな器を通観しながら、これら五彩や青花が中国の時代で言うところの成化（1465〜87）なのか、それとも宣徳（1426〜35）か、などと迷いに迷っていた頃、真剣に考えたことがある。
　仮に宣徳として、もうこれ以上時代が遡るはずがないじゃないか。それにしても永楽（1403〜24）や洪武（1368〜98）の雰囲気もないわけではないし。などと今度は永楽や洪武の間を彷徨いながら自問自答していた。まさかその先の元（1271〜1368）などと、そのような大それたことがあろうはずがない。だが待てよ、これらが宣徳か、または永楽か洪武かなどと迷っているということは、この先に元と同時代のベトナム陶磁器が世に出るはずである。だとすればこの時代に作られていたのは主に青磁だから、それはおそらく龍泉窯青磁のような

器体の大きな一群ではないか。そうに違いない、と私は想像し出現を期待したのだった。

しかし、よくよく考えれば、ナムディン市の北1.3kmの郊外にある陳朝の古里で、副都となっていたトゥクマク（即墨）の天長府や、王侯の田庄など官窯で焼かれていた龍泉窯系の青磁などは、十三世紀にほぼその役割を終えつつあったのではないかと思えてきた。天長府の中心はロックヴォン

13-92 ミャンマー　白釉緑絵花文皿
口径27.8cm　高6.5cm

社に属するデチャン遺跡に位置していたと考えられている。デチャン遺跡には陳朝歴代皇帝の十二人が祀られていると言われ、周辺には伝承とともにゆかりの遺跡群が残っている。このデチャン遺跡から碗の高台内に達筆な褐彩で「天長府製」と記された青磁の碗が五点、壺一点が発見された。これによって官窯であったとみなされている。しかし私が想像するように青磁は十三世紀をもって終焉に向かって縮小が始まっていたとすれば、天長府官窯も同様であったと思われる。だから、おそらく十三世紀から十四世紀にかけて、陳朝王侯の実質的な拠点は紅河デルタの東部へ移っていたのではないか。本拠地を北上させた要因は元寇に対処するためでもあったと思える。そして元末期である陳朝後期のある段階で、王侯貴族の趣向が五彩や青花に傾いていたのだと理解するに至ったのである。

2004年10月23日、富山市佐藤記念美術館で「特別展・東南アジアの古陶磁9ミャンマーとその周辺」展が開催された時、津田明徳氏のトワンテ窯発掘に関する講演を拝聴した。夕刻、新潟中越地震が襲った日のことである。

ミャンマーの陶磁体系は二十年前までは皆無同然だった。わずかに当時国名がビルマであった1984年に、インドネシアの陶磁研究者Sumarah Adhyatman女史が、パガンの発掘現場やペグー（バゴー）、そしてヤンゴンの近くのトワンテ窯を訪れ、ジャカルタにて *Burmese Ceramics* なる簡単な報告書を出していたに過ぎない。だから十四世紀のアラブ人や十五世紀の西欧人が残した旅行記に、ミャンマーでマルタバンと呼ばれる陶器作りが盛んに行なわれていたと

13-93 ミャンマー 青磁盤
口径32.0cm 高7.2cm 底径16.4cm

13-94 ミャンマー 青磁盤（13-93）の裏面

13-95 緑釉刻線文輪花盤 口径31.5cm
高7.8cm 底径16.9cm 東京国立博物館

13-96 ミャンマー 青磁刻花唐草文盤
口径41.0cm 高8.8cm

13-97 ミャンマー 青磁刻花唐草文盤（13-96）
の高台内に文字

記されているとか、それ以前の唐の史書に王城の壁は青い陶器で輝いていると記されているなど、いくらかの情報は発せられてはいたものの、語るには今一つ断片的で資料不足だったようである。

そして1984年ミャンマー国境に近いタイ北西部の山中から、大量の陶磁器が出土し、この中に見慣れない白釉緑絵陶器（13-92）が存在したことから、間もなく新発見と話題を呼んだ。この白釉緑絵陶器の生産地を巡って浮上したのがミャンマー説であった。それを契機に、同時に出現し産地が不明で未特定陶器とされていた青磁（13-93）（13-94）群の研究が活発となり、次第にこれもミャンマー産であろうとする見解が広まった。こうして今日、ミャンマーは陶磁の未知なる宝庫であるとまで言われるようになり、東南アジア陶磁史の新分野としてクローズアップされてきた。

思えば、この展覧会と講演で、二十年前のSumarah Adhyatman女史の報告が立証されたかたちだった。そしてこのトワンテ窯址から盗掘され続けた青磁器が、十数年来絶えずタイへと流出していたのである。

ところでミャンマー陶磁の研究成果として、1984年小学館発行『世界陶磁全集』16　南海　頁21・図12　東京国立博物館のベトナム緑釉（青磁）刻線文輪花盤[1]（13-95）十四世紀が、最近識者の間でミャンマー青磁ではないかと言われている。このベトナム緑釉（青磁）刻線文輪花盤は、これまでベトナムを代表する青磁盤として知られてきた。しかし、未特定陶器の青磁の一群との共通性を指摘されて以来、ベトナム青磁でありつづけることに疑問を呈していた人も多く、東京国立博物館としてもその解釈を否定していない。したがって産地の変更は時間の問題とも受け止められるのである。このような例は他にも残されていると思われ、今後の課題となろう。それにしてもこうした経過に学ぶべきは、未知であったミャンマー青磁がベトナム青磁に紛れ込むほど、ベトナム青磁に似ていたという事実である。それは皿、鉢、碗に見られる、やや薄作りですぼみ気味の高台の畳付きが尖っていることや、高台内に塗られた鉄銹をはじめとする作行の特徴からであるが、これを素直に解釈すれば、早い時期である十三世紀ないし十四世紀にかけて、ベトナム青磁の強い影響下でミャンマー青磁（13-96）（13-97）が誕生した、とする仮説が成り立つように思う。またこの度新たに出現したベトナム五彩や青花の作行にもそうした特徴が備わって

13-98 タイ　スコータイ　鉄絵草花三魚文皿
　　　口径30.1cm　高7.3cm　底径12.0cm
　　　東南アジア陶磁館

13-99 タイ　スコータイ
　　　鉄絵草花三魚文皿（13-98）の裏面

13-100 タイ　スコータイ　鉄絵草花文平鉢
　　　口径26.3cm　高7.8cm　底径10.7cm
　　　東南アジア陶磁館

13-101 タイ　スコータイ　鉄絵魚文皿
　　　口径29.7cm　高7.4cm　底径10.7cm
　　　東南アジア陶磁館

おり、これらの検証が細部にわたって進めば進むほど、中国からベトナム、そしてミャンマーへと伝播した道筋が見えてくるはずである。

　このように東京国立博物館蔵のベトナム緑釉（青磁）刻線文輪花盤が、いつの日かミャンマー青磁刻線文輪花盤と改称されれば、これまで図版上に存在していた代表的なベトナム青磁の盤が姿を消すことになる。

　これについて私は、ベトナムの青磁は、皿から盤というように、大きな器に育つ前にほぼその役目を終えつつあったのではないか。そして、次代の潮流は主に絵付や色彩を施す表現に変わっていったのだと理解させられたのである。

13-103 青花魚藻文皿　口径26.6cm　高5.5cm　高台径12.0cm

13-102 鉄絵菊花文輪花皿
口径17.2cm　高2.7cm　底径6.8cm
関コレクション　富山市佐藤記念美術館

　タイの伝説によると、1295年頃タイ史上最初の王国であるスコータイ王国(1235?〜1438)の三代ラームカムヘーン王(在位1275?1279?〜98)が元を行幸した帰途、その地の陶工を伴って帰国しタイで陶窯を築いたという。陶工は五百人余で磁州窯の人たちであったと伝えられているが、五百人余という人数は様々な伝説に用いられる枕詞のようなもので、大勢というだけで意味はない。
　スコータイの陶器(13-98)(13-99)は鉄を含み素地が粗く、化粧土を掛け

13-104　タイ　ラーンナータイ　カロン
鉄絵孔雀牡丹文大壺
高47.5cm　胴径30.0cm

13-105　タイ　シーサッチャナーライ
青磁刻花文稜花盤　口径33.0cm

13-106　タイ　シーサッチャナーライ
青磁鉄絵鳳凰文皿
口径27.7cm　高7.7cm　底径10.8cm

て鉄で描いている。この筆による鉄絵の表現法は華北の磁州窯系で金（1115〜1234）の時代に始まったとされるが、その流れを汲んでいると言える。但し、ラームカムヘーン王自身が元を行幸したことは信じがたく、朝貢使節団を送ったとすれば頷ける。それがベトナムを経由していた、あるいはベトナムの陳朝にも朝貢し、陳朝にいた磁州窯系の流れを汲む陶工たちを伴って帰国したと考えると、頷ける点が出てくる。これが陳朝の陶磁文化が東南アジアに影響を与えた大きな波だったとすれば、次の大きな波は永楽帝（在位1403〜24）のベトナム進入、直接支配、そして圧制に耐え切れなくなって押し出されたかたちの

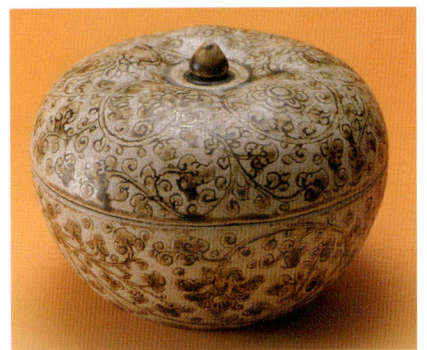

7 青磁の幻想　　　　　　　　　　　225

13-107　タイ　シーサッチャナーライ
　　　　白濁釉褐彩唐草文合子
　　　　高9.2cm　胴径12.7cm

13-109　カンボジア　クメール
　　　　黒褐釉線文四耳大壺　高95.0cm

13-108　タイ　シーサッチャナーライ
　　　　白濁釉褐彩唐草文水注
　　　　高17.0cm　長径17.7cm　胴径14.7cm　底径9.4cm

陶工たちによって伝播したとも考えられる。そしてシーサッチャナーライやスコータイの鉄絵の花文（13-100）や魚文（13-101）と、ベトナムの鉄絵花文(2)（11-4）（11-12）（13-102）や新資料の青花魚文（13-103）とに共通性を見出すこともできる。また元やこの度現れたベトナム五彩と青花のように、細密で余白を残さずびっしりと描きつめる独特な描写は、ラーンナータイに鉄絵（13-104）の伝統となって根付いた。ベトナムからタイへの伝播は鉄絵陶器だけに止まらず、シーサッチャナーライでは青磁（13-105）から青磁鉄絵（13-106）へ、そして褐釉、ならびに黄白釉褐彩は白濁釉褐彩（13-107）（13-108）へと展開し、タイ風の姿に生まれ変わっていった。

13-110　ラオス　褐釉線文双耳大壺　高67.0cm

13-111　タイ　ラーンナータイ　パーン
　　　　青磁印花文大壺　高49.3cm

13-112　タイ　ラーンナータイ　カロン
　　　　鉄釉貼花象文大壺　高55.0cm

13-113　タイ　シーサッチャナーライ
　　　　モン褐釉大壺
　　　　高123.0cm　口径53.0cm　胴径144.0cm

13-114　ミャンマー　ペグー（バゴー）
　　　　緑釉陰刻孔雀花文大壺
　　　　高70.0cm　胴径65.0cm

13-115　ミャンマー　ペグー（バゴー）
　　　　緑釉陰刻魚花文大壺　高70.0cm

　このように陶磁の技術が、中国からベトナムを経て東南アジアへ伝わる過程で、陶磁の先進国であったアンコール帝国（九世紀～1432）末期のカンボジアを囲んで、新興のタイ、ラオス、そして下ビルマへと活発な陶磁生産の相乗作用があったと感じられる。ただし十四世紀に大きく激しく動いた元旋風は、東南アジアに中国陶磁の技術を急速にもたらし大いなる発展を促した反面、動乱の闇の部分が後遺症となり歴史や陶磁史をあやうくしている。ベトナムの陳朝もその例に漏れず、見通しがききづらくなっていた。
　それでも確かに言えることは、十四世紀に東南アジア各国の陶磁生産の技術は急成長し、器体の大きさは中国を離れれば離れるほど大形化しているという事実である。壺の最大の高さを例にすれば、まずベトナムで70cm。カンボジアのクメール陶（13-109）では1mに近い。ラオス陶（13-110）では70cm。タイのパーン（13-111）では60cm、カロン（13-112）では55cm、さらにシーサッチャナーライのモン陶（13-113）では1mを超える。そしてミャンマーの

ペグー（バゴー）（13-114）（13-115）で70cm、マルタバンでは1mに近い。このように、壺の高さ大きさからしても各国が同時代性を共有していることがわかる。

　1350年頃より緩やかな経済成長に伴う、南シナ海からアンダマン海への内陸ルート、ベトナム、ラオス、タイ、そして下ビルマと、政治や文化面に一種の連帯感みたいな共同体が生じていたという考え方があるが、これら各国の陶磁の様相はこの説を確かなかたちで支持しているように思う。

【参照】
〈1〉　緑釉刻線文輪花盤　口径31.5cm　高7.8cm　底径16.9cm　東京国立博物館．
　　　『タイ・ベトナムの陶磁』陶磁大系47　頁57・図69　矢部良明　平凡社　1978．
　　　『世界陶磁全集』16　南海　頁21・図12　小学館　1984．
　　　『ベトナム陶磁』　頁43・図99　町田市立博物館図録　第82集　1993．
〈2〉　鉄絵菊花文鉢　口径22.0cm　高9.6cm　底径7.3cm　関コレクション　富山市佐藤記念美術館．
　　　『フィリピンにわたった焼きもの――青磁と白磁を中心に』　関コレクション　頁95・図225　富山市佐藤記念美術館図録　1999．
　　　鉄絵菊花文皿　口径17.2cm　高2.7cm　底径6.8cm　関コレクション　富山市佐藤記念美術館．
　　　『フィリピンにわたった焼きもの――青磁と白磁を中心に』　関コレクション　頁111・図402　富山市佐藤記念美術館図録　1999．

8　かくされた歴史

　陳朝は大いに繁栄していたが、1357年五代明宗上皇（ミントン）（上皇在位1329～57）が没した後は、力のない王が続き、官僚の腐敗と堕落によって傾き始めたとされている。

　また陳朝は建国以来、皇帝位が他の家系に渡ることを避けるために、王族と貴族に対し、同族との結婚だけを許していた。しかし十四世紀後半、その慣習が破綻を来し、山地の勢力黎季犛（レークイリー）が台頭した。

宮廷官僚であった黎季犛の二人の叔母が、五代明宗（在位1314〜29　上皇在位1329〜57）皇帝の妃となっていた。したがって黎季犛は陳朝一族の外戚であり、二人の叔母のうちの一人は芸宗を、もう一人は裕宗を生んだ。七代皇帝となった裕宗（在位1341〜69）がチャンパ戦で戦死した後、黎季犛は宮廷内の権力闘争に芸宗派を支持した。そして九代芸宗（在位1370〜72　上皇在位1372〜94）が皇帝に就いた時、帝の信任厚く、帝の妹と結婚し、陳朝内の軍事と政権を半ば掌握するとともに、元に傾いていた宗室を押さえ込んだ。折しも元は崩壊、1368年中国は明となり、洪武帝の時代に入った。

だが、陳朝内部の流動的な政治体制が表面化すると、1371年頃よりチャンパがベトナムへ侵攻することが多くなった。そんな中、1377年に芸宗の弟で十代陳睿宗（在位1372〜77）が十二万の大軍を率いて制蓬莪王のチャンパに遠征し、攻略はしたものの計略により戦死し、陳朝政権は力を失ってゆく。チャンパのベトナムに対する猛攻は連年となり、陳朝は成す術もなく、国力を消耗させられた。1390年、制蓬莪王が、紅河デルタよりハノイに向かって正面突破攻撃をかけてきた。追いつめられた陳朝は、火銃で対抗して制蓬莪王を殺し、かろうじて逆転勝利を治めた。

黎季犛は長女を十二代陳順宗（在位1388〜98　上皇在位1398〜99）の皇后とし、次第に発言力を強めていった。そして、1394年、芸宗が崩御すると、実権は黎季犛の手中にあった。1399年ついに陳氏一族を大量虐殺、一族の力を弱めた。1400年、黎季犛は陳氏に帝位を譲らせて、自身太上皇（1400〜07）の位に就くと、姓を黎から胡に改名し、その年の内に長子の胡漢蒼を皇帝として、胡朝（1400〜07）を建国した。また陳氏による貴族的色彩の強かった陳朝の制度を改め、官僚国家体制と律令的集権政治に急速に移行させた。

皇帝胡漢蒼（在位1400〜07）が1402年から1403年にかけチャンパに対し反撃に出て、チャンパの奥深くパーンドゥランガまで兵を進めた。この侵攻にはベトナムの人口増も係わっていて、占領地に大規模な屯田の傾向が強まっていた。

しかし胡季犛が行なった様々な革新的国家づくり、社会経済改革は各層の支持を多く得ることができず、社会の不満も高まっていたようである。

その頃、中国では洪武帝（在位1368〜98）から、次代の永楽帝（在位1403〜

24)の時代へとさしかかっていた。胡朝皇帝胡漢蒼は明に朝貢使節を送り、陳氏が絶えたので、外孫にあたる自分が国政を執ることになったと告げて、封冊を請い、安南国王の称号を得た。しかし、拡張主義に転換した明の永楽帝は、1404年陳朝復興を御旗に、中国に逃亡していた陳朝の芸宗の息子と称する陳天平を正統な跡継ぎだとして、五千の護衛兵と共にベトナムへ送った。しかしこれを待ち受けていた胡軍は明軍を大敗させ、陳天平を昇龍で死刑にした。

これを聞いた永楽帝は激怒した。1406年、二十万の兵を動員し広東と雲南の二方向から大軍をもって侵攻すると、一挙にベトナム併合を試みた。永楽帝のベトナム進行の背景には、タイ人の南シナ海進出を牽制する狙いもあった。1407年昇龍城は陥落、敗退を重ねた胡皇帝父子は西都のあるタインホアで明軍の捕虜となり、金陵（南京）へ連行され、処刑された。こうして永楽帝はベトナムを占領支配することに成功し、ベトナムの全域を交趾とした。この時チャンパはようやく一息ついて、クアンナム（占洞）以南を回復したのであった。

永楽帝は雲南滇池出身のイスラーム教徒で宦官でもあった武将鄭和（1371年生　六十二歳でインドに没す）を擁して、世に鄭和の遠征として知られる、二百隻から三百隻を率いた空前絶後の大艦隊をインド洋方面へ送り、永楽三年（1405）から宣徳八年（1433）までに七回も遠征した。出航の主眼は、チャンパをはじめ東南アジア諸国に中国の権勢を示すとともに、国営貿易を推進するため中東にいたる海上交易網を掌握することにあった。

この時期、ベトナムの歴史も大きく動いた。

永楽帝は軍の駐屯地をベトナムのいたるところに設営し、抵抗の鎮圧に務めた。しかし、反明運動は各地で毎年のように起こり、その規模はかなりの勢力であったので、明はその都度多数の兵力を動員しなければならなかった。

明は、駐留軍の同化政策にそむくものは徹底的に弾圧して、従わせた。ベトナム人の身分は低く、人々は軍役や労働に服し、圧政に苦しみ続けた。ベトナムの伝統、風俗、古来の文化は否定され、ベトナムにとって重要な石碑や書物であればあるほど、破棄されるか、本国へ送られた。ベトナムを歴史も文化もない国にしてしまうことが永楽帝の意図であった。

熟練した手工業職人や知識人数千人が明に連行された。この中には陶工を始めとした官窯従事者の姿もあったであろう。おそらく陳様式は漳州窯など中国

南部の諸窯を刺激し、さらに古赤絵以降の五彩を進展せしめ、少なからず永楽様式に影響を与えたことであろう。

こうして永楽帝はベトナムのあらゆる機構を破壊することに努め、社会を空洞化させ、ベトナム人に不明瞭な歴史を背負わせた。

歴史をさかのぼると、1357年、陳朝の五代明宗上皇(ミントン)(上皇在位1329～57)の死後、歴代の王と官僚が無能化し、国勢は傾き、内需の陶磁生産にも陰りが見えはじめたのではないかと思われる。

胡季犛(ホークイリー)は宮廷内の権力闘争で九代芸宗(在位1370～72　上皇在位1372～94)皇帝を支持して以来、頭角を現して、国内に内紛の火種を蒔いた。そこへ執拗なチャンパの攻撃が激化し、この混乱期、王侯の窯は意気消沈していたのではないか。さらに明の海禁政策により中国交易陶磁の代替商品の需要に応じてかろうじて活動していた民窯も、次第に充分な力量を発揮できない状態に陥っていたのではないだろうか。

胡季犛は1397年故郷の西都に遷都し周囲1km四方の花街城を築城したが、永楽帝に阻まれ胡朝(1400～07)は滅亡、余りにも短命な王朝となった。現在耕地となっている城跡で陶磁の表面採集を試みたところ、十四世紀と見られる碗の目跡のあるものと輪状釉切のものとが相半ばしていた、とする報告もある。将来、西都の発掘調査が行なわれれば、さらに詳しい様子も窺えるだろう。しかし十四世紀末から十五世紀初頭、すなわち陳朝末期から胡朝にかけての官窯をはじめとする内需に基づく陶磁器がどのようなものであったのか、今の私には想像すらできていない。

永楽帝はベトナムの文化を全面否定していて、ベトナム人が自由に陶磁生産を行なえる環境にはなかった。このことは疑いないであろうから、永楽占領下のベトナムの窯業生産は全滅状態と考えて、以後の考察を進めたいと思う。

9　トプカプの天球瓶

永楽占領下のベトナムでは、各地で毎年のように明への反乱が起こっていた。そうした中で、胡季犛(ホークイリー)がタインホアに築いた西都の近郊ラムソン(藍山)出身

の土豪である黎利（レーロイ）が、1418年二千人の同士と蜂起し、明の打倒を誓った。

黎利と明軍の攻防は一進一退であったが、黎利は名参謀阮薦（グエンチャイ）（1380〜1442）の協力を得て次第に勢力を増した。1424年、永楽帝は8月12日モンゴル遠征中に客死。二十年に及ぶ永楽帝の支配に苦しんでいたベトナム人たちは、これを機に立ち上がった。各地で激しいゲリラ戦が活発化する中、黎利はついに大軍をもって明軍をハノイに追い詰めた。そして1427年明軍と和議を交わし、八万六千人の中国人の身の安全を保証して馬数千頭と船五百隻を与えて宣徳帝の世に帰還させた。

ベトナムは黎利（レーロイ）（在位1428〜33）によってようやく永楽帝の支配から脱し、悲願であった独立を勝ち取り、国号を大越（だいえつ）とした。黎朝の宮廷内では、陳朝以来の旧体制はすでに滅びていた。こうして、胡朝に次いで山地の勢力である黎朝が誕生した。この王朝は、黎恒（レーホアン）の前黎朝（980〜1009）に対して、後黎朝（1428〜1527　1533〜1789）とも言われ、以後莫（マク）氏の台頭により一時断絶するものの、二十八代の皇帝が続いた。また名参謀であった阮薦（グエンチャイ）はチューノムによる『国音詩集』をはじめ、多数の書物を著した文学者であり思想家でもある。特に黎利が口述し阮薦が筆記したとされる『藍山実録』は、抗明期の研究に必須とされている。阮薦（グエンチャイ）は黎朝創立後、帝相位に就き、法律、官制、科挙（かきょ）制度など社会体制を整えた。また黎利とともに科挙体制の政治を進め、各地に学校を建設するなど、民衆の心を癒し、生活を安定させることに努めた。しかし名参謀阮薦（グエンチャイ）も、二代の黎太宗（レータイトン）に謀殺の疑いをかけられて処刑されてしまった。

二代の黎太宗（レータイトン）（在位1433〜42）は、朝貢外交により明との国交を修復、安南国王の冊封を受けて官僚制国家を目指していたが、行幸中に突然世を去った。黎朝は抗明に軍功を挙げた武人が中心の新政権で、宮廷内はいざこざで激しく揺れ、安定していなかった。内部抗争により暗殺されたとも言われている。建国前の戦乱による人口減少と農業の衰退もあり、かつてのような盛況振りを取り戻すには、かなり時を要したことと思われる。

しかし途絶えていた窯業は復興に向かうこの時代の経済活動を反映してか、国の中枢より精力的に復活していった様子が窺える。黎朝窯はまず陳朝後期に主流であった五彩を始め、青花に着手した。

青花では松岡美術館の著名な大作である青花双龍文大壺（6-8）（13-116）や

13-116 青花双龍文大壺
　　　　高64.0cm　口径19.0cm　胴径53.0cm
　　　　底径26.5cm
　　　　松岡美術館

13-117 青花鯰藻文輪花盤
　　　　口径39.8cm　高7.0cm　底径26.0cm
　　　　松岡美術館

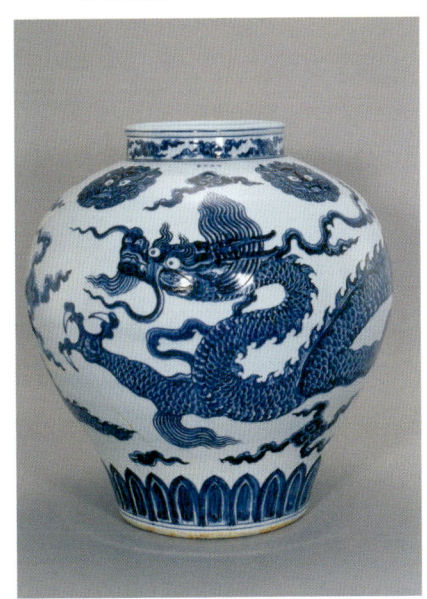

13-118 青花龍文壺　　高52.0cm　口径21.3cm
　　　　胴径48.0cm　底径27.2cm　出光美術館

13-119 青花龍濤文鉢
　　　　1982年景徳鎮御器廠遺跡出土
　　　　口径26.1cm　高12.5cm
　　　　南昌市　江西省博物館

13-120　青花双鳥文盤　口径41.5cm　高10.3cm　大阪市立東洋陶磁美術館

13-121　青花双龍文稜花盤　口径41.5cm
　　　　高7.0cm　ジャカルタ国立博物館

13-122　青花牡丹宝相華文壺　高19.0cm
　　　　口径16.2cm　底径11.0cm　東京国立博物館

13-123 青花双鳥文盤　口径35.0cm

13-124 青花双鳥文盤（13-123）の双鳥文

13-125 青花双鳥文盤（13-123）の裏面

13-126 青花牡丹宝相華文壺

13-127 青花牡丹宝相華文壺（13-126）の花文    13-128 青花牡丹宝相華文壺（13-126）の花文

青花鯰藻文輪花盤 (6-9)（13-117）が、同時代である出光美術館の青花龍文壺 (13-118) や青花龍濤文鉢 (13-119) のように中国宣徳の美風を濃厚に捉えている。

次いで大阪市立東洋陶磁美術館の青花双鳥文盤〈1〉(13-120) やジャカルタ国立博物館の青花双龍文稜花盤 (6-12)（13-121）、東京国立博物館の青花牡丹宝相華文壺〈2〉(13-122) などの作品がある。中でも大阪市東洋陶磁美術館の青花双鳥文盤はこの度私が入手した陳様式である青花双鳥文盤 (13-123)（13-124）（13-125）を、これまで寡少で優作であると注目されながら確たる解説がなされてこなかった東京国立博物館の青花牡丹宝相華文壺も青花牡丹宝相華文壺 (13-126)（13-127）（13-128）を継承している。その違いは洗練の度合にあり、再興した黎朝はより洗練されているように見える。

ベトナム青花の規準作例として、トプカプ宮殿博物館所蔵で伝世の青花牡丹唐草文瓶 (5-3)（6-7）（13-62）（13-129）がある。これまで重ねて紹介してきたこの作品は1934年R. L. ホブソン氏が紹介した「トプカプの天球瓶（てんきゅうびん）」として世界的に著名で、その肩には「大和八年匠人南策州裴氏戯筆（はい）」と記されている。大和八年は1450年にあたる。

1442年黎太宗（レータイトン）は行幸中に突然世を去って、わずか三歳の息子が即位した。三代仁宗（ニャントン）（在位1442〜59）皇帝で、皇太后が後見役を務めていた。

トプカプの天球瓶はこの仁宗（ニャントン）が十一歳の時に作られたことになり、ベトナム陶磁全体の編年に係わる軸的役割を果たしている。銘にはナムサック（南策）州という地名が入っている。ナムサックは首都ハノイから東へ約100km離れた港湾都市ハイフォン（海防）とのほぼ中間に位置する。紅河デルタ東部の海の勢力の地域で、古くからの海上集積地であった。したがって、この作品はナムサックを中心に、チューダオ窯を含む紅河デルタ東部周辺で作られた後、寺院などで用いられていた祭器であったものが、いつの日か国外へと流出したのではないかと想像する人も多い。チューダオ窯址一帯からは瓦などの土器や焼締の施器、さらに青磁や白磁を始め数々の施釉陶磁が出土していて、古く、陳朝の時代すでに活発に製陶が行なわれていたことを感じさせている。

そして、ほぼ同時期の、これも松岡美術館所蔵で青花牡丹唐草文壺〈3〉(13-130) や青花双魚文盤〈4〉(13-131)、そして青花花卉文八角瓶〈5〉(13-132)、さらに

13-129 青花牡丹唐草文瓶(通称・トプカプの天球瓶) 後黎朝前期 「大和八年」(1450)銘
高54.9cm 口径10.6cm 底径19.0cm イスタンブール トプカプ宮殿博物館

9 トプカプの天球瓶

13-130 青花牡丹唐草文壺　高34.5cm
　　　 口径19.7cm　胴径38.5cm　底径19.5cm
　　　 松岡美術館

13-131 青花双魚文盤　口径34.3cm　高7.5cm
　　　 底径21.5cm　松岡美術館

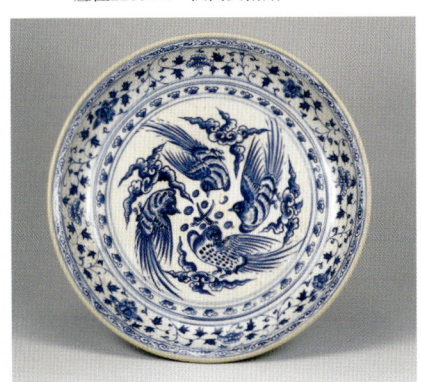

13-132 青花花卉文八角瓶　高28.0cm
　　　 口径7.5cm　胴径12.7cm　底径7.0cm
　　　 松岡美術館

13-133 青花四鳥文盤　口径44.8cm　高9.7cm
　　　 大阪市立東洋陶磁美術館

13-134 青花松竹梅文八角瓶　高28.5cm
　　　 胴径14.0cm　大阪市立東洋陶磁美術館

13-135 青花双鳥形壺

13-136 青花双鳥形水注　高13.2cm　口径6.7cm
胴径14.3cm　底径6.0cm　出光美術館

　大阪市立東洋陶磁美術館所蔵の青花四鳥文盤(6)（13-133）や青花松竹梅文八角瓶(7)（13-134）、また陳朝に祖型（13-135）のあった出光美術館の青花双鳥形水注(8)（13-136）など、並行して生産されたものと思われる。これらを通観すると、小規模生産だったのか、作風はそれなりに丁寧で官窯に準じた様相が窺える。そして、今に残る作品もとても寡少で、いずれも著名な作品である。だが世界に拡散していたことを思えば、売買には柔軟に応える流通システムができていたのであろうか。

　なお、ここで押さえておかなければならないのは、ベトナムの交易陶磁を二分する変化のことである。それは、陳朝の時代は主に元様式を模倣していたのに対して、黎朝では陳朝で確立したベトナム独自の様式を母体にしながら宣徳様式を受け入れていたという実体である。

　鄭和の遠征など、永楽帝（在位1403〜24）の南海外交は莫大な費用を要した。1424年永楽帝の死後も、明は海禁政策により貿易を抑制していたので、華僑はベトナムとこれまで以上に密接な関係になったと思われる。特に後黎朝（1428〜1527　1533〜1789）の1436年頃から1465年にかけて、おそらく中国製品に代わる産品を求めて活発な往来があったのではないか。この間、黎朝は陳朝以来ベトナムの伝統となった五彩や、青花を復興して、海外の需要に応えたものと思われる。ベトナムにとっては売り手市場であり、かなりの高値であったはずだ。

また当初、制作は相当に精魂を傾けて作られたと思われ、五彩ではオランダ・ライデン国立民族学博物館の五彩花喰鳥文稜花盤（13-63）（13-137）や、インドネシア出土でジャカルタ国立博物館の五彩に金彩を加えた五彩金彩牡丹文稜花盤〈9〉（13-138）の名作が生まれている。そして、梅沢記念館の五彩宝相華文稜花盤〈10〉（13-139）に見られるように、上手と評価される品々を次々と生産した。またこれらは交易品に止まらず、黎朝の各国への献呈品であった可能性もある。

　ただし、これら盤の主文様には、梅沢記念館の五彩宝相華文稜花盤に見られるように、宋赤絵とされる金（1115〜1234）の白地紅緑彩（9-4）（9-5）の影響を受けた陳様式（13-140）（13-141）を基本に黎朝窯が再創案したものと見られ、豊かな色彩感覚で、南国情緒を一段と醸しだしている。上記三点の盤を図録で見る限り、主文様は濃染地の青花や五彩の紅で埋め尽くされ、全体に余白を与えない構成となっている。この傾向は景徳鎮宣徳（1426〜35）官窯の影響と見られる。黎朝はこの宣徳様式を反映させて主文様を表現し、新たに生まれ変わった。

　しかし、それ以上の創造意欲に至らず、主文様以外の意匠構成はすべて陳様式に則っている。そして黎朝窯はその大半を陳様式の模倣から始めたという事実を残している。つまり、陳朝が極めた力感とか優美さを尊んだ自然な美とは異なり、作為的で模すことに重点が置かれている。また肩に力が入った状態で描かれ、一見力強く見応えがあるように見えながら、実は浅く表面的なのである。例えば盤を比べてみると、意匠構成の割付に変化があり、陳様式の主文様は小さく描かれ凝縮感があるのに対して、黎様式になると主文様を描く丸枠のスペース自体が広がりを見せている。したがって、その分、モチーフそのものが全体に膨張して描かれ、カーブし立ち上がった縁取りの部分に描く従属文の幅が狭まり、わずかしか残らない。この主文様の肥大化と絵付の簡略化は、盤に限ったことではなく、壺など様々な器形における現象である。

　これを要約すれば、陳様式は元の古式に発し、制作の姿勢や表現力も元と同じであるのに対し、黎朝では陳様式の伝統を受け継いだかに見えるが、気負いが先行し意匠が膨張してしまった感がある。そして次第に永楽様式ならびに宣徳様式のような空間が生じた描き方に近くなる。

13-137 五彩花喰鳥文稜花盤
　　　　口径25.0cm
　　　　ライデン国立民族学博物館

13-139 五彩宝相華文稜花盤
　　　　口径41.2cm　梅沢記念館

13-138 五彩金彩牡丹文稜花盤　口径45.2cm　高9.0cm　ジャカルタ国立博物館

13-140 五彩皿（口径32.0cm）の牡丹文 　　　13-141 五彩皿（口径32.0cm）の牡丹文

13-142 青花蓮池文盤　口径37.3cm
　　　　町田市立博物館

13-143 五彩獅子文盤　口径35.8cm
　　　　ロンドン
　　　　ヴィクトリア＆アルバート美術館

244　第13章　ベトナムの陶磁と歴史

13-144　五彩獅子文盤　口径45.0cm　高8.0cm　高台径25.5cm

13-145　五彩虎文盤　口径44.4cm　高11.0cm
大阪市立東洋陶磁美術館

13-146　五彩金彩宝相華文台鉢（色絵金彩草花文
台鉢）　口径29.0cm　高19.5cm
胴径14.4cm　底径13.1cm　出光美術館

13-148 五彩鳳凰文稜花台鉢　口径31.3cm　高20.3cm

13-147 五彩金彩宝相華文台鉢（色絵金彩草花文台鉢）(13-146)の側面

13-149 カンボジア　クメール　灰釉台鉢

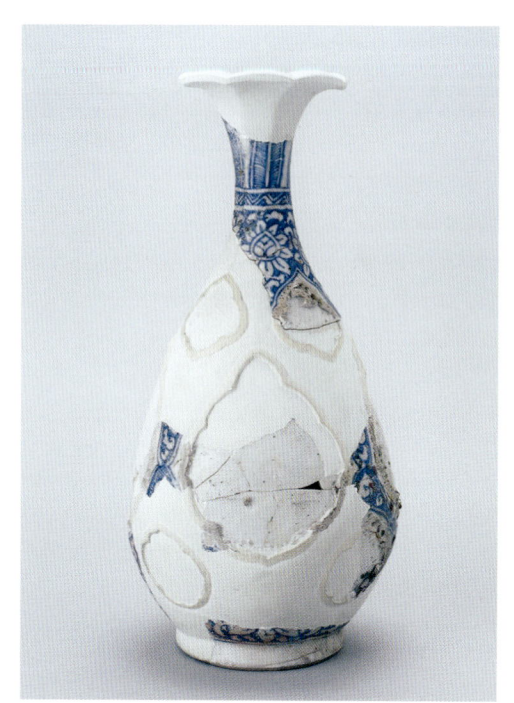

13-150 青花窓透貼花八面取瓶　重要文化財　沖縄
首里城京の内跡出土
沖縄県立埋蔵文化財センター

それでも黎朝の五彩は時の宣徳官窯の青花に倣い、主文様に濃染地の表現を取り入れて新たな展開を果たした。この、独自に仕上げられた作風を「黎様式」と呼んでおきたい。

また裏面の立ち上がり部分は陳様式が菊や蔓草を蓮弁内に丁寧に描き、その上を唐草文や菱繋ぎなどの連続文で取り巻いている場合が多いが、黎様式の裏面はかたちだけの蓮弁となり、装飾への興味も筆力も失っている。高台の大きさは陳様式の初期の作品ほど小さい。それが、皿や盤が大きくなるにつれて大きくなり、さらに大盤になればなるほど広がる。これを黎様式は広がったまま継いでいる。鉄銹は例外を除き陳様式が全て塗ってあるのに対して、初期の黎様式は一部を除いてまず塗られていない。

そこで気になるのが町田市立博物館所蔵の青花蓮池文盤（13-142）の存在である。もともと十四世紀とされる青花の盤はなかったようであるが、近年それらしく認められつつある盤が、この盤を含めて数点登場している。しかしそのいずれの盤も、主文様は肥大気味の感はまぬがれず、裏面の蓮弁文は簡略化し、鉄銹は塗られていない。したがって、十四世紀に留まるとすれば盤として唯一の存在となるように思えるが、後半なのか、いっそ十五世紀となってしまうのか、まだまだ検討の余地を残しているようである。

またこの頃の五彩と思われるものに、ロンドンのヴィクトリア＆アルバート美術館の五彩獅子文盤[11]（13-143）が思い浮かぶが、この意匠の原図も陳朝にあり、五彩獅子文盤（13-144）がそれである。また大阪市立東洋陶磁美術館の五

彩虎文盤(12)（13-145）も同時代性を窺わせている。これらに次ぐ五彩としては、出光美術館所蔵で金彩が施されている五彩金彩宝相華文台鉢（色絵金彩草花文(13)台鉢）（13-146）（13-147）がある。この器形もすでに五彩鳳凰文稜花台鉢（13-148）として陳朝に存在していた。祖型はカンボジアのクメール灰釉陶（13-149）で、その流れを汲むものなのか……。

　そして、十五世紀中頃を前後する重要な資料として、中継貿易で栄えていた沖縄琉球王国の王城であった首里城から出土した青花窓透貼花八面取瓶(14)（13-150）がある。この約五百有余年続いた首里城は、中国の元から明および東南アジア諸国の陶磁片が数多く出土することで知られる。この瓶は首里城の聖域であったとされる京の内跡を1994年から1995年にかけて発掘調査した際、倉庫跡から多量の陶磁器片とともに取り上げられたものである。倉庫は1459年の火災で消失したものと考えられていて、ベトナム青花における年代考察の一つの手がかりとなっている。瓶は断片を繋ぎ合わせ、欠損している部分を石膏で補って復元してある。瓶の中心にある無釉でビスケット状の窓枠には朱彩が残っているという。この時代あたりからコバルトが一段と薄明るく透明になるのが印象的である。交易に向けて量産が進み、より多く描くためコバルトを薄めて使用していたのであろうか。ちなみに青花で器表に線描を施し、その中を太い筆にコバルト溶液を含ませて塗る手法があり、この方法をダミという。濃いダミから淡いダミがあり、コバルト顔料は鉄絵や釉裏紅ではできなかった発色の異なる使い分けが可能で、すでに青花の草創期より様々に工夫されている。

　尚、首里城では1997年より二階殿地区の発掘調査が進められていて、元や明初の陶磁片とともに、国内出土としては最大数のベトナム陶磁片が確認されているという。その大半が青花で、これまで知られている交易品より上手で、より古い様相を示しているとのことである。詳細な報告が待たれる。

【参照】
〈1〉青花双鳥文盤　口径 41.5cm　高 10.3cm　大阪市立東洋陶磁美術館.
　　『タイ・ベトナムの陶磁』陶磁大系47　頁18、19・図14　矢部良明　平凡社　1978.
　　『世界陶磁全集』16　南海　頁40、41・図28　小学館　1984.

　　　　　『タイ・ベトナムの古陶磁』特別展　頁24・図34　渋谷区立松濤美術館図録　1988.
　　　　　Ceramic Traditions of South-East Asia, p. 49, Fig. 20, John Guy, Oxford University Press, 1989.
　　　　　Gom Hoa Lam Viet Nam: Vietnamese Blue & White Ceramics, p. 273, Fig. 48, Bui Minh Tri, Kerry Nguyen-Long, Nha Xuat Ban Khoa Hoc Xa Hoi, Social Sciences Publishing House, Ha Noi, 2001.
　　　　　『ベトナム青花――大越の至上の華』　頁26・図23　町田市立博物館図録　第122集　2001.
〈2〉　青花牡丹宝相華文壺　高19.0cm　口径16.2cm　底径11.0cm　東京国立博物館.
　　　　　『世界陶磁全集』16　南海　頁37・図25　小学館　1984.
　　　　　『タイ・ベトナムの古陶磁』特別展　頁23・図28　渋谷区立松濤美術館図録　1988.
　　　　　『ベトナム青花――大越の至上の華』　頁38・図49　町田市立博物館図録　第122集　2001.
〈3〉　青花牡丹唐草文壺　高34.5cm　口径19.7cm　胴径38.5cm　底径19.5cm　松岡美術館.
　　　　　『タイ・ベトナムの古陶磁』特別展　頁63・図164　渋谷区立松濤美術館図録　1988.
　　　　　『ベトナム青花――大越の至上の華』　頁28・図27　町田市立博物館図録　第122集　2001.
〈4〉　青花双魚文盤　口径34.3cm　高7.5cm　底径21.5cm　松岡美術館.
　　　　　『タイ・ベトナムの古陶磁』特別展　頁56・図35　渋谷区立松濤美術館図録　1988.
　　　　　『ベトナム陶磁』頁57・図151　町田市立博物館図録　第82集　1993.
　　　　　Gom Hoa Lam Viet Nam: Vietnamese Blue & White Ceramics, p. 271, Fig. 45, Bui Minh Tri, Kerry Nguyen-Long, Nha Xuat Ban Khoa Hoc Xa Hoi, Social Sciences Publishing House, Ha Noi, 2001.
〈5〉　青花花卉文八角瓶　高28.0cm　口径7.5cm　胴径12.7cm　底径7.0cm　松岡美術館.
　　　　　『ベトナム陶磁』頁61・図161　町田市立博物館図録　第82集　1993.
　　　　　Vietnamese Ceramics: A Separate Tradition, p. 332, Fig. 286, John Stevenson and John Guy, Art Media Resources with Avery Press, 1997.
　　　　　Gom Hoa Lam Viet Nam: Vietnamese Blue & White Ceramics, p. 339, Fig. 151, Bui Minh Tri, Kerry Nguyen-Long, Nha Xuat Ban Khoa Hoc Xa Hoi, Social Sciences Publishing House, Ha Noi, 2001.
〈6〉　青花四鳥文盤　口径44.8cm　高9.7cm　大阪市立東洋陶磁美術館.
　　　　　『ベトナム青花――大越の至上の華』　頁27・図25　町田市立博物館図録　第122集　2001.
〈7〉　青花松竹梅文八角瓶　高28.5cm　胴径14.0cm　大阪市立東洋陶磁美術館.
　　　　　『タイ・ベトナムの陶磁』陶磁大系47　頁70、71・図89　矢部良明　平凡社　1978.
　　　　　『世界陶磁全集』16　南海　頁39・図27　小学館　1984.
　　　　　『ベトナム陶磁』頁61・図161　町田市立博物館図録　第82集　1993.
　　　　　Gom Hoa Lam Viet Nam: Vietnamese Blue & White Ceramics, p. 340, Fig. 152, Bui Minh Tri, Kerry Nguyen-Long, Nha Xuat Ban Khoa Hoc Xa Hoi, Social Sciences Publishing House, Ha Noi, 2001.
　　　　　『ベトナム青花――大越の至上の華』　頁31・図32　町田市立博物館図録　第122集

2001.
〈8〉 青花双鳥形水注　高13.2cm　口径6.7cm　胴径14.3cm　底径6.0cm　出光美術館.
　　　『タイ・ベトナムの陶磁』陶磁大系47　頁71・図91　矢部良明　平凡社　1978.
　　　『世界陶磁全集』16　南海　頁141・図158　小学館　1984.
　　　『タイ・ベトナムの古陶磁』特別展　頁55・図31　渋谷区立松濤美術館図録　1988.
　　　『ベトナム陶磁』頁64・図169　町田市立博物館図録　第82集　1993.
〈9〉 五彩金彩牡丹文稜花盤　口径45.2cm　高9.0cm　ジャカルタ国立博物館.
　　　『タイ・ベトナムの陶磁』陶磁大系47　頁27・図24　矢部良明　平凡社　1978.
　　　『世界陶磁全集』16　南海　頁142・図165　小学館　1984.
　　　『世界美術大全集』東洋編　第12巻　東南アジア　頁275・図230　小学館　2001.
〈10〉 五彩宝相華文稜花盤　口径41.2cm　梅沢記念館.
　　　『タイ・ベトナムの陶磁』陶磁大系47　頁75・図95　矢部良明　平凡社　1978.
　　　『世界陶磁全集』16　南海　頁142・図164　小学館　1984.
　　　『タイ・ベトナムの古陶磁』特別展　頁26・図39　渋谷区立松濤美術館図録　1988.
　　　『ベトナム陶磁』頁81・図220　町田市立博物館図録　第82集　1993.
〈11〉 五彩獅子文盤　口径35.8cm　ロンドン　ヴィクトリア＆アルバート美術館.
　　　Ceramic Traditions of South-East Asia, p. 35, Fig. 24, John Guy, Oxford University Press, 1989.
〈12〉 五彩虎文盤　口径44.4cm　高11.0cm　大阪市立東洋陶磁美術館.
　　　『世界陶磁全集』16　南海　頁52、53・図38、39　小学館　1984.
　　　『タイ・ベトナムの古陶磁』特別展　頁26・図41　渋谷区立松濤美術館図録　1988.
〈13〉 五彩金彩宝相華文台鉢（色絵金彩草花文台鉢）　口径29.0cm　高19.5cm　胴径14.4cm　底径13.1cm　出光美術館.
　　　『タイ・ベトナムの陶磁』陶磁大系47　頁25・図21、22　矢部良明　平凡社　1978.
　　　『世界陶磁全集』16　南海　頁48、49・図34、35　小学館　1984.
　　　『タイ・ベトナムの古陶磁』特別展　頁27・図40　渋谷区立松濤美術館図録　1988.
　　　『ベトナム陶磁』頁82・図221　町田市立博物館図録　第82集　1993.
　　　Vietnamese Ceramics: A Separate Tradition, p. 321, Fig. 263, John Stevenson and John Guy, Art Media Resources with Avery Press, 1997.
　　　『世界美術大全集』東洋編　第12巻　東南アジア　頁316・図188　小学館　2001.
〈14〉 青花窓透貼花八面取瓶　重要文化財　沖縄　首里城「京の内」跡出土　沖縄県立埋蔵文化財センター.
　　　『ベトナム青花──大越の至上の華』頁76・参考図版154　町田市立博物館図録　第122集　2001.
　　　『東洋陶磁』2002-03　「首里城「京の内」跡出土の陶磁器について」金城亀信　頁16・図14　頁22・図25　東洋陶磁学会　2003.

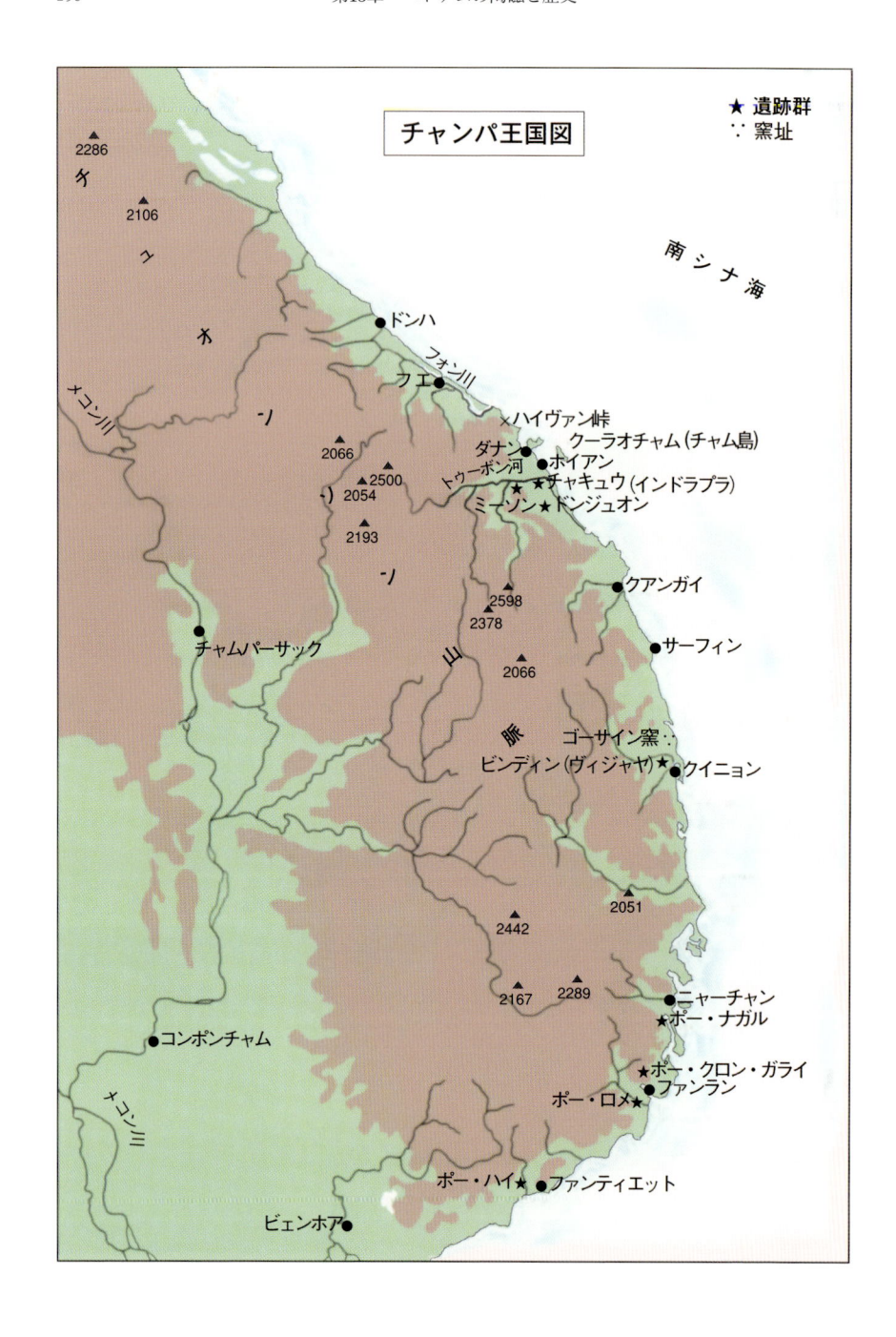

チャンパ王国図

★ 遺跡群
∴ 窯址

- 2286
- 2106
- ドンハ
- フエ / フォン川
- ×ハイヴァン峠
- ダナン
- クーラオチャム（チャム島）
- ホイアン
- トゥーボン河
- ★チャキュウ（インドラプラ）
- ミーソン★ ★ドンジュオン
- 2066
- ▲2500
- 2054
- 2193
- ▲2598
- 2378
- クアンガイ
- ▲2066
- サーフィン
- チャムパーサック
- ゴーサイン窯∴
- ビンディン（ヴィジャヤ）★
- クイニョン
- ▲2442
- 2051
- ▲2167 ▲2289
- ニャーチャン
- ★ポー・ナガル
- ★ポー・クロン・ガライ
- ポー・ロメ★ ファンラン
- コンポンチャム
- ポー・ハイ★ ファンティエット
- ビェンホア

メコン川

南シナ海

ダ ユ オ ー ー ノ ノ 山 脈

10 チャンパ王国の光と影

　かつてチャンパ王国の主要な港町であったベトナム中部ホイアンの町中に、こぢんまりしたサーフィン文化博物館がある。サーフィン文化博物館のサーフィンの名称は、南シナ海に大きく弓状に張り出している海岸地域で墓地遺跡が発見され、最初に発掘調査が行なわれた砂丘の地名に因む。この中部地方一帯に広がっていた稲作と鉄器のサーフィン文化は、紀元前二世紀から紀元後二世紀を盛期として、インドや中国、そして東南アジア内陸部や島嶼部の人々と、盛んに交流していた海洋性に富む古代文明である。

　博物館にはこの地方で発見された数々の出土品が展示されている。二次葬に用いられた大きな甕棺土器（13-151）や、副葬品の土器類、磨製石斧、石製やガラス製そして土製の個性ある造形をした装飾品（13-152）など展示されていて、チャンパ人の原点が見えるような気がする。

　このサーフィン文化を持つクアンナム地域は、紀元前111年に中国漢の領域に組み込まれて、日南郡となった。だが紀元後の192年、日南郡の最も南の人々が自立し、中国が林邑と呼ぶ、チャンパ王国の母胎となる国を誕生させた。629年に没したサンヴァルマン王の碑文には、チャンパの名が記され、この時すでに王国名として名乗っていたことが示されている。八世紀半ばにチャンパ王国は次第に中部のニャチャンやファンランに中心を移していたとするも、767年に安南都護府を攻撃している。その一方で777年と787年の二度にわたりジャワ軍の襲来を受けた。

　さらに875年、チャンパ王国は再び旧都チャキュウ近くのインドラプラに建都した。中国の史書はチャンパのことを八世紀に環王国とし、九世紀後半以降占城の国名で記している。このチャンパ王国は、西アジアから東南アジア、および中国南部沿岸地方を結ぶ遠洋航路の中継貿易地として発展していた。

　広州を出航した帆船は海南島の沖を航行し、順風であれば八日で着くと言われ、中国からチャンパは近い国であり、入港する条件としては圧倒的に優位であった。チャンパ各地の古都から中国の陶磁片やイスラームの陶片が出土している。中には十世紀を前後する初期の貿易陶磁も出土していると言われ、これ

13-151 サーフィン文化の甕棺土器
　　　　ハノイ　ベトナム国立歴史博物館

13-152 サーフィン文化の装飾品
　　　　ハノイ　ベトナム国立歴史博物館

らは、沿岸に点在する港と河を舞台としていた各地の土豪たちの「海のシルクロード」が展開していたことを物語っている。またチャンパ王とは王たちの王という意味もあり、各地の王たちがヒンドゥー教や大乗仏教を謳歌していた証である神仏を祀る塔をはじめ、祠堂や伽藍が沿岸地域に分布していて、栄華の跡を偲ばせる。

　ベトナムの歴代の王たちの垂涎の的だったチャンパ王国は、南北に長い現在のベトナムのほぼ中央にあたり、亜熱帯気候と熱帯モンスーン気候が交わる一帯である。林邑国を育んだフォンハ（香河）流域の平野部にフエなどが拓け、南シナ海に面して豊富な天然の入江や港が点在する。さらに南には山脈が海に迫り出していて、ここで南北が画然と二分される地形になっている。地理的に気候の分かれ目にある山上のハイヴァン峠は標高496m あり、ハイは海、ヴァンは雲の意味のごとく、海に突き出た山には雲がかかりやすく、文字通り雲を潜って越える場合が多い。かつてチャンパとベトナムの両軍はこの山並を幾度となく越えて戦火を交えたのであろう。

　峠を越えれば、中部最大のトゥーボン河（秋盆江）が南シナ海に流れ出てデルタ地帯を広げている。この平野部と背後の山間部にも同様にサーフィン文化を基盤に林邑国が育ち、アマラーヴァティーと碑文に記された地域はチャンパ王国の核心部にあたる。要の城都インドラプラはダナンの南約30kmにあり、四世紀末から八世紀半ばまでチャンパ王たちの牙城であった。

インドラプラの西の山中には、聖山マハー・パルヴァタを仰ぎつつ、周囲の山懐にすっぽりと包まれたチャンパ人の聖地ミーソンがある。ミーソンはシヴァ神をはじめとしたヒンドゥー教の神々を祀り、歴代の王侯貴族の寄進建立によって護られてきた。かつて木造だった建造物は七世紀以降、砂岩に煉瓦を用いた造りに姿を変えた。1969年、ベトナム戦争でミーソン遺跡はアメリカ軍の空爆にさらされ、かなり破壊されたが、今も六十棟を越える遺構を残している。優美で詩的な遺跡群は壮大とは言いがたいものの、そこは四方を峰々に囲まれた大空間の懐であり、遺構に佇めば、神々の存在を身近に感じることができる。ミーソンには人々がこれぞ聖地であると崇めるだけの自然の包容力が備わっているのである。またミーソンから出土した、ヒンドゥー教の踊るシヴァ神の石彫レリーフをはじめ、多数の石彫品を一部の遺構内に展示してある。

さらにチャンパ美術を楽しむには、ダナンのハン川の河港にあるチャンパ彫刻博物館が最適である。この博物館は、1915年、チャンパを調査研究していたフランス極東学院のアンリ・パルマンティエ氏が基礎を築いた。目の前に河港を見渡し、窓枠もガラスもない開放的なコロニアル風の博物館で、中庭にはインドソケイが白く可憐な花をつけている。博物館の内部にはミーソンから出土したシヴァ神やガネーシャの石像、リンガなどチャンパ美術の一級品が一堂に展示されていて、王国の在りし日々を偲ぶには格好の場所である。

チャンパ美術は、七世紀以降、南インドのグプタや扶南のプレ・アンコール的な表現から、八世紀にはアジア島嶼部のジャワ風になり、九世紀にインドとカンボジアの影響を受けた。十世紀以降はこれらの特色ある伝統を受け継ぎながら、民族固有の表現に到達している。

現在日本とタイの空路は、行き帰りともに、このチャンパ彫刻博物館のあるダナンの上空を飛行している。したがって、航空機の窓から海岸線にフエ地域の入江やハイヴァン峠、そしてクーラオチャムの島々、ダナンやホイアンの港町を眼下に見られた方も多いと思う。

ちなみに、私は二度目となるミーソン遺跡へ向かう前日にホイアンのリゾートに宿泊したが、夕方から夜半にかけて屋根を突く猛烈な大雨にみまわれた。翌朝雨上がりに出発はしたものの、田園を貫く道路は冠水し、車高の低い乗用車はアップアップのありさま。そのうちトゥーボン河を渡る橋の手前で、つい

13-153　五彩蓮池水禽文皿　口径30.0cm　高6.0cm

　に車は大勢の人だかりの中で停まってしまった。河の水が橋の路面を越えて、溢れ出していたのである。この河を渡らなければ、ミーソンに行くことができない。昨夜からの雨で水嵩は増す一方らしい。水は今日中に、いや明日も引くことはないであろうと言われ、ミーソン遺跡やインドラプラがあったチャキュウへ向かうことはあきらめざるをえず、肩を落とした。
　中部地域は南北につらなるチュオンソン（長山）山脈と南シナ海に挟まれ、狭い平野が点在している。上流の山地は標高2000m級の山々が連なり、雨量は年間3000mmに及ぶという世界有数の多雨地帯である。平野部の面積より山間部がはるかに広く、ひとたび山々が猛雨に襲われればたちまち水量は数倍

となって海へと押し寄せる自然の摂理を実感した。だがその日の予定を諦めてホイアンへ引き返す途中、車の窓からとある集落を抜けるほんの一瞬垣間見た光景、それはこの五彩（13-153）の絵のように、小雨降る蓮池に寄り添う水禽(すいきん)の姿であった。その一コマはこの五彩と重なって時折脳裏を過ぎり、今も私を楽しませてくれている。

　このトゥーボン河の河口が国際交易港ホイアンである。ホイアンからさらに東へ21kmの海上には、クーラオチャム（占不労山）と呼ばれる六つの島が浮かんでいる。クーラオチャムはチャムの島々のことで、チャムとはチャンパのことである。一番大きな島は高さ518mもあり、大航海時代以前から外洋船の指標となり、貿易風や潮流に誘われて多くの帆船が寄港し行き交った幹線ルート上にあった。1997年、この島の沖の海底で発見された沈没船から引き揚げられた大量のベトナム陶磁は、第五章「海底から引き揚げられた交易陶磁器」で紹介したように、愛好者にとってビッグニュースだった。

　チャンパは、中国支配から脱して間もないベトナムへ攻め込んだ。しかし前黎朝の黎桓(レーホアン)（在位980～1005）はこれに報復、チャンパの王都は破壊され、様々な財宝が略奪された。982年のことである。

　これ以降、ベトナムとチャンパの戦いは熾烈を極め、以来約四百五十年間にわたり、局地的な戦いを含めて数十回にのぼる因縁の攻防を繰り返した。敗戦の後、チャンパは1000年に国の中心をクイニョン西北のヴィジャヤに移し、以後十五世紀まで都としたが、1044年と1069年、李朝によって陥落させられている。しかしまた、反対に、1128年西のカンボジア（真臘(しんろう)）アンコール帝国（九世紀～1432）スーリヤヴァルマン二世（在位1113～50？）と連合軍を組み、大船団をもって李朝を攻撃。さらに四年後にも連合で攻めている。しかし、1145年李朝に攻撃を受け、同年さらにアンコール帝国に征服され、やがて傀儡となるが、1149年に解放されている。また反対に1177年から1181年にかけてチャンパがアンコールを占拠、1203年には逆にアンコール帝国に侵攻されるというように、チャンパとアンコールの両勢力も死闘を繰りひろげていた。

　1252年、チャンパは陳軍に首都ヴィジャヤを占領され、また1282年海のシルクロード制覇を目指して広東から渡った元の水軍にも占領を許すが、山に逃れて持久戦に持ち込んだあげく追い返している。そして1306年から一年間陳朝と

講和が計られ、一時フエ一帯を割譲した。

　1368年中国に明が興ると、チャンパは盛んに朝貢を重ねた。また1371年、1377年、1378年と陳朝後期の首都ハノイを猛攻した。だが1390年陳軍の火銃攻撃を受けて敗退している。

　1446年、チャンパ王国は黎朝に大攻撃をかけられた。1470年にはチャンパ王がベトナムに侵攻、1471年これに対抗して黎聖宗（レータイントン）（在位1460〜97）が反撃に出てチャンパに乗り込んだ。

　この黎聖宗は、宮廷の内部紛争により、黎朝五代皇帝となった人物である。黎聖宗はベトナムの歴代の王たちが渇望し、攻めに攻めたチャンパ王国の心臓部である首都ヴィジャヤを占領し、軍隊を駐屯させてチャンパとの戦いに完全に決着をつけた。この黎聖宗の大遠征により、ベトナムはビンディンのクイニョン以北の中部地域を版図とし、領土拡大を確実にした。そしてこの地域にベトナム人多数を入植させ、ベトナム化を図った。

　ベトナムの歴代皇帝がかくもチャンパ王国に執着した理由は、交易によって蓄えた金銀財宝の奪取もさることながら、南シナ海に面して点在する天然の港湾を獲得したかったからに他ならない。それらはあまたの富と文明をもたらす航路の拠点であり、東南アジアの産品を東西へ送り出す絶好の立地にあった。

　この戦いで黎聖宗はチャンパ王国の約半分の領域を奪い、南海交易の港湾拠点を幾つも手中にして、ベトナム北部や東南アジア内陸部の森林産品をはじめ、集中的に量産した陶磁器を、中国に代わって東シナ海や南シナ海へ送り出す基礎を築いた。

　黎聖宗（レータイントン）は科挙官僚による中国的中央集権を確立し、政治軍事の各機関を直轄下に置いて行政改革に努めた。ベトナムの中興の祖と言われ、光順中興と呼ばれている。領土拡張に力を注いだ覇権主義的で実利主義的な武人の印象が強いが、古今の儒学の経典に親しみ、博学聡明で、文化面の才能も豊かだったようだ。

　またこの時代、建国から黎太宗（レータイトン）に至る歴史を漢字で著した『大越史記全書』が1479年呉士連（ゴ シリェン）よって完成を見た。またベトナム最古の法典、黎朝刑律が制定されている。

　1479年、黎聖宗はさらに領土拡張を試みてラオスへも触手を動かし、ルアン

13-154 青花花文碗　口径13.0cm　高10.0cm

パバーンを落としている。一方、黎聖宗の南進により次第に領土と勢力を失ってゆくチャンパ人は、南部の一地域に三つの小さな王国をかろうじて保持するだけとなり、その力は急速に弱まっていた。

　この黎聖宗(レータイントン)の治世となる洪徳（1470〜97）年間は、これまでベトナムの歴史上最も繁栄した輝かしい黄金期であり、陶磁の最盛期であったと言われてきた。したがって、本格的な陶磁交易はこの黎聖宗の時代に始まった。それは、紅河デルタから中部海域へ運び、国際路線に載せるルートを確保してのことである。交易陶磁製作を主としていたチューダオ窯は、1471年から量産に拍車がかかり、帆船には陶磁が満載された。先にも触れたホイアン沖の沈没船から引

13-155 五彩魚花文皿　口径26.3cm　高6.6cm　底径15.5cm

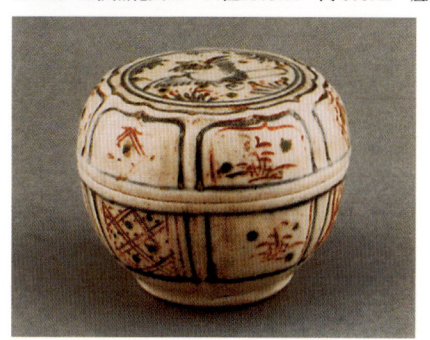

13-156 五彩鳥文合子　高6.4cm　胴径8.2cm
東南アジア陶磁館

13-157 瑠璃釉合子　高2.8cm　胴径3.6cm
東南アジア陶磁館

10 チャンパ王国の光と影　　259

13-158　瑠璃釉合子　高 3.9cm　胴径 5.2cm
　　　　東南アジア陶磁館

13-159　瑠璃釉小壺　高 5.2cm　胴径 6.9cm
　　　　東南アジア陶磁館

13-160　左より　青花龍文盤　五彩人物像　青花鳥山水文大壺
　　　　ホイアン沖沈船遺物　1997年頃
　　　　ハノイ　ベトナム国立歴史博物館

13-161　青花花文皿　口径23.0cm　高 5.5cm
　　　　ホイアン沖沈船遺物　1997年頃

13-162　青花花文皿（13-161）の裏面

き揚げられた陶磁器の情報がまさにその実態をものがたり、約三十万点にものぼる遺物が隆盛ぶりを明らかにしている。船体は幅7m長さ30mの巨大なジャンク船であったという。

　引き揚げられた陶磁器のうち無傷だったベトナム陶磁器は約十五万点。内訳は青花（13-154）と五彩（13-155）（13-156）が主で、他に瑠璃釉（13-157）（13-158）（13-159）に褐釉、緑釉、青磁、白磁、無釉焼締などあったらしい。主であった青花と五彩の割合であるが、当然青花が大半を占めていたものと思われる。しかし五彩の数は大方の人々が予想した以上に多かったのではないか。これまでベトナム五彩は寡少だと言われ、人々はそれを鵜呑みにしてきた。だが、このように発見例が増えてくると、五彩はベトナムの伝統となって久しく主要な美的表現とも受け取れ、この時代すでに定着していたことが窺える。

　また絵付に関して、大まかに、精緻で青花の発色が美しいグループと、早い筆運びで暗い灰色に発色したグループに分けられるようである。それは、従来時代の差だと考えられていたが、出来の違う製品は、需要のランクに応じて作り分けられていたようだ。また1997年発行の『ベトナミーズ・セラミックス』の編著者ジョン・ガイ氏は、沈船に積まれていたベトナム青花について、作風に余り時間的幅がなく、せいぜい一シーズンか二シーズンの間に生産されたものであろう、との見解を示している。

　この頃中国は私貿易を禁じていたため、ベトナムは南海諸国の要望に応じて陶工をフル稼働し、大量生産による輸出の最盛期が一気に訪れていたものと思われる。この時期の製作量は莫大で、おそらく現存しているベトナム陶磁器の大半を占めているのではないかと思われるほどである。

　沈没船から引き揚げられた代表作は、ブイ・ミン・チー氏著『ベトナミーズ・ブルー・アンド・ホワイト・セラミックス』に掲載されているハノイ・ベトナム国立歴史博物館の大作である青花鳥山水文大壺〈1〉（13-160右）、五彩人物像（13-160中）、そして秀作の青花龍文盤〈2〉（13-160左）であり、五彩にはホーチミン・ベトナム国立歴史博物館の宮殿に鶴が舞う様子を描いた五彩山水人物文盤〈3〉がある。この作品は中でも上作で官窯（かんよう）的性格を漂わせるものであるが、全体を通してみると秀作はわずかで、特に絵付の筆力が著しく萎えている作品が大半のように感じる。時世は制作の姿勢をもすっかり変えてしまい、流れ作業

に身を任せていたのであろうか。だが、ベトナムのみならずベトナムを取り巻く国際情勢の安定が与えた人々の心の緩みが、こうした結果をもたらしていたとも考えられる。

　海揚がり品は状態の良いもの（13-161）（13-162）はわずかで、砂や塩で表面が荒れていたり、貝がくっついていたり様々で、その多くは補修を必要とする。特に五彩は色落ちが激しい。したがって古美術品としては、土中から出土した品と海揚がりの品はなにかにつけて区別される場合が多い。

　帆船が沈没した例はおそらく百に一つにもないであろうから、その都度陶磁器を満載した船が、異郷を目指して南シナ海を縦横に航行していたことになる。

　本格化した交易陶磁は青花を主力商品とし盛んに製作された。それらを代表する存在が福岡市美術館の青花牡丹唐草文壺（13-163）や東南アジア陶磁館の青花花鳥文瓶（13-164）、そして個人蔵の青花鳥文瓶（13-165）である。

　また量産が進むに従い青花は水彩のような淡いコバルトで仕上られ、壺、皿、盤、瓶（13-166）、碗（13-167）（13-168）、水注、合子（13-169）（13-170）（13-171）、小壺（13-172）、盃（13-173）、動物象形（13-174）（13-175）（13-176）（13-177）（13-178）（13-179）（13-180）（13-181）（13-182）に人物像（13-183）（13-184）（13-185）、鳥の水入（13-186）や餌入れ、などなど、多彩な品々を世に送り出した。これらはフィリピンのレナ暗礁の沈船から揚がった遺物と対比され、概ね十五世紀末から十六世紀初頭とみなされている。

　クイニョン郊外の丘陵地にはチャンパが十一世紀から十三世紀にかけて建造した遺跡が八ヵ所あり、ビンディンに点在する窯は、もともとこれらの建築装飾物や瓦など焼く窯として始まった。

　ヴィジャヤ近郊のゴーサイン窯址の発掘調査が、長谷部楽爾氏と青柳洋治氏のグループにより1992年から1994年にかけて行なわれた。この調査で青磁や黒褐釉陶磁が出土し、十四世紀から十八世紀頃まで生産されたのではないかと推定されている。また日本とフィリピンの十五世紀後半から十六世紀前半の遺跡から、ビンディンで焼かれたと見られる青磁のような灰釉皿[4]（13-187）が多数出土しているという。この十五世紀後半から十六世紀前半は、黎聖宗がチャンパ王国の約半分の領域を奪い、ビンディンまでを版図としたベトナム陶磁交易の最盛期と重なる。そしてそれらは東南アジアからインド洋沿岸、アラビア海

第13章　ベトナムの陶磁と歴史

13-163　青花牡丹唐草文壺　高38.0cm
　　　　口径13.3cm　胴径30.4cm　底径18.0cm
　　　　本多コレクション　福岡市美術館

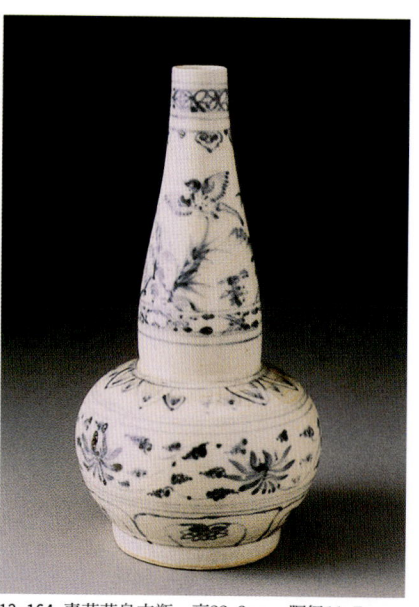

13-164　青花花鳥文瓶　高22.3cm　胴径11.7cm
　　　　東南アジア陶磁館

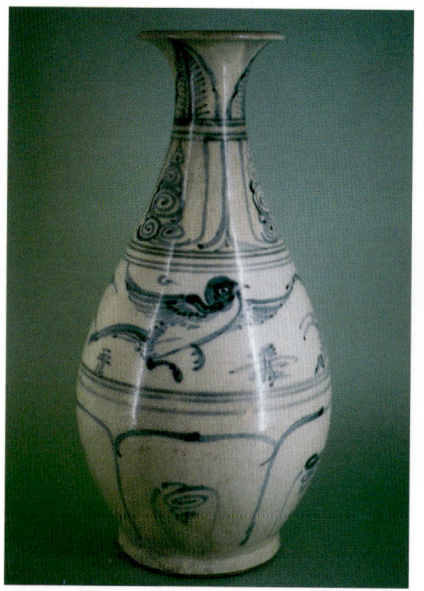

13-165　青花鳥文瓶　高27.8cm　胴径14.0cm

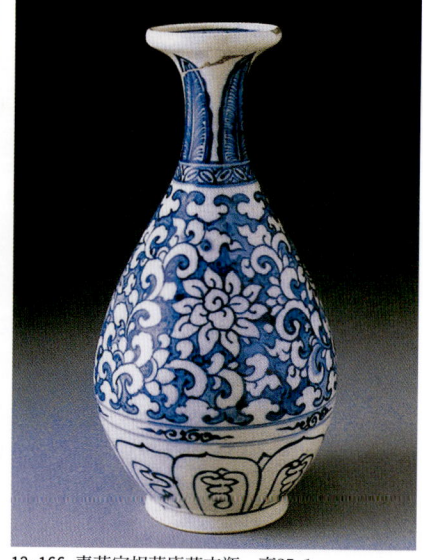

13-166　青花宝相華唐草文瓶　高25.1cm
　　　　胴径13.0cm　東南アジア陶磁館

10 チャンパ王国の光と影

13-167 青花花文碗　口径12.8cm　高9.8cm
　　　 底径7.2cm　大樋美術館

13-168 青花花文碗（13-167）の高台内に「禄」
　　　 の刻文字

13-169 青花菊花文合子　高5.0cm　胴径7.3cm

13-170 青花山水文合子　高4.2cm　胴径5.8cm
　　　 東南アジア陶磁館

13-171 青花貼花象文合子　高6.9cm
　　　 胴径8.8cm　東南アジア陶磁館

13-173 青花草花文盃　口径5.4cm　高3.3cm

13-174 青花象形硯　長径17.2cm　胴径15.0cm
　　　　高5.0cm　東南アジア陶磁館

13-175 青花鶏形水滴　高7.8cm　長径9.0cm
　　　　東南アジア陶磁館

13-172 青花如意頭文小壺　高1.3cm〜3.1cm　東南アジア陶磁館

13-176 青花蛙形小壺　高4.0cm　長径6.5cm
　　　　東南アジア陶磁館

13-177 青花亀形水滴　高3.2cm　長径8.4cm
　　　　東南アジア陶磁館

10 チャンパ王国の光と影

13-178 青花魚形水滴　高 3.2cm　長径 5.4cm
東南アジア陶磁館

13-179 青花象形小壺　高 5.2cm　長径 6.9cm
東南アジア陶磁館

13-180 青花猫形水滴　高 5.5cm　長径 8.6cm
短径 4.3cm

13-181 青花狗形水滴　高 4.0cm　長径 3.6cm
短径 2.7cm

13-182 青花兎形小壺　高 3.7cm　長径 4.7cm
短径 3.2cm

13-186 青花独楽形小壺　（左）高 3.5cm
胴径 3.3cm　（右）高 3.6cm　胴径 3.9cm
東南アジア陶磁館

13-183 青花褐彩人物像
　　　 高29.5cm　幅17.0cm
　　　 東南アジア陶磁館

13-185 褐彩人物像　高10.3cm　幅4.5cm
　　　 奥行3.5cm

13-187 バンダナン島沈没船引き揚げチャンパ重
　　　 ね焼き灰釉皿

13-184 青花人物像　高21.5cm　幅9.8cm
　　　 東南アジア陶磁館

　沿岸地域、さらにエジプトにおいても発見されたという。活発な生産と共に、海上交易の要衝クイニョン港の賑わい振りが思い浮かぶ。
　1497年黎聖宗(レータイントン)の死後十六世紀に入った黎朝は短命な皇帝が続き、宮廷内抗争に対する民衆の不満が高まった。また、地方に反乱が続発し、軍閥が乱立、国力は急速に衰えていった。中でも特に陳朝の末裔を名乗る陳嵩(チャンカオ)が紅河デルタ東北部で反乱を起こし、一時ハノイを占領する事態に至った。
　この動乱期に角頭を現したのが、黎朝の権臣として仕えていた海の勢力でハイズオン（海陽）出身の莫登庸(マクダンズン)（1483～1541）である。莫登庸（在位1527～29上皇在位1529～41）は1527年莫(マク)朝（1527～1667）を建て、帝位に就いた。これ

より六十五年間、この莫一族が政権の座に就き五代の皇帝を擁立し、黎朝は一時期断絶した。これよりベトナムは大分裂期（1527～1786）に入る。

【参照】
〈1〉 青花鳥山水文大壺　高57.0cm　ハノイ　ベトナム国立歴史博物館．
　　 Gom Hoa Lam Viet Nam: Vietnamese Blue & White Ceramics, p. 304, Fig. 95, Bui Minh Tri, Kerry Nguyen-Long Nha, Xuat Ban Khoa Hoc Xa Hoi, Social Sciences Publishing House, Ha Noi, 2001.
〈2〉 青花龍文盤　口径37.7cm　ハノイ　ベトナム国立歴史博物館．
　　 Gom Hoa Lam Viet Nam: Vietnamese Blue & White Ceramics, p. 386, Fig. 236, Bui Minh Tri, Kerry Nguyen-Long Nha, Xuat Ban Khoa Hoc Xa Hoi, Social Sciences Publishing House, Ha Noi, 2001.
〈3〉 五彩山水人物文盤　口径35.0cm　ホーチミン　ベトナム国立歴史博物館．
　　 Gom Hoa Lam Viet Nam: Vietnamese Blue & White Ceramics, p. 290, Fig. 74, Bui Minh Tri, Kerry Nguyen-Long Nha, Xuat Ban Khoa Hoc Xa Hoi, Social Sciences Publishing House, Ha Noi, 2001.
〈4〉 パンダナン島沈没船引き揚げチャンパ重ね焼き灰釉皿．
　　 『東洋陶磁史――その研究の現在』　頁14・図65　東洋陶磁学会　2002．

11 海から来た武人のクーデター

　明の民間貿易は洪武四年に当たる1371年に海外渡航を厳禁する海禁令の発令により大幅に減少し、事実上途絶えていたも同然であった。だが嘉靖（1522～66）あたりから不法な私貿易が活発化すると、海禁令は隆慶元年の1567年に撤廃された。当然、交易船も中国陶磁を求めて江南の沿岸部に集まったはずだ。品質に優れ、そのうえ大量生産であったろう中国陶磁が市場に出回れば、おそらく代役であったベトナム陶磁は太刀打ちできなかったものと思われる。とすれば、ベトナム陶磁の輸出の最盛期は、チャンパ攻略の1471年から明の私貿易が活発化する嘉靖元年の1522年あたりの間約五十～六十年に集約されると考えてもよさそうである。1567年の海禁令撤廃にいたるその後の半世紀について、ベトナムは、内戦による混沌とした世情に窯業地もその渦の中にあり、おそら

く衰退の一途を辿っていたのではないかと思われる。
　莫登庸(マクダンズン)の台頭は、中国のこの海禁令に係わっているのではないかと想像すると興味深い。莫登庸のルーツは江南の沿岸部の漁民とも、マレー系の水上生活者とも言われ、先祖は陳朝に仕えていたという。長じて武官として黎朝に仕え、1520年、水軍の指揮官になった。生地のコチャイ(古斎)はハイフォンに近い。ハイフォンは水軍勢力の基地であり、古来、ベトナムの海の玄関である。
　ハイフォンから十三世紀もしくは十四世紀に開窯したと思われる一大窯業地チューダオへは約50kmと近く、河川もしくは運河のような水路で結ばれていたものと思われる。ベトナム交易陶磁の牽引的役割を果たしていたチューダオ窯は、青磁や白磁をはじめ東南アジアで唯一青花を焼き続けていた。
　莫登庸(マクダンズン)はこの陶磁器の輸出事業に係わっていたのではないか。それには、莫登庸の勢力が中部のフエ(順化)にも存在していたらしく、チューダオ窯からフエやホイアン、そして外洋への販路網を把握していた可能性があるように思えるからである。莫登庸(マクダンズン)は陶磁交易を資金源にのしあがり、水軍の将軍から皇帝への道を登り詰めたのではないか。
　そのきっかけとなったのが、七代黎粛宗(レートゥックトン)(在位1504)の死であろう。内乱が始まり、衰えだした黎朝内の権力闘争で莫登庸は頭角を現す。そして、ついに十代黎昭宗(レーチュウトン)(在位1516〜22)とその家臣たちを殺害し、十一代黎恭皇(レークンホアン)(在位1522〜27)から帝位を簒奪、皇太后と恭皇を幽閉して自刃に追い込んだのである。しかし、各地の軍閥は莫登庸の行為を認めてはいなかった。
　私は海の桂林と呼ばれるハロン(降龍)湾を巡った時、交易陶磁と莫登庸という人物を想像し、ハイフォンへ行ってみたくなった。ハロン湾はエメラルドの海にそそり立つ石灰岩の島や岩礁が約三千もあり、風光明媚であると共に、ベトナムにとって外国の侵略を防ぐ天然の要塞でもあった。
　ハロン湾からハイフォンへ行くには、上流の橋を渡るか、バイチャイあたりからフェリーで河口越しに大きく横たわる中島へ向かうかである。私はフェリーを選び、多くの地元民たち共々乗り込んだ。フェリーと言っても、甲板に人も車も一緒くたに乗せられ運ばれるだけの大きな渡し船である。車は数えるほどで、乗客の大半が花や野菜、果物、その他の生鮮食料品に雑貨を荷車や自転車、バイクに山のように積んでいる。中には鶏たちと一緒という人もいた。

13-188　青花鹿文盤　重要美術品　口径36.3cm
　　　　高7.3cm　底径22.7cm　東京国立博物館

13-189　青花双鯰文盤　口径36.5cm
　　　　ジャカルタ国立博物館

13-190　青花束蓮文盤　口径35.2cm
　　　　高7.4cm　底径23.0cm　山田義雄
　　　　コレクション　町田市立博物館

13-191　青花鯰文盤　口径36.5cm　高7.3cm
　　　　高台径24.6cm
　　　　本多コレクション　福岡市美術館

　上流には中国国境に近い山岳地帯から流れてくるいくつもの支流があり、これらが一体となってこの河口へと辿り着く。水は全く透明度のない灰褐色であった。河の中程に出ると水面と空が一段と大きく広がり、ベトナムの海の玄関口に相応しい風格がある。二十分余りで入り江を横切り、船着き場へ到着。中洲を走る車の窓から野良仕事に精を出す人々の光景を眼にしながら、やがてまたフェリー乗り場へと行き着く。もう一度、川を渡る。

　古来、紅河とその支流はベトナムの動脈であり、この川の下流域がハイズオン（海陽）やクアンニンとなる。そこは大地主の一族李氏や陳氏の田庄が点在し、後の莫氏も勢力圏とした、かつての水の勢力の一大拠点となっていた所で

第13章　ベトナムの陶磁と歴史

13-192　青花宝相華文盤　口径36.5cm　高7.5cm　底径23.5cm

13-193　青花唐草文合子　高4.6cm　胴径6.7cm
　　　　東南アジア陶磁館

13-194　青花菊花文合子
　　　　高5.0cm　胴径7.5cm

11 海から来た武人のクーデター 271

13-195 青花花文小壺　高 6.1cm　胴径 7.4cm

13-196 五彩柘榴鳥文盤
　　　 口径34.0cm　高7.5cm　底径25.4cm
　　　 出光美術館

13-197 五彩亀甲文水注　高25.4cm　バンコク国立博物館

13-198 五彩水牛文盤　口径34.1cm　高7.1cm　底径24.4cm　東京国立博物館

ある。
　反対に湾内からタイビン川をはじめとした、紅河本流につながる六本の川を遡れば首都ハノイに届く。かつて内陸へ向かう主要な河川であり、幾度となく攻め込んだチャンパ軍や元軍の補給路となり、勝敗を決する戦いの大舞台だった白藤江(バクダンザン)は、千年前の面影を今はもう残していないらしい。長年の間に川筋に変化があったのか、現在はひなびた川の風情が残るだけだという。私は白藤江のほとりで勝どきをあげる陳朝の名将たちの姿を思い浮かべながら、莫登庸(マクダンズン)の本拠地であった対岸の国際港湾都市ハイフォンへと向かった。これまた三十分ばかり船に揺られた後、まずは市中のハイフォン博物館へと足を伸ばす。

13-199 五彩麒麟文盤
口径39.0cm　高9.5cm　底径28.4cm
本多コレクション
福岡市美術館

13-200 五彩蓮池水禽文稜花盤
口径34.2cm　高7.0cm
山田義雄コレクション
町田市立博物館

13-201 五彩花唐草文碗　重要美術品　口径11.7cm　高8.9cm　底径6.6cm　東京国立博物館

13-202 五彩象形水注　高20.9cm　長径27.1cm
　　　東南アジア陶磁館

　1527年、莫朝の皇帝となり昇龍城に入った莫登庸(マクダンズン)（在位1527〜29　上皇在位1529〜41）は、黎朝の中央集権体制を崩壊させ、武人勢力の勃興を決定的なものにした。政権樹立後、彼は科挙体制を強化している。
　1529年、莫登庸は帝位を長子の莫登瀛(マクダンゾアイン)に譲り、自ら太上皇と称して生地のコチャイ（古斎）に戻るものの、軍事、政治共に指導権を保持していた。二代莫登瀛(マクダンゾアイン)（在位1529〜40）は名君で、社会秩序の回復と経済の発展に努めた。また太上皇の莫登庸(マクダンズン)も1541年中国と国境紛争の種となっていた地帯を返還し国交の安定を図るとともに、安南都統使の肩書きを得ていた。しかし、宮廷内の黎朝の旧臣たちや各地の軍閥の心底まで動かすことはできなかったようで、莫朝に反発する勢力が各地で立ち上がり、全土は内乱状態に陥った。
　中でも、莫朝に特に反抗的だったのが山地の勢力の阮淦(グエンキム)であった。阮淦は黎朝に忠実な官人の集団を率いていた。祖先は陳朝や胡朝の文臣で、黎朝創立期の重臣の一人阮廌(グエンチャイ)（1380〜1442）の子孫である。阮淦(グエンキム)は、これら集団と共にラオスに逃れて挙兵体制を整え、黎朝復権に備えていた。そしてヴィエンチャンのラーンサーン（哀牢）王国（1354〜1710）に支持されて、1532年ゲアン（乂安）、そして本拠地タインホア（清化）に入り、黎朝の後裔で十代黎昭宗(レーチュウトン)（在位1516〜22）の子である黎荘宗(レーチャントン)（在位1533〜48）を擁立して、黎朝（1533〜1789）の皇帝に即位させた。これよりベトナムの王朝は、北朝の黎朝と南朝の莫朝の時代に入り、両朝が争いあう長い内乱期に突入する。
　この後黎朝前期から莫(マク)朝、さらに後黎朝後期と続く動乱期は、陶磁史も闇の中にあり、想像力で挑むしかない。
　莫朝の莫登庸(マクダンズン)は陳朝を背景とする海の勢力を基盤に台頭し、陶磁の流通に造詣の深い皇帝であった。政権樹立後、陶人たちを新体制に編成し、心機一転、バッチャン窯やバートゥイ窯、カムザン窯などに官窯並に力を注いで、制作に

励ませた。
　この時期には、東京国立博物館の重要美術品である青花鹿文盤〈1〉（13-188）、やインドネシア・ジャカルタ国立博物館の青花双鯰文盤〈2〉（13-189）、町田市立博物館の青花束蓮文盤〈3〉（13-190）、福岡市美術館の青花鯰文盤（13-191）、そして青花宝相華文盤（13-192）、東南アジア陶磁館の青花唐草文合子（13-193）、個人蔵の青花菊花文合子（13-194）や青花花文小壺（13-195）などが製作された。青花は呉須調の濁った色合いのコバルトで、筆太の簡略な表現ながら筆に力が込められ、「莫様式（マク）」とも言える特長を示している。
　五彩はこれより遅れて、出光美術館の五彩柘榴鳥文盤〈4〉（13-196）が試みられたのであろうか、そして柔らかな膚で色彩の明るいバンコク国立博物館所蔵の五彩亀甲文水注〈5〉（13-197）、東京国立博物館の五彩水牛文盤〈6〉（13-198）、福岡市美術館の五彩麒麟文盤（6-1）（13-199）、町田市立博物館の五彩蓮池水禽文稜花盤（13-200）、東京国立博物館の五彩花文稜花盤〈7〉、五彩草竹文瓶〈8〉、重要美術品である五彩花唐草文碗〈9〉（13-201）に、個人蔵の大作、五彩花唐草文壺〈10〉、東南アジア陶磁館の五彩象形水注（13-202）などの作品が、次々生み出されたものと思いたい。

【参照】
〈1〉　青花鹿文盤　重要美術品　口径36.3cm　高7.3cm　底径22.7cm　東京国立博物館．
　　　『タイ・ベトナムの陶磁』陶磁大系47　頁67・図84　矢部良明　平凡社　1978．
　　　『世界陶磁全集』16　南海　頁45・図31　小学館　1984．
　　　『ベトナム陶磁』頁61・図159　町田市立博物館図録　第82集　1993．
〈2〉　青花双鯰文盤　口径36.5cm　ジャカルタ国立博物館．
　　　『タイ・ベトナムの陶磁』陶磁大系47　頁67・図83　矢部良明　平凡社　1978．
　　　『世界陶磁全集』16　南海　頁139・図148　小学館　1984．
〈3〉　青花束蓮文盤　口径35.2cm　高7.4cm　底径23.0cm　山田義雄コレクション　町田市立博物館．
　　　『ベトナム陶磁』頁60・図156　町田市立博物館図録　第82集　1993．
　　　『ベトナム青花──大越の至上の華』頁37・図46　町田市立博物館図録　第122集　2001．
〈4〉　五彩柘榴鳥文盤　口径34.0cm　高7.5cm　底径25.4cm　出光美術館．
　　　『世界陶磁全集』16　南海　頁142・図166　小学館　1984．

〈5〉 五彩亀甲文水注　高 25.4cm　バンコク国立博物館.
　　『世界陶磁全集』16　南海　頁143・図174　小学館　1984.
　　Ceramic Traditions of South-East Asia, p. 49, Fig. 21, John Guy, Oxford University Press, 1989.
〈6〉 五彩水牛文盤　口径 34.1cm　高 7.1cm　底径 24.4cm　東京国立博物館.
　　『タイ・ベトナムの陶磁』陶磁大系47　頁77・図97　矢部良明　平凡社　1978.
　　『世界陶磁全集』16　南海　原色カバー　頁50、51・図36、37　小学館　1984.
　　『タイ・ベトナムの古陶磁』特別展　頁58・図44　渋谷区立松濤美術館図録　1988.
　　『ベトナム陶磁』頁83・図224　町田市立博物館図録　第82集　1993.
〈7〉 五彩花文稜花盤　口径 22.1cm　東京国立博物館.
　　『世界陶磁全集』16　南海　頁142・図167　小学館　1984.
　　『タイ・ベトナムの古陶磁』特別展　頁58・図45　渋谷区立松濤美術館図録　1988.
〈8〉 五彩草竹文瓶　高 18.3cm　東京国立博物館.
　　『世界陶磁全集』16　南海　頁143・図173　小学館　1984.
〈9〉 五彩花唐草文碗　重要美術品　口径 11.7cm　高 8.9cm　底径 6.6cm　東京国立博物館.
　　『世界陶磁全集』16　南海　頁143・図175　小学館　1984.
〈10〉 五彩花唐草文壺　高 57.0cm　口径 27.2cm　底径 20.4cm　個人蔵.
　　『世界陶磁全集』16　南海　頁54、55・図40、41　小学館　1984.

12 復古する王朝様式と交易陶磁の終焉

　1540年莫朝二代の莫登瀛(マクダンゾアイン)が亡くなり、三代に莫副海(マクフックハイ)（在位1540〜46）が即位した。しかし1541年莫朝初代莫登庸(マクダンズン)の死を好機とした黎荘宗(レーチャントン)は、1543年タインホアの西都から莫軍を打倒すべく出陣した。総司令官の阮淦(グエンキム)（在位1533〜45）は、この戦いの最中の1545年、敵将に図られ、黎朝再興のこころざしなかばにして毒殺されてしまった。黎荘宗(レーチャントン)は総司令官に阮淦の女婿鄭検(チンキエム)を任命した。しかし殺害された阮淦の息子阮潢(グエンホアン)も戦功を挙げていて、黎陣営内で両雄の勢力争いがくすぶった。
　その後、阮潢(グエンホアン)は北部の莫軍と繋がりを持っていた中部フエの莫勢力の鎮圧を願い出た。鄭検(チンキエム)（在位1542〜70）はこれを了承し、阮潢(グエンホアン)（在位1558〜1613）は1558年に南下したとされる。だが、阮潢は鄭検との政争に敗れて下野し、黎帝からも遠ざけられてしまったのかもしれない。その阮潢は1570年代には莫氏に繋がる勢力を一掃し、クアンナム（広南）をも支配下に置き、ホイアンを奪

12 復古する王朝様式と交易陶磁の終焉

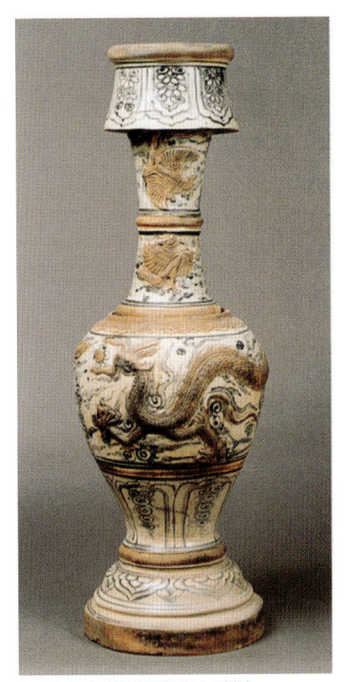

13-203 青花双龍貼花文香炉
　　　 高71.9cm　胴径23.7cm
　　　 山田義雄コレクション
　　　 町田市立博物館

13-204 五彩鳥牡丹文蓋付梅瓶
　　　 総高51.8cm　胴径26.7cm　底径21.0cm

った。以後広南阮氏の歴代の地位は世襲され九代の皇帝が続いた。
　一方、莫氏の南朝軍と黎荘宗と鄭検の北朝軍との戦いは一進一退で、ベトナムの社会は荒廃していた。それでも昇龍城を固め、紅河デルタを掌握していた莫朝は海の勢力を結集して新たな時代を拓いていたことが、陶磁器の展開から窺うことができる。それは宮廷や社寺などの国内需要により制作された青花双龍貼花文香炉（13-203）で、その最も古い年紀銘を持つ莫朝「延成（1578～85）萬□年」の青花雲龍貼花文香炉により明らかである。次いで莫朝「瑞泰」（1586～87）銘の青花龍文燭台があり、これらは雲気文の中に、四爪の龍を型による無釉貼花文で装飾し、青花は滲んで流れる絞手と呼ばれる傾向を示している。この種の器形に見られる年号銘は、さらに莫朝「興治」（1588～90）があり、次代の後黎朝後期「弘定」（1600～19）「永寿」（1658～62）「景

13-205 五彩無釉貼花魚藻文壺　高44.0cm

13-206 五彩牡丹唐草文無釉貼花龍文壺の無釉の貼花龍文

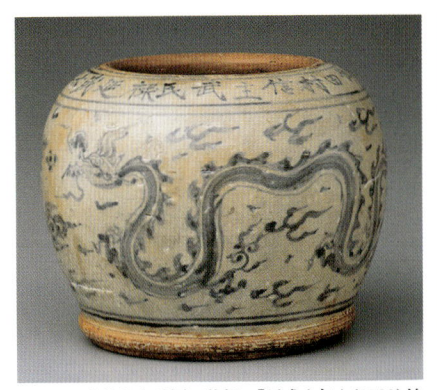

12 復古する王朝様式と交易陶磁の終焉

13-207 青花龍文香炉　莫朝　「延成六年」(1583)銘　高18.9cm　町田市立博物館

13-208 青花双龍文香炉　高22.1cm　胴径22.6cm　東南アジア陶磁館

13-209 青花双龍文香炉（13-208）の展開図

13-210 青花角形貼花獅子文水注　高12.5cm　長径13.4cm　短径8.0cm　東南アジア陶磁館

13-211　青花火焔宝珠龍文大壺
　　　　高41.5cm　口径25.0cm　胴径41.0cm　底径28.5cm
　　　　本多コレクション　福岡市美術館

治」（1663〜71）「永治」（1676〜80）など認められている。またこの用途は、燭台もしくは香炉とされているが、本来は梅瓶、いわゆる瓶子で、ベトナム流に変化した姿であろう。祖型は宋元にあり、陳様式（13-204）にもある。そして元の龍泉窯青磁に見られる器面を無釉でビスケット状の貼花文で飾る表現も、陳様式（13-205）（13-206）にあり、器体を幾つかに区切る形式とともに継承している。

　このように陳朝で完成を見た様式が、正統な王朝様式となって蘇り、莫朝によって新たに生まれ変わった。だが、これら器形の様式を辿れば陳様式へ、また模様構成の基本を成す割付を遡ればベトナムの旧勢力である山地の勢力が表した黄白釉褐彩陶のベトナム様式へ、そしてそのルーツはさらに古代ドンソン青銅器文化へと導かれる。

　復古の原動力となったのは、山地の勢力である後黎朝前期を継ぐ黎帝の黎荘宗と鄭検の北朝に対して、海の勢力の李朝や陳朝の血筋もしくは系統を汲む南朝の莫朝こそがベトナムの正統な王朝であるとする強い自負の現れではなかったかと思われる。この莫朝の様式が海の勢力の宗室の雅や習わしとともに一筋に受け継いできたと考えることもできる。しかし、ベトナムの歴史が山地の勢力と海の勢力が交互に権力の座に就いてきたことを思えば、昇龍城を核とする王朝文化を互いに継承してきたことも想像に難くない。それをもって、密かに官窯の伝統を受け継ぐ、見本帖のような粉本が伝えられていたと考えられなくもない。しかし、そうは思ってはみるものの、乱世が続いたベトナムにそ

の可能性は低い。それでも、なにがしかの資料が大切に受け継がれてきたことは確かなようで、莫朝において陳朝を彷彿とする王朝様式の復古はそうした証のように思えてならない。

また、この時期の作品であることを裏付けているのが、香炉とされる平壺の肩に南朝である莫朝の元号で1583年にあたる「延成六年」と銘のある、町田市立博物館所蔵の青花龍文香炉（13-207）の存在である。

一方、山地の勢力、鄭氏一族は黎朝皇帝を傀儡として全権を支配し、皇帝を擁護しつつ明日へ向けての体制を着実に整えつ

13-212 青花火焔宝珠龍文大壺

つあった。そして、ついに黎、鄭、阮の連合軍を結集して莫軍に挑み、勝利した。こうして黎帝が昇龍城を奪い返したのが1592年のことであった。

敗退した莫氏は六十五年間、五代の皇帝にわたる政権を失うこととなったが、辛うじて中越国境のカオバン地方の山地に拠り、以後八十年にわたりハノイの黎朝と鄭政権に対抗し続けたのである。

この時代、紅河デルタが再び落ち着きを取り戻し、陶磁生産も順調となったかに思える。東南アジア陶磁館の青花双龍文香炉（13-208）（13-209）や青花角形貼花獅子文水注（13-210）がこの頃作られ、次いで福岡市美術館の青花火焔宝珠龍文大壺（13-211）や青花火焔宝珠龍文大壺（13-212）に見られる、ややぎこちない筆の運びが目立つようになる。なお新資料にも福岡市美術館の青花火焔宝珠龍文大壺（13-211）に似た、五爪で二角の五彩火焔宝珠龍文壺（13-213）が見られるところから、後黎朝後期（1533〜1789）になってもなお陳様式を継承していた事実に驚かされる。また蓋に天下太平と文字のある青花鳳凰

13-213　五彩火焔宝珠龍文壺　高35.0cm　胴径34.0cm

文蓋付壺（13-214）のような力みを伴う画風となってゆくのであろう。

　後黎朝後期の十六世紀後半から十七世紀にかけての名だたる窯として、その実体はほとんどわかっていないものの、バッチャン、トーハ、フオンカイン、ハンソロンなどの名前が伝えられている。そして青花はこの頃からさらに絞手と呼ばれる滲みの傾向が一層顕著となる。

　また、他にも五彩、緑釉、褐釉、鉄絵、瑠璃釉など、これまた多彩で陳朝陶磁の再来といった内容となっている。

　また茶道で広く知られる紅安南の五彩草花蓮弁文碗〈3〉、その類品と思われる五彩草花文碗（13-215）は、そうした時代を背景にしているものと思われる。その後、交易陶磁の青花はやや厚づくりの傾向を示し、太筆でラフな絵付（13-216）（13-217）（13-218）（13-219）（13-220）（13-221）（13-222）（13-223）（13-224）は一段と力を失い粗略化していった。

　そして、十六世紀から十七世紀末にかけて、南海貿易事業そ

13-214　青花鳳凰文蓋付壺　総高28.0cm　胴径22.7cm
蓋に「天下太平」の文字

13-215　五彩草花文碗　口径13.6cm　高8.0cm

13-216 青花魚藻文盤　口径32.7cm　高8.2cm

13-217 青花魚藻文盤（13-216）の裏面

13-218 青花魚藻文皿
　　　　口径24.2cm　高4.2cm　底径15.1cm

13-219 青花魚藻文皿（13-218）の高台内に墨書
　　　　文字

13-220 青花太湖石竹文皿
　　　　口径17.6cm　高3.3cm

13-221 青花太湖石竹文皿（13-220）の裏面

12 復古する王朝様式と交易陶磁の終焉

13-222 青花鳳凰文皿
　　　 口径18.3cm　高3.6cm
　　　 東南アジア陶磁館

13-223 青花人物文碗
　　　 口径14.3cm　高7.1cm　高台径5.8cm

13-224 青花人物文碗　口径13.2cm　高7.0cm
　　　 東南アジア陶磁館

のものの衰退が始まり、交易陶磁もやがて終焉に向かった。
　鄭氏と広南阮氏は、莫氏打倒という共通目標をほぼ達したものの、両勢力は微妙な協力関係にあった。それが十七世紀に入ると決裂してしまう。そして権威の象徴である黎朝皇帝を要する北の鄭氏の政権に対して、南の広南阮氏の政権はいっそう自立傾向を強めて一大勢力に成長した。1627年から1672年にかけての四十五年間、両者は軍事衝突を繰り返し、ベトナムは事実上鄭氏の北朝と広南阮氏の南朝とに二分された。
　こうして紅河デルタは武人政権時代に入り、中央権力が弱まる中、村落の自立性が高まり、公田制から村落共有田制へと進展した。また古来よりの精霊信仰に、儒、仏、道の三教の混交が進み、民間信仰が形成されていった。

広南阮氏は北朝の攻撃をくい止めつつ、さらに南下を加速させ、1692年チャンパの最後の拠点ニントゥアンとビントゥアンを属領化し、事実上チャンパ王国を滅亡に追い込んだ。さらに1698年、その勢いはカンボジアの領地におよび、サイゴン、現ホーチミン市に達した。

【参照】

〈1〉 青花雲龍貼花文香炉一対　莫朝「延成（1578〜85）萬□年」銘　高52.0cm　41.0cm
Collection of Mr. and Mrs. Joseph P. Carroll.
『世界陶磁全集』16　南海　頁149・Fig. 36　小学館　1984.
Ceramic Traditions of South-East Asia, p. 58, Fig. 49, John Guy, Oxford University Press, 1989.
Vietnamese Ceramics: A Separate Tradition, p. 378, Fig. 397, John Stevenson and John Guy, Art Media Resources with Avery Press, 1997.

〈2〉 青花龍文燭台　莫朝「瑞泰」（1586〜87）銘　高75.0cm　口径18.0cm　胴径27.8cm　底径24.5cm.
『ベトナム陶磁』頁72・図189、190　町田市立博物館図録　第82集　1993.

〈3〉 五彩草花蓮弁文碗　高9.5cm　口径14.5cm.
『タイ・ベトナムの陶磁』陶磁大系47　頁27・図26　矢部良明　平凡社　1978.
『世界陶磁全集』16　南海　頁57・図42、43　小学館　1984.
『タイ・ベトナムの古陶磁』特別展　頁41・図96　渋谷区立松濤美術館　1988.
『世界美術大全集』東洋編　第12巻　東南アジア　頁317・図191　小学館　2001.

13　南蛮請来の安南焼

　日本の南海交易を支えたのは、鎌倉時代から江戸時代にかけての唐船や南蛮船、そして足利尊氏が派遣した天龍寺船、豊臣秀吉や徳川将軍家の貿易に従事した朱印船などである。これらによって中国や呂宋をはじめとした南海から陶磁器も請来された。そして室町時代以降、茶道具の趣向を反映した陶磁器が多く渡来している。中でも江戸時代にもたらされ、日本にのみ伝わっているとされる品々も散見され、それらの特徴からおそらく注文によって生産され運ばれたのではないかと考えられている。その代表的なものが、安南染付と称される

13 南蛮請来の安南焼

13-225 青花龍貼花文双耳水指（安南染付貼花龍文水指）　高20.2cm　口径13.0cm　底径12.3cm　京都国立博物館

13-226 青花狩人文双耳瓶　高23.2cm　口径9.5cm　胴径14.6cm　底径10.5cm　出光美術館

13-227 青花蜻蛉文碗　銘二十日月　口径11.2cm　高6.5cm　徳川黎明会

13-228 青花船頭文碗（安南茶碗）　銘入船　口径12.0cm　高9.5cm　木村定三コレクション　愛知県美術館

13-229 青花遊魚文碗（安南遊魚文茶碗）　口径13.2cm　高9.1cm　木村定三コレクション　愛知県美術館

288　第13章　ベトナムの陶磁と歴史

13-230 青花鼓形平鉢（安南染付鼓形平鉢）
　　　 口径23.0cm　高3.3cm
　　　 木村定三コレクション　愛知県美術館

13-231 青花双龍貼花文瓶
　　　 後黎朝後期　「永治貮年」
　　　 （1677）銘　高61.3cm
　　　 口径14.8cm　底径21.5cm
　　　 東京国立博物館

13-232 青花双龍貼花文瓶（13-231）の後黎朝後期
　　　 「永治貮年」（1677）銘

13-233 青花雲龍貼花文香炉　総高70.0cm
　　　 胴径27.4cm　底径23.5cm
　　　 徳川黎明会

13-234 五彩火焔宝珠双龍文大壺　総高63.0cm

青花龍貼花文双耳水指〈1〉(13-225)、青花狩人文双耳瓶〈2〉(13-226)、青花蜻蛉文碗(13-227)、そして入船と銘のある青花船頭文碗(13-228)に青花遊魚文碗(13-229)、そして安南鼓と呼ばれる文字を散りばめた青花鼓形平鉢(13-230)や青花雲龍文獣足平鉢〈3〉などである。

　これらの焼成窯の所在は不明であるが、中部のフエを都とする広南阮氏(クアンナムグエン)のクアンナム王朝(1533〜1777)下で焼かれたのではないかという説がある。外国貿易に積極的に乗り出していた広南阮氏は、1602年、トゥーボン河(秋盆江)の上流にクアンナム王朝の居館として広南鎮営を築いた。トゥーボン河の河口はチャンパ時代からの国際交易港であった。この港町は十六世紀末頃からホイアン(會安)、十七世紀から十八世紀にはフェフォーと呼ばれ、当時日本人町も形成され数百人が居住していた。その商人たちが陶工たちに茶道具作りを指南していたか、もしくは日本人の陶工を送り込んでいたとも想像できる。

　ホイアンの日本人町はグエンティミンカイ通りからチャンフー通りの北にか

第13章　ベトナムの陶磁と歴史

13-236　南蛮縄簾水指　高16.3cm　口径19.8cm
底径15.2cm　藤田美術館

13-235　三彩香炉

13-237　南蛮芋頭水指　高19.4cm　口径12.6cm
胴径21.5cm　底径10.2cm
木村定三コレクション　愛知県美術館

けて広がり、350m 程続いていたと記録されている。当時の様子を窺わせる二階建ておよび三階建ての家が描かれている絵画もある。町中には十八世紀のグエン（阮）朝（1533〜1777）時代の建物もあり、これはフエ王宮の形式に近似しているらしい。これらはベトナム中部固有の伝統を今に伝えるとともに、二十世紀前半フランス植民地時代に建設されたコロニアルスタイルの建物群と相まって、観光客を惹きつけている。町の中は車の通行が禁止されているので、のんびりと散策を楽しみながら、古民家を利用した商店街や博物館に出入りして、いにしえの風情を偲ぶことができる。

　徳川将軍家による朱印船貿易で最も多い渡航先が中部の広南阮氏のもとで

あり、北部トンキンの鄭(チン)氏のもとと合わせると三分の一以上がベトナムへ向かって航行していたことになる。北部トンキンの鄭(チン)氏からもたらされたと思われるのが、東京国立博物館の後黎朝後期「永治貳年六月」と在銘の青花双龍貼花文瓶(4)(13-231)(13-232)で、1677年の制作である。徳川美術館(黎明会)の青花雲龍貼花文香炉(燭台・梅瓶)(5)(13-233)は、江戸時代の初期に請来したものらしい。当時ベトナムを行き交う船を「交趾船」と称し、交易は最盛期を迎えていた。ところで徳川美術館の青花雲龍貼花文香炉(13-233)の蓋であるが、陳朝の火焰宝珠と戯れる五爪で二角の龍を描いた五彩火焰宝珠双龍文大壺(13-234)の蓋とそっくりなのである。前にも述べたように香炉とされるこれらの器は、本来御神酒類の容器ではなかったか。五彩火焰宝珠双龍文大壺(13-234)の蓋を見るにつけ、その思いを強くする。

　ベトナム陶磁器はさらなる時代の流れとともに陶彫などによる装飾化が一段と強まり、三彩香炉(6)(13-235)などにみられる過剰とも思える複雑さが強調された作品に仕上げられていった。これもこの時代の美意識の表れなのだろう。

　また南蛮や島物と呼ばれた無釉の焼締陶はことに茶人に珍重され、南蛮縄簾水指(1-6)(13-236)(7)や芋頭の銘で著名な南蛮水指(1-7)(13-237)(8)などによって親しまれてきたが、以前はその生産国すら知られていなかった。それがベトナムで生産され、その歴史も長期にわたることが次第にわかりつつある。

　一方、この頃日本の伊万里焼は世界に流通していて、ベトナムの王侯貴族にも好まれたとみられ、フエ宮殿美術博物館には艶やかな錦手の蓋付大壺が数点展示されている。

　日本からベトナムへは主に金、銀、銅を送り、フエ付近の港タインハやダナンのツーラン、そしてホイアンから運んできたものは陶磁器の他に、広南白生糸に黄生糸、絹織物、綿布、沈香、鹿皮、鮫の皮、象牙、犀の角、水牛の角、黒檀、紫檀、蘇枋、錫、胡椒、生薬、砂糖などであった。

　朱印船は長崎を出航して四十日余りでベトナムに辿り着いたという。ホイアンの日本人町は、1635年徳川幕府の海外渡航禁止令により、一転して衰退に向かった。代わって中国人居住者が増え、少なくとも十八世紀半ばまで唐船で賑わった。

　古都フエの遺跡群は1993年、ベトナム初の世界遺産に指定された。ゆったり

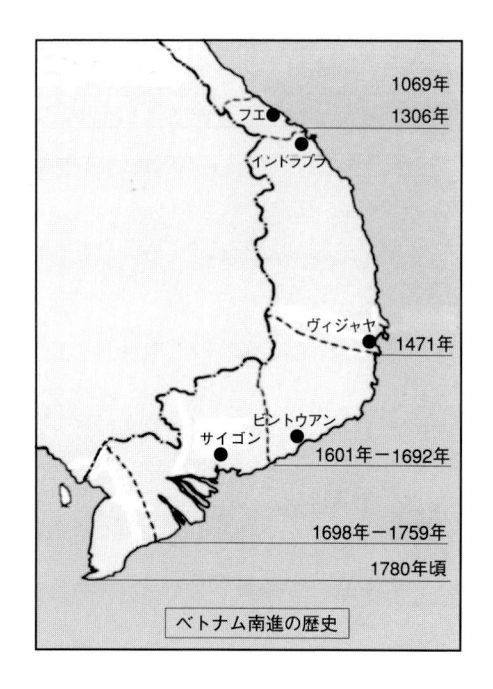

```
                1069年
         フエ    1306年
       インドラプラ



              ヴィジャヤ
                1471年

            ピントゥアン
       サイゴン
                1601年-1692年


                1698年-1759年
                1780年頃

       ベトナム南進の歴史
```

と流れるフォン川（香江）の辺に佇む王宮を巡り、上流の1841年から三年間かけて建造されたとされるグエン（阮）朝二代明命帝（ミンマン）（在位1820〜41）の廟へと足を伸ばす。ディナーには王侯たちが纏っていた衣装で身を飾り、楽士が奏でる音色に耳を傾けながら宮廷料理を味わうなら、私たちも少しはベトナム皇帝の世界へ近づくことができるであろう。

　東西諸国の商館が数多く設けられていたホイアンも、大航海時代が終わりを告げる頃、その繁栄にかげりが見えてきた。貿易不振により、広南阮氏（クアンナムグエン）の宮廷内も権力闘争に陥っていた。加えて重い税負担が世情に不満を招き、各地で武力蜂起が起こっていた。1771年、クイニョン近くの高地タイソン（西山）で、阮氏（グエン）のタイソン三兄弟、文岳（ヴァンニャック）、文呂（ヴァンルー）、文恵（ヴァンフエ）、が反乱を起こすと、農民から富裕層まで多くの人々が加担した。しかし、これを好機とした北朝鄭氏（チン）の軍三万人によってフエは攻撃を受け、1774年にいったん陥落した。

　さらに1776年、タイソン兄弟勢によって南朝の広南阮氏（クアンナムグエン）は滅ぼされ、一族はほとんど殺害された。この時広南阮氏直系でただ一人生き残った阮福映（グエンフクアイン）は、メコンデルタやサイゴンを本拠地としていた。メコンデルタやサイゴンは、かつて扶南（フナン）や真臘（シンロウ）、そしてアンコール帝国の領土でプレイノコールと呼ばれていたが、広南阮氏が1698年より実効支配していた。1783年頃、阮福映はタイソン三兄弟の勢力から逃れるように、メコンデルタから残存勢力とともにタイのバンコクに身を寄せていた。そして阮福映の要請により、ラタノコーシン（チャクリー）王朝の創始者ラーマ一世（在位1782〜1809）は援軍を了承。1784年海から三百隻二万人、陸から三万人のタイ軍兵士をメコンデルタに送り、

ミートー（美湫）江の付近で西山阮氏の文岳（タイソングエン・ヴァンニャック）軍と対峙した。しかし、タイ軍はラックガム・ソアイムットの戦いで敗退してしまう。

1786年、阮福映とタイ軍を押さえた勢いで西山阮氏の文恵（タイソングエン・ヴァンフエ）軍が北上、昇龍に入城して南北を統一してしまった。これによりベトナム北部を支配してきた北朝の鄭（チン）政権（1542〜1787）はついに滅んだ。

タイソン軍は無力化していた黎朝十七代の黎愍帝（レマンデ）（在位1786〜89）を立てて守護しようとしたが、黎帝はタイソンの傀儡を嫌って中国に逃れ救いを求めた。この黎帝の援軍要請により、1788年、乾隆帝（在位1736〜95）はベトナム併合を念頭に二十万人の清軍を派遣、陸路は雲南と広東から、そして海路からも侵入して昇龍城を占拠した。

この昇龍城陥落を中部フエで知った阮文恵（グエンヴァンフエ）は、護身のために清（1644〜1912）に頼る黎帝を非難し、自らを光中（クァンチュン）皇帝と宣言して即座に挙兵、清軍との戦いに挑んだ。北上した阮文恵（グエンヴァンフエ）は、常に第一線に立って士気を高め、1789年ハノイ郊外のドンダーで清軍を撃破し、昇龍城を回復させ大勝利を挙げた。こうして阮文恵（グエンヴァンフエ）（1753〜92）は、光中帝（在位1788〜92）として帝位に就き、タイソン（西山）朝（1788〜1802）を興した。

北朝のシンボルであった黎朝は1789年のこの時、後黎朝前期（1428〜1527）から莫朝を経て後黎朝後期（1533〜1789）の長期にわたる王朝が滅んだ。

またこの頃から、タイソン兄弟の仲に覇権を巡って亀裂が生じて文岳（ヴァンニャック）と文恵（ヴァンフエ）は武力衝突を起こし、両軍は共倒れの様相となり、互いの戦力は減退しつつあった。タイ軍と清軍を撃退しベトナムを救った阮文恵（グエンヴァンフエ）は1792年突然死んだ。また翌年の1793年に阮文岳（グエンヴァンニャック）も死去。

これを機としてメコンデルタの勢力を掌握していた阮福映（グエンフォックアイン）は、フランス人司教ピニョー・ド・ベエーヌ（1741〜99）の支援による義勇軍の力を得てタイソン勢と戦い、1798年南部のサイゴンを奪回した。そしてフランス義勇軍の艦隊と共に北上、1799年には西山阮氏（タイソングエン）の本拠地クイニョンを攻略し、1802年ハノイを奪った。阮福映が昇龍城に入城し皇帝の証を立てたことにより、ここに今日に至るベトナムの全土を統一した最初の王朝が誕生した。

一方、ベトナム全土を疾風迅雷の勢いで駆け抜けた、西山三兄弟の進撃も三十年にして終わりを告げたのである。

阮　福　映（グエンフォックアイン）は阮氏祖先の都である中部のフエで即位の礼を行ない、ザーロン（嘉隆）帝（在位1802～20）と称し、グエン（阮）朝（1802～1945）を建てた。また1804年には清からベトナム（越南）の国号を与えられ、再び中部フエを都に、その後十三代の皇帝が続いた。

　しかし阮　福　映（グエンフォックアイン）はタイやフランスの異国の勢力に頼ったことにより、外国人勢力に干渉する機会を与えてしまった。その結果、1859年にフランスはサイゴンを占領、1862年から1967年にかけてメコンデルタを直轄支配した。さらには1882年から北部ハノイや中部の港湾、そして河川を巡って攻防を繰り返し、フランスは1884年にベトナム全域を併合した。

　これを不服とした清はベトナムに介入し、フランス軍と戦争となった。しかしベトナムは1885年フランスと清の天津条約により、全土をフランスの属領にされ、保護国となってしまった。1887年、フランス領インドシナ連邦（1887～1945）が成立する。こうしてフランスはハノイやサイゴンを中心に教会や劇場、ホテルなどコロニアル様式の建物を多数建造。街並みを欧州風に変えていった。

　1898年、フランスの公共機関であるインドシナ考古調査団がサイゴンで東南アジア諸文明の研究に着手した。このインドシナ考古調査団は1900年にフランス極東学院と改称し、1901年にハノイへ移転した。

　その後の1940年までの長期間、フランスはベトナム各地で頻発した農民の反乱や義勇軍の蜂起、また学生のデモ、民族主義者の活動を徹底的に弾圧した。フランスの支配は歴代のベトナム皇帝や皇族ならびに王侯貴族をはじめ、多くの人民のプライドを貶めた。

　そうした歴史の陰で、ゲアン省キムリエン村の儒者の家に生まれたホー・チ・ミン（幼名をグエン・ツン・クン、就学後にはグエン・タッ・タイン、1919年に阮　愛国（グエンアイコック）を、42年より胡志明（ホーチミン）を名乗る。1890？～1969）は、1911年フランスへ渡り、苦学の末に民族主義的運動に目覚めていった。

　1919年、ホー・チ・ミンはベトナム愛国者たちによるベトナム人民の八箇条の諸要求をしたためた請願書をベルサイユー講和会議に提出している。また、1920年フランス社会党のツール大会で、インドシナ代表として植民地支配を糾弾する発言を行なった。1924年には広東でベトナム青年革命同志会を設立、1930年に香港の九龍でベトナム共産党を結成した。

1941年、外国での長年の活動に終止符を打ち、三十年ぶりに祖国の土を踏んだホー・チ・ミンは、救国の民主統一戦線であるベトナム独立同盟（ベトミン）を創設する。ベトミンの発足にはヴォー・グエン・ザップ（1912～）も参加し、山中で武装宣伝隊を結成して隊長となった。この集団は後にベトナム人民軍となり、常に国民と兵士が一体となって戦う国防組織となった。ヴォー・グエン・ザップ大将はホー・チ・ミンの側近として、軍事戦略のみならず、後に外交交渉でも活躍することになる。

　第二次世界大戦が始まっていた1940年、日本軍はフランスとの間で軍事協定を結び、ベトナム北部のハイフォンに進駐し、翌年の1941年には南部のニャチャンに進出した。同年末、日本はハワイの真珠湾に奇襲攻撃をかけ、アメリカとイギリスに宣戦を布告して太平洋戦争が始まった。

　1942年、ホー・チ・ミンは占領下のベトナムから陸路中国領内に入り、中国国民党である蒋介石（1887～1975）軍に逮捕されるが、翌年釈放されて帰国する。しかし、1944年から45年にかけてベトナム北部に広がっていた大飢饉は、四十万人とも二百万人とも言われる人命を奪っていた。

　1945年、第二次世界大戦の末期、ベトナムはフランスと日本の支配下にあったが、日本軍がクーデターを起こしてフランス軍を倒し武装解除させ、フランス領インドシナ連邦を解体した。この時、日本軍はグエン（阮）朝十三代阮福暎(フォックディエン)（1914～97　在位1925～45）ことバオダイ帝を元首とする政府を樹立し、首相に指名して傀儡政権とした。そして、ラオス、カンボジアをも独立させた。

　だがホー・チ・ミンは日本がアメリカをはじめとする連合軍との戦いに敗れると見て、日本軍に遊撃戦を仕掛け、日本とフランス双方の支配からの脱却を図った。この「八月革命」の成功により内閣が崩壊し、バオダイ政権は倒れた。ホー・チ・ミンはベトナム民主共和国を樹立し、自ら臨時政府の初代大統領となった。

　バオダイ帝は伝世の宝刀をベトミンに渡して退位し、グエン朝は百四十四年間で滅亡した。またこれによって、一千年におよび連綿と続いたベトナムの王朝絵巻がついに幕を閉じた。

　ホー・チ・ミンはハノイのバーディン広場で開かれた独立記念式典国民大会

で、ベトナム民主共和国の独立を宣言した。しかし、この時、イギリス軍が16度線以南に進駐し、フランスは旧フランス領インドシナ三国（ベトナム・ラオス・カンボジア）の独立を認めず、サイゴンを拠点として再植民地化に乗り出していた。ホー・チ・ミンはこれに対して激しく抵抗し、1946年ハノイ協定により一時軍事行動を停止させた。だがフランス軍は北上を開始、ベトナム人民軍と全面戦争となった。フランス軍は翌1947年にフエとハノイを占領する。この時ベトナム人民軍は山地に撤退して、ゲリラ戦を挑んだ。この戦闘は拡大し、第一次インドシナ戦争（1946〜54）へと発展した。

　1949年フランスは南のサイゴンを本拠地とし、バオダイを元首に迎えて政治傀儡政権を擁立してベトナム国（1949〜55）を建てた。だが中国に中華人民共和国が成立すると、1950年ソ連と中国は北のベトナム民主共和国をベトナムの正統な政権と認めて武器を提供して支えた。支援を得たヴォー・グエン・ザップ率いるベトナム人民軍は紅河デルタに侵攻し、北に攻め入っていたフランス軍に総攻撃を開始する。アメリカはフランスに軍事援助し、これに背後から対抗した。しかし山地におけるベトナム人民軍のゲリラ戦に苦戦を強いられていたフランス軍は、ゲリラに対抗してラオス国境に近い山地のディエンビエンフーを占領して根拠地とし、大要塞を完成させたものの、1954年、激戦の末にこの地で歴史的な敗北を喫する。ホー・チ・ミンはその直後に開かれた関係国によるジュネーヴ会議で調印し、ベンハイ川を暫定軍事境界線として、北緯17度以北の独立を勝ち取った。以来ベトナムは南北に分割され、北緯17度線は冷戦下における東側と西側が対決する最前線となった。その背景には、共産主義の東南アジア台頭を恐れたアメリカが、フランスをなんとしても南ベトナムに留めておく必要があったのである。

　その後、南ベトナムでは父をフエ宮廷の廷臣に持つゴー・ディン・ジエム（1901〜63）がバオダイに推されて首相に就任、ベトナム共和国（1955〜75）を誕生させていた。

　一方、北ベトナムの実質的な革命指導者となったホー・チ・ミンは、ベトナム労働党（旧インドシナ共産党・現ベトナム共産党）の主席に就任し、社会主義化を推進した。またホー・チ・ミンらとベトミンの同志であったファム・バン・ドン（1906〜2000）が、1955年ベトナム民主共和国（1945〜76）の首相に

就任した。ファム・バン・ドンはホー・チ・ミンの事務補佐役を務め、戦時体制下で卓越した行政手腕を発揮し、1955年から1987年までの三十二年間にわたり政務に当たった。

　1956年フランスが、ついに南ベトナムから撤退をはじめる。これを機に、アメリカの支援の下にあったベトナム共和国ゴー・ディン・ジエム（1901～63）率いるサイゴン政権勢力に対し、南ベトナム解放民族戦線が結成された。南ベトナム解放民族戦線はベトナム労働党の支援と指揮のもとに武力闘争を展開し、戦いはベトナム全土に広がっていった。

　1963年になると、サイゴンで学生デモが激化し、戒厳令が敷かれた。そんな中でアメリカの軍事支援を受けた南ベトナム軍部は、独裁の批判が強まっていたゴー・ディン・ジエム兄弟を殺害して政権を奪った。以後、アメリカは南ベトナムに本格介入することになった。

　また北ベトナムでは1964年にトンキン湾事件が発生した。トンキン湾事件とは、トンキン湾の沖合の公海上でアメリカ海軍の艦艇が北ベトナム側から攻撃を受けたとするものであった。この事件をきっかけに、1965年にはアメリカ軍地上部隊を大幅に増派し、北爆を開始した。これに対して北ベトナムも、北から南へ山間を貫くホー・チ・ミン・ルートを通じて解放民族戦線を支援した。こうしてベトナム全土で泥沼化した戦いをベトナム戦争あるいは第二次インドシナ戦争（1960～75）と呼ぶ。

　1966年、ホー・チ・ミンは救国宣言を発して「独立と自由ほど尊いものはない」と世界に語りかけ、抗戦の姿勢を明確に示した。南ベトナム解放民族戦線は豊かな水田地帯として知られるクチに全長250kmと言われる地下トンネルを作り、神出鬼没に出撃してアメリカ軍を揺さぶり、戦力を消耗させた。そして1968年、北ベトナムと南ベトナム解放民族戦線は全土にテト（旧正月）攻勢をかけ、巧みなゲリラ戦を展開して、最新武器を駆使したアメリカ軍との戦いに十分対抗できる能力を示した。

　その一方で北ベトナムは全面和平を提唱するなど政治戦略にも長けていた。他方、アメリカ軍は南ベトナム解放民族戦線の拠点となっていたジャングルに枯葉剤やナパーム弾を使用し、多くの民間人の犠牲を出すなどして、国際世論を敵にまわしてしまった。南ベトナム共和国臨時革命政府が樹立された1969年

には、アメリカ軍兵士が村人を皆殺しにしたソンミ村事件が発覚、アメリカ国内でも反戦運動が活発化した。それでもアメリカのニクソン大統領は停戦協定を有利に運ぶため国際世論の反発を無視して、B52による最大規模の北爆を行なった。しかし、ベトナム側の士気はいっこうに衰えず、その一方でアメリカ側には厭戦気分が蔓延していったのである。

こうして北ベトナムが優位に争っている最中、ベトナム民族の解放を願い、生涯革命の戦士であったホー・チ・ミン大統領が、七十九歳でこの世を去った。

1970年、南ベトナム解放民族戦線がベトナム全土で一斉攻撃を激化すると、アメリカ軍は打つ手がなく、タイやラオスの基地から飛び立つ飛行機で主にラオスを走るホー・チ・ミン・ルートをやみくもに爆撃するだけだった。またパリで百回余りも繰り返されてきた、アメリカと北ベトナムの和平交渉も合意に達することはなかった。

1972年、ハノイや軍港となっていたハイフォンが大爆撃を受ける。落とされた爆弾は八万トンにも及び、住宅地や病院が全壊、多くの市民が巻き込まれて命を落とした。それでも苦戦に苦戦を強いられたアメリカは、ついに1973年に撤退を決意する。そしてアメリカ、サイゴン政権、ベトナム民主共和国、臨時革命政府代表の四者協議で、ついにパリ和平協定が交わされた。これによりベトナム戦争の終結が宣言され、アメリカ軍は南ベトナムから逃げ出したのである。

アメリカはこのベトナム戦争に延べにして三百万人、最大時で五十五万人を超える戦闘部隊と最新兵器を投入したが、ベトナムの抵抗には敵わなかったのである。超大国アメリカが、初めて敗北を喫した戦争だった。

【参照】
〈1〉 同様の作例　青花雲龍貼花文双耳水指　総高 19.9cm。
　　　『世界陶磁全集』16　南海　頁242・図322　小学館　1984。
　　　『タイ・ベトナムの古陶磁』特別展　頁40・図91　渋谷区立松濤美術館図録　1988。
〈2〉 青花狩人文双耳瓶　高 23.2cm　口径 9.5cm　胴径 14.6cm　底径 10.5cm　出光美術館。

　　　　　『世界陶磁全集』16　南海　頁243・図324　小学館　1984.
　　　　　『ベトナム青花――大越の至上の華』頁62・図109　町田市立博物館図録　第122集
　　　　　2001.
〈3〉　青花雲龍文獣足平鉢　口径24.1cm　静嘉堂文庫.
　　　　　『世界陶磁全集』16　南海　頁243・図328　小学館　1984.
〈4〉　青花双龍貼花文瓶　後黎朝後期　「永治貳年」(1677)銘　高61.3cm　口径14.8cm
　　　　　底径21.5cm　東京国立博物館.
　　　　　『世界陶磁全集』16　南海　頁144・図178、179、180　小学館　1984.
〈5〉　青花雲龍貼花文香炉　総高70.0cm　胴径27.4cm　底径23.5cm　徳川黎明会.
　　　　　『タイ・ベトナムの陶磁』陶磁大系47　頁73・93図　矢部良明　平凡社　1978.
　　　　　『世界陶磁全集』16　南海　頁144・図181　小学館　1984.
　　　　　『タイ・ベトナムの古陶磁』特別展　頁60・図47　渋谷区立松濤美術館図録　1988.
　　　　　『ベトナム陶磁』頁71・図188　町田市立博物館図録　第82集　1993.
〈6〉　同様の作例　三彩香炉　高29.3cm　口径23.0cm.
　　　　　『ベトナム陶磁』頁84・図232　町田市立博物館図録　第82集　1993.
〈7〉　南蛮縄簾水指　高16.3cm　口径19.8cm　底径15.2cm　藤田美術館.
　　　　　『タイ・ベトナムの古陶磁』特別展　頁77・図101　渋谷区立松濤美術館図録　1988.
　　　　　『世界陶磁全集』16　南海　頁245・図336　小学館　1984.
　　　　　『世界美術大全集』東洋編　第12巻　東南アジア　頁318・図192　小学館　2001.
〈8〉　南蛮芋頭水指　高19.4cm　口径12.6cm　胴径21.5cm　底径10.2cm　木村定三コレ
　　　　　クション　愛知県美術館.
　　　　　『茶陶』木村定三コレクション　頁83・図81　愛知県美術館図録　2006.

14　ベトナムの皇帝陶磁

　2004年8月3日、『朝日新聞』夕刊の一面トップで"ハノイの遺跡世界遺産級"と報じられた。

　　ハノイに壮大な遺跡が見つかり、7世紀～19世紀までの王城跡を重層的に残し、最も古い遺構は唐の安南都護府の可能性も高い。調査はベトナム考古学研究所が2002年12月から行い、約48000m²の内約半分の発掘が終わっている。遺

13-238　青花の龍文と鳳凰文の碗
　　　ハノイ昇龍城跡出土

ハノイ・タンロン（昇龍）全図

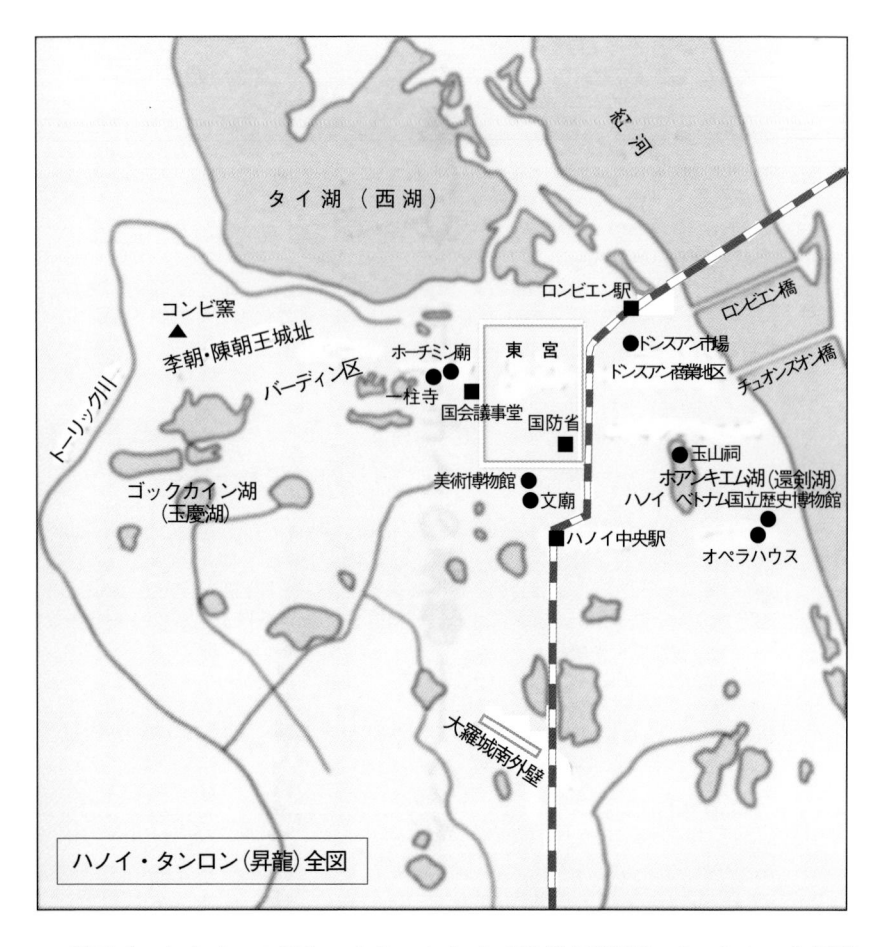

跡は1mから4mの深さにあり、これまで位置が確定していなかった昇龍城を示す蓮形の基壇や、龍に鳳凰をかたどった飾瓦、そして皇帝の象徴である五つの爪を持つ龍を描いた黎朝の十五世紀前期の作とみられる青花（13-238）をはじめとして、出土する遺品に関心が集まっている。なお遺構は中国の長安や奈良の平城京に匹敵するとの指摘もあり、ユネスコの世界遺産申請の声も高い。また発掘地域だけでなく、歴代の王城があったとみられている地域全体に、新規の建設を制限し文化公園にすべきだとの意見もある。

昇龍城はいつの時代も歴史に登場し、歴代皇帝の政務の場となり、ベトナムの中核的役割を果たしてきた。発掘場所はタイ湖に沿うバーディン（巴亭）区を含む西の地域で、広大な長方形の城壁址に囲まれた周辺で、国会議事堂をはじめ、外務省や国防省など国家機関が集中しているところである。王城址は概ね予想の範囲内であったと思われ、今回国会議事堂再建計画のもとに調査に踏み切ったものと見られている。

この昇龍城に窯場があったとする報告が、ベトナム日本国大使館の一等書記官であった穴吹充氏によって、里文出版の月刊誌『目の眼』No.120の1986年10月号、ベトナムの陶磁「ハノイ古窯址の発見」に報告されている。

これを要約すると、──玉慶（ゴックカイン）湖畔の古窯址発見──「先般、玉慶湖を整備した際、碗、皿、瓶が、煉瓦や瓦といった建築材とともに発見された。これらは少なくとも黎朝を下らぬ遺物であり、湖畔に窯址があったことが判明した」。

──コンビにも古窯址か──「ハノイ市内西方のゴックハ、キムマ、コンビ、ビンフックでも古陶磁が発掘されているが、中でもコンビの採集品に窯道具と密着した見込みに蛇の目の釉剥ぎの痕のある褐釉碗が含まれているところから、窯場があったことは明白である。これにより現ハノイ市バーディン区の西方一帯は、李朝から黎朝にかけて製陶センターの様相を呈していたと思われる」とある。

そしてベトナムの資料『ハノイ』（スータット出版社1984年刊）にも、「李朝王宮の東側と西側では手工業（機織り、染色、製陶、製紙、鍛冶、木工など）が発達していたとの記述があり、窯址の存在を裏付けている」と述べている。

さらにそれ以外の資料にも、今世紀の始めに発掘調査が行なわれ、発掘品はこれまで、断片的ながらハノイのベトナム国立歴史博物館に展示されてきたと記されている。

2005年10月16日、九州国立博物館が開館した。それより約一年前の2004年12月4日に、公開予定の記念プレ・イベント講演会が、独立行政法人国立博物館、九州国立博物館準備室、朝日新聞社の主催で太宰府市の太宰府館三階まほろばホールで開かれた。テーマは「ハノイ王宮遺跡と陶磁器の道──ベトナム考古学最新の成果から」である。講演は鹿児島大学の新田栄治氏が「近年のベトナム考古学」、ベトナム考古学院のブイ・ミン・チー氏が「ハノイ・タンロン王

13-239　カンボジア　クメール　灰釉合子
　　　　高6.7cm　胴径11.2cm

13-240　カンボジア　クメール　褐釉櫛目文大壺
　　　　高66.2cm　胴径41.8cm
　　　　東南アジア陶磁館

宮遺跡の発見とその意義」、金沢大学埋蔵文化財調査センターの山本信夫氏が「九〜十五世紀のベトナムに於ける貿易陶磁の変遷について」であった。次いで講演の三名に福岡国立博物館対策室の赤司善彦氏を加えた四名のパネリストによる討論と会場からの質問を受けた。

　また同日、大阪大学大学院文学研究科B13室においても、第18回東南アジア彫刻史研究会が開かれた。昇龍城址の調査や今後の保存研究に協力している奈良女子大学教授上野邦一氏が「ハノイで発見された宮殿遺跡」について講演した。

　王宮遺跡の発掘調査には日本のみならず諸外国の多くの歴史研究家が検証に加わるなどして、国際的にもベトナム文化への関心が高まりつつある。またベトナム自身も、西欧列強の侵略や東西冷戦の狭間で忍耐強く戦い抜き、平和を勝ち取った今、こうして、自ら、より確かで明らかな過去を求めている。またこの度の考古学的発掘で、新資料の五彩や青花に繋がる手懸かりが得られないかと期待している。しかし、発掘が行なわれているのはバーディン区の東方で、主に黎朝が築城した東宮と呼ばれる東京城の一帯である。李朝や陳朝の拠点であった本来の昇龍城は、

13-241 青花竹梅文合子と陶磁片

13-242 五彩蓮花文合子

　穴吹充氏の報告にもあるようにバーディン区の西方にあったとされ、今も土塁や土城壁の残址をトーリック川あたりまで辿ることができるという。だから李朝や陳朝の主なる遺物が明らかにされるには、この地域の発掘調査が不可欠であり、詳細はそれまで待たなければならないのかもしれない。

　奇しくも私の収集品となった一群の陶磁器を通観すると、いくつかのグループ、おそらく四つ、ないし五つに分けられる。それは陶人集団の違いによるものだろうか、それとも時の差であろうか。器形や文様から答えが出せないものかと観察した。器形は多様で豊富な文様がきわだち、様式論に弱い私の手に余る内容であった。文様の発祥を辿れば、元、南宋、金、北宋、遼、唐、と遡る。しかし器形といえば、ほぼ元（1271〜1368）に留まる。

　また、隣国カンボジア（真臘）のクメール灰釉合子（13-239）や褐釉大壺（13-240）と酷似する器形もある。青花竹梅文合子（13-241）に五彩蓮花文合子（13-242）や、ともに超大作で高さ70cmの五彩麒麟牡丹文大壺（13-243）がそれである。このようにカンボジアとベトナム、両国もまた在りし日々の文化を、どこかで共有していたものと思われる。

　そして、中国の広範囲にわたる、華北の定窯、耀州窯、磁州窯、華南の龍泉窯、景徳鎮窯、吉州窯、長沙窯、などの代表的諸窯の影響が浮かぶ。さらに広東省の潮州窯と廉江窯との共通性も認められるが、とりわけ華北一帯に広がっていた磁州窯系の作品に繋がる装飾表現が顕著であるところから、蒙古襲来がいかに凄まじく、中国民衆の南下を促したかを物語っている。磁州窯は十三

13-243 五彩麒麟牡丹文大壺　高70.0cm

14 ベトナムの皇帝陶磁　　　　　　　　　　305

13-244　五彩金彩獅子文盤　口径45.0cm

13-245　五彩金彩獅子文盤（13-244）の獅子文

世紀から十四世紀にかけて、規模と力を失ってゆくと言われているが、元の侵攻による内乱の世と共に、縮小せざるを得なかった事情がここに秘められているのかも知れない。そして伝統ある磁州窯の足跡はさらに中国内をいくつかに分流して南下し、各窯業地で少しずつ姿を変えながら、ベトナムの地で集結したかに見える。

ところで、販売して数年になる今頃になって知らされたというのも片手落ちだったが、実は先の「トプカプの天球瓶」の章で紹介した五彩獅子文盤（13-142）（13-244）に、施されている黄色が金彩だったことが所蔵者の指摘でわかった。この五彩金彩獅子文盤には文様の細部（13-245）を薄い光沢の金色で埋めつくし、散りばめられた点描にも用いられている。これは、金泥を筆で押さえ、更に焼き付けたものであろうか。これまでただ単に上絵具の黄色と思い込んでいただけに、驚きと喜びは数倍である。しかもベトナムにおいて金彩は黎朝からという私の概念はもろくも砕かれ、陳朝陶磁の奥深さに感激を新たにしている。これは素地の焼き上がりも良く特例だとは思うが、その他の器にも金彩が入っていないか今後目を凝らしてゆきたい。

　金で描く金花は北宋に始まり、定窯や建窯、そして磁州窯系でも金箔を切って貼り付けている。また景徳鎮の元とされる瑠璃釉に金彩を施した宝相華文片口〈1〉や梅折枝文杯〈2〉が河北省保定市永華路の窖蔵から出土していて、わずかにその存在が知られている。しかし、ベトナム五彩に金彩を施すこの技法は、中国というよりむしろ西方の影響かもしれない。イランには金属器の輝きを持つラスター彩やミナイ手と呼ばれる白磁色絵陶器の伝統がある。十三世紀から十四世紀には、これを継いだコバルトによる青釉や藍釉に上絵を施し、更に金彩を施したラジュバルディーナと呼ばれる青釉藍釉色絵陶器が作られた。コバルトの使用といい、五彩に金彩を採用する表現はペルシア陶器に倣った点が多々あるのではないかと想像される。

　収集品の器種は変化に富み、壺（13-246）（13-247）（13-248）（13-351）（13-249）（13-352）（13-250）（13-251）（13-252）（13-253）（13-254）（13-255）（13-256）（13-257）（13-258）、そして陳朝前期に流行したと見られる黄白釉褐彩陶の鉄帯区分の伝統を濃厚に残している、優しくて華麗な大作（13-259）、蓋付壺、蓋付壺の蓋の鈕には擬宝珠（13-260）（13-261）（13-262）（13-263）（13-264）に獅子（13-265）や鳥（13-266）（13-267）（13-268）（13-269）がある。瓶（13-270）（13-271）（13-272）（13-273）（13-274）（13-275）（13-276）（13-277）（13-278）（13-279）（13-280）、瓢形瓶（ひょうけいへい）（13-281）（13-282）（13-283）（13-284）（13-286）（13-287）や梅瓶（13-285）（13-288）（13-289）（13-290）蓋付梅瓶（13-291）（13-292）、そして天球瓶（13-64）（13-293）（13-65）

(13-294) もある。盤や皿 (13-295)、一対と見られる (13-296) と (13-297)、(13-298)、(13-301) (13-302) (13-303) (13-304) (13-305) (13-306) (13-307) (13-308) (13-309) (13-310) (13-311) (13-312) (13-313) (13-314) (13-315) (13-316) (13-317) (13-318) (13-319) (13-320) (13-321) (13-322) (13-323)、金の磁州窯赤絵である白地紅緑彩 (9-4) の特色を感じさせる (13-299) (13-300)、鉢 (13-324) (13-325)、そして (13-326) (13-327) のように五彩による一対のみならず、五彩と青花で一対とする例は他の器形にもあり、制作思考の一端が窺える。台鉢 (13-328)、碗 (13-329) (13-330) (13-331) (13-332)、徳利 (13-333)、鳥の鈕が付いた蓋物 (13-334) と、鈕のない蓋物 (13-335) 水盤 (13-336) 水注 (13-337) 合子 (13-338) 小瓶 (13-339)、小壺 (13-340) (13-341) (13-342)、杯、器形も多彩で需要豊富であったと思われるケンデー (13-343) (13-344) (13-345) と呼ばれる水注。香炉は丸い鼎形 (13-346) と長方形 (13-347) が主だが、丸の鼎形に三足 (13-348) と蓋を伴う四足 (13-349) もある。例外として祠のような建物 (13-350) もあり、舎利盒か墓標のようなものかもしれない。でなければ楼閣穀倉に似た性格を持つものであろうか。

　また中国古代青銅器文化の饕餮の伝統を引いた、壺や瓶の肩に獣頭 (13-351) (13-352) (13-353) や獅子頭 (13-354) (13-355) の付いた器が少なからずみられる。元青花において獣頭や獅子頭の付いた器は、古式とされる。

　各種瑞獣や瑞鳥、および動物象形は、龍 (13-356) 鳳凰 (13-357) 獅子 (13-358) 鴛鴦 (13-359)、鳳凰、もしくは仁政の証しをする鳥で雌雄が一緒でなければ飛べないとされる此翼鳥かも知れない双鳥 (13-135) (13-360)、象 (13-361) (13-362) は概ね背に盃 (13-363) を付けているが、輿 (13-364) や、三重の塔 (13-365) を背負った象も見られる。これらは極大から小 (13-366)、そして極小まであり、水注に仕立てられた象 (13-367) もいる。中でも塔を背負い一対で出現したこの象 (13-368) も優れているが、三重の塔を背負った一対の超大作 (13-369) (13-370) は壮観であり、新資料の五彩を代表する存在である。また、一対の馬 (13-371) (13-372) の姿態は特に足腰が強いカヒと呼ばれるモンゴル馬に似ているが、地域的に見て四川馬であろうか。馬具は面繋に始まり鞍橋に下鞍と障泥、そして名称はわからないが丸と面長な飾りと尻

繋を付けている。ベトナム人は中国やチャンパと戦い、内戦に明け暮れた。影の戦力となっていたのが象や馬である。そして主人たちの霊を静かに守護する存在ともなった。他にも、古代安陽王伝説の金亀伝によるものか、燭台に仕立てられている大亀（13-373）、長命の象徴である亀（13-374）、復活の象徴である蛙（13-375）（13-376）、そして魚（13-377）、等々である。大きさは極大・大・中・小・極小だが、総じて大形に特徴がある。と、このように多くの器種があるが、この時代多く作られていたと思われるキンマの用具である石灰壺（10-32）（13-19）が見当たらないのが不思議である。

　迫力ある広口大壺、広口壺（13-378）、大形瓶、大形梅瓶、大盤など、すべて中国諸窯の元代における器体の大形化と並行し、緻密で丁寧に描かれた意匠に価値観を共有している。大作の中には窯傷が生じているものもあるが、それでもよくぞ焼き上げることができたとして大切に扱われ、上絵付を施し完成させている。大作の焼成がいかに困難を伴う作業であったかを物語る作品である。

　陶磁器を飾っている多様な文様は、長い歴史の中で生み出されてきた。それらの文様には、なんらかの意味が含まれている。古代では神の御霊を鎮め奉る表現や、天と地を行き交う龍や鳳凰などとともに、来世からの復活を願う人々の厚い思いが込められた。また紀元後にはそうした思いとともに豊饒、富貴、長寿、子孫繁栄、出世、吉祥といった豊かな感情が、生命力や美感に優れた動植物などの姿を借りて器面に託されるようになる。その思想は伝統となり、殊に高貴な人々に尊重されて脈々と受け継がれた。

　文様の全てを書き切れないが、まず主文様には権威の象徴である五爪で二角の双龍（13-379）が、火焔宝珠と戯れる姿は特筆すべきものである。瑞獣の代表格である龍（源字は竜）は中国人の権威の象徴であるが、特に五爪は元の延裕元年（1314）に民間の使用を禁じて皇帝専用に規定した意匠となった。その五爪で二角の龍はベトナムでも同様に、権威の象徴であったことを窺わせる。また龍と共に神の領域である天と地を行き交う瑞鳥で百鳥の祖とされ仁愛と慈悲の象徴である鳳凰（13-380）。そして瑞獣である麒麟（13-381）（13-382）（13-383）や百獣の王である獅子（13-306）（13-384）などが注目される。

　動物では、鹿（13-385）、馬（13-386）、兎（13-387左）と蛙（13-387右）がある。

13-246 五彩牡丹唐草文大壺　高61.2cm　胴径44.8cm

13-247 五彩麒麟花文大壺　高55.0cm

14 ベトナムの皇帝陶磁

13-248 五彩牡丹唐草鳥文獣頭付大壺　高50.0cm

13-249 青花鹿梅山水牡丹唐草文獣頭付大壺　高48.5cm　胴径38.8cm

13-250 五彩四魚藻花文壺　高46.0cm

13-251　五彩樹下双鹿文壺　高38.0cm

14 ベトナムの皇帝陶磁

13-252 五彩麒麟牡丹唐草文壺　高43.0cm　胴径35.0cm

13-253 五彩麒麟牡丹文大壺　高51.0cm

14 ベトナムの皇帝陶磁

13-254 青花鳳凰文壺　高40.0cm　胴径29.5cm

13-255 五彩鳥花文壺　高38.0cm

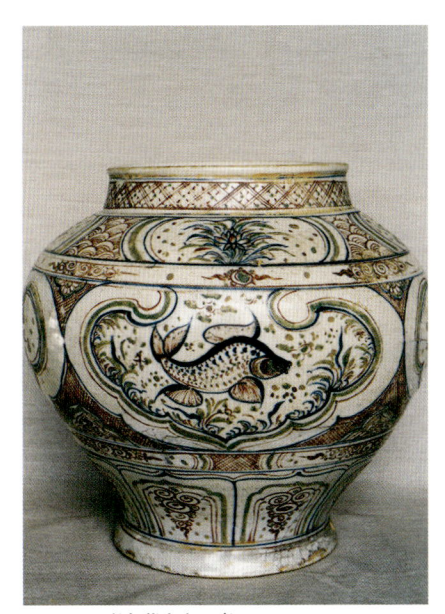

13-256 五彩魚藻文壺　高30.0cm

13-257 五彩魚藻花文壺　高35.0cm

13-258 五彩孔雀文壺　高38.0cm

13-259 五彩鉄彩四魚藻花文大壺

第13章　ベトナムの陶磁と歴史

13-260　五彩魚藻花文蓋付壺　総高40.0cm

14 ベトナムの皇帝陶磁

13-261 五彩梅花鳥文蓋付壺

13-262 五彩魚蓮花文蓋付壺　総高23.0cm

13-263 五彩四魚藻文蓋付壺　総高32.0cm

13-264 五彩鹿花文蓋付壺　総高20.0cm

13-265 五彩獅子鈕

13-266 五彩樹鳥花文鳥鈕蓋付大壺　総高52.0cm

第13章　ベトナムの陶磁と歴史

13-267　青花魚藻文鳥鈕蓋付壺　総高25.0cm

13-268　青花鳥花文魑龍耳鳥鈕蓋付壺　総高29.0cm

13-269　五彩鳥花文鳥鈕蓋付壺　総高28.0cm

13-270　五彩花文瓶　高35.0cm

13-271　五彩鳥山水牡丹唐草文獣頭不遊環大瓶　高57.0cm

13-272　青花花唐草文瓶　高30.0cm

14 ベトナムの皇帝陶磁

13-273 五彩鳥花文瓶

13-274 五彩鳥花文瓶（13-273）の胴部

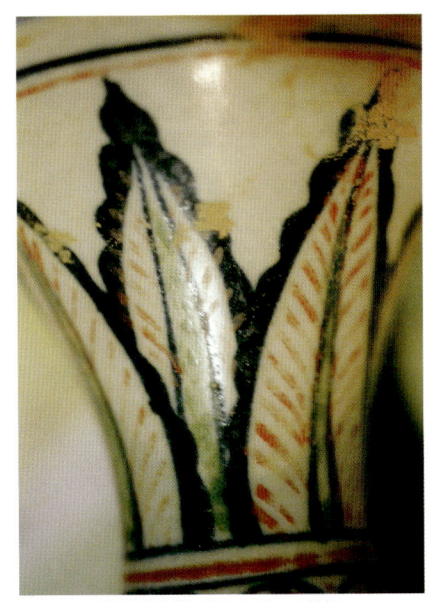

13-275 五彩鳥花文瓶（13-273）の頸部

13-276 五彩鳥花文瓶（13-273）の底面

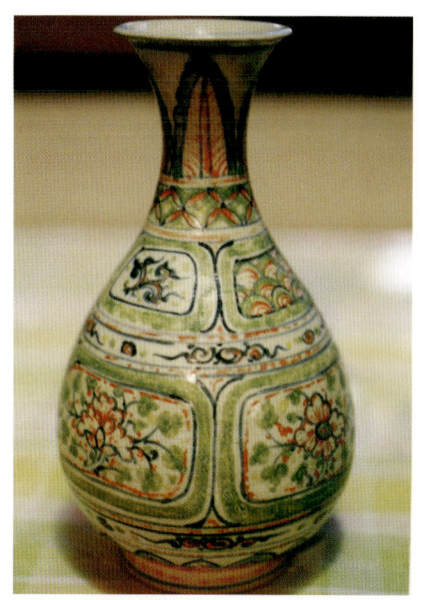

13-277　五彩花文瓶

13-278　五彩鳳凰文瓶

13-279　五彩鳳凰鳥花文瓶　高41.0cm

13-280　五彩花文瓶　高27.0cm

13-281 青花山水花文大瓢形瓶　高60.0cm　胴径36.0cm

第13章　ベトナムの陶磁と歴史

13-282　五彩花文瓢形瓶　高25.0cm

13-283　五彩山水鳥花文瓢形瓶　高33.0cm

13-284　五彩竹花文瓢形瓶

13-285　青花鹿鳥花文梅瓶　高31.0cm

14 ベトナムの皇帝陶磁

13-286 五彩鳥花亀甲文大瓢形瓶

13-287 五彩魚藻花文瓢形瓶　高42.0cm

13-288 五彩魚藻牡丹文大梅瓶　高65.0cm　胴径40.5cm

13-289 五彩雲鶴牡丹文梅瓶　高45.0cm　胴径30.5cm

13-290 五彩火焰宝珠双龍青海波文梅瓶　高39.0cm

13-291 五彩火焔宝珠双龍文蓋付梅瓶　総高45.0cm

13-292 五彩鳥花文蓋付梅瓶　総高43.0cm

13-293 五彩樹鳥花文瓶　高48.0cm

13-294 五彩牡丹唐草文瓶

14 ベトナムの皇帝陶磁

13-295 五彩麒麟花文盤　口径44.5cm　高7.9cm

13-296 五彩魚藻文盤　口径43.5cm　高8.2cm

14 ベトナムの皇帝陶磁

13-297 五彩魚藻文盤　口径43.0cm

13-298 五彩鳳凰花文盤　口径56.0cm

13-300 五彩魚藻文皿　口径27.0cm

13-301 五彩鳥花文皿　口径28.0cm

14 ベトナムの皇帝陶磁

13-299 五彩鳥花文皿　口径28.0cm

13-302 五彩鳥菊花文盤　口径40.0cm

14 ベトナムの皇帝陶磁

13-303 五彩鳥花文盤　口径40.0cm

13-304 五彩魚藻花文盤　口径41.0cm

13-305 五彩太湖石花文盤　口径41.0cm

13-306 五彩玉取双獅子八宝花文盤　口径44.5cm　高7.9cm

13-307 五彩鳥花文盤　口径36.0cm

13-308 五彩魚藻花文盤　口径34.0cm

13-309 五彩牡丹花文盤　口径38.0cm

13-310 五彩鳳凰菊花文盤　口径39.0cm

13-311 五彩鳳凰花文盤　口径42.0cm

14 ベトナムの皇帝陶磁

13-312 五彩鳳凰花文盤　口径39.0cm

13-313 五彩鳳凰花文盤　口径30.0cm

13-314 青花菊花文皿　口径28.0cm

13-315 青花鳥花文盤　口径32.0cm

13-316 青花鳥花文盤　口径34.0cm

第13章　ベトナムの陶磁と歴史

13-317　五彩樹鳥花文盤　口径37.0cm

13-318　五彩魚藻花文盤　口径34.0cm

13-319　五彩双魚藻花文盤　口径36.0cm

13-320　五彩鹿花文盤　口径40.0cm

13-321　五彩樹鳥花文盤　口径40.0cm

13-322　五彩梅花鳥文盤　口径37.0cm

14 ベトナムの皇帝陶磁

13-323 五彩樹鳥花文盤　口径38.0cm

13-324 青花山水文鉢　口径20.0cm

13-326 五彩花文鉢　口径32.0cm

第13章　ベトナムの陶磁と歴史

13-325　青花蓮花文鉢　口径27.0cm

13-328　五彩双魚花文台鉢

13-327　青花魚藻花文鉢　口径32.0cm

13-329 五彩花文碗 3　平均　口径 9.0cm　高 13.0cm

13-330 青花花文と鳥文の碗 5

13-331 青花と五彩碗10

13-332 青花と五彩碗10（13-331）の底面

14 ベトナムの皇帝陶磁

13-333 五彩花文徳利

13-337 五彩花文水注　高15.0cm

13-336 五彩花文水盤　径28.0cm

13-334 青花魚藻文大蓋物　高30.0cm

14 ベトナムの皇帝陶磁

13-335 五彩花文大蓋物　高26.0cm　胴径30.0cm

13-338 五彩鳥花文合子 2　（左）高 9.5cm　胴径11.6cm　（右）高 7.0cm　胴径11.9cm

13-339 五彩花文小瓶　高11.3cm　胴径 7.0cm

13-340 五彩花文小壺

14 ベトナムの皇帝陶磁

13-341 青花花文小壺 2

13-342 青花花文小壺 2
（左）胴径 3.2cm　高 2.5cm
（右）胴径 2.7cm　高 2.6cm

13-343 五彩亀甲文水注　胴径30.0cm　高25.0cm

13-344 五彩鳥花文面取水注　高30.0cm

14 ベトナムの皇帝陶磁

13-345 五彩鳥花文水注　高29.0cm

13-347 五彩魚花文香炉の側面

13-348 五彩花青海波文三足香炉
　　　　胴径26.0cm　高30.5cm

13-346 五彩双龍文鼎形大香炉　胴径41.7cm　高46.0cm　口径32.5cm

14 ベトナムの皇帝陶磁

13-349 五彩麒麟文獅子鈕蓋付四足香炉　総高35.0cm

13-350 五彩牡丹波状文祠堂　高40.0cm

13-351 五彩牡丹唐草鳥文獣頭付大壺（13-248）の獣頭

13-357 五彩鳳凰

13-352 青花鹿梅山水牡丹唐草文獣頭付大壺（13-249）の獣頭

14 ベトナムの皇帝陶磁

13-353 五彩壺の断片に見られる獣頭

13-354 五彩山水鳥文獅子頭付大壺の獅子頭

13-355 五彩牡丹文獅子頭付大壺の獅子頭

13-356 五彩龍形水注　高42.0cm　胴径30.0cm

14 ベトナムの皇帝陶磁

13-358 五彩獅子形壺　胴径21.6cm　幅11.0cm　高10.2cm

13-359 五彩鴛鴦形壺　高10.0cm　胴径16.0cm

13-360 青花双鳥形壺

13-361 五彩八宝文象形盃付燭台　高45.0cm　胴径50.0cm　幅26.5cm

14 ベトナムの皇帝陶磁　　369

13-362　五彩八宝文象形盃付燭台　　高45.0cm　胴径50.0cm

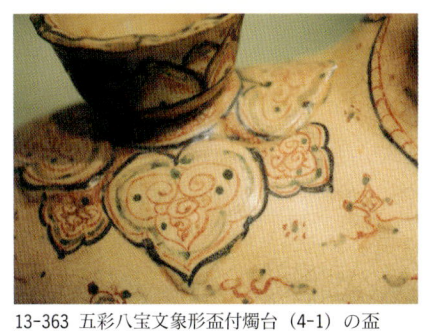

13-363　五彩八宝文象形盃付燭台（4-1）の盃

13-364 五彩象の二層輿

13-365 五彩象の三重塔

13-366 (大)五彩霊芝花文象形盃付燭台　高47.0cm　(小)五彩霊芝花文象形水注　高18.0cm

14 ベトナムの皇帝陶磁　　　　　　　　　　　　371

13-367　五彩火焔宝珠文象形水注
　　　　長径42.5cm　　胴径22.0cm　　高45.5cm

13-368　五彩霊芝花文塔付巨象　　高60.0cm

13 369 五彩霊芝花文三重塔付巨象　高70.0cm

14 ベトナムの皇帝陶磁

13-370 五彩花文三重塔付巨象　高70.0cm　長径70.0cm

第13章　ベトナムの陶磁と歴史

13-371　五彩鞍付馬　長径52.0cm　高42.0cm

13-372　五彩鞍付馬　長径56.0cm　高42.0cm

14 ベトナムの皇帝陶磁

13-373 五彩菊花青海波文蓮葉大亀形燭台

13-374 五彩亀形壺　胴径18.0cm　高7.5cm

13-375 五彩蛙壺

13-376 青花蓮花文蛙形壺

13-377 五彩魚形壺

13-378 青花花唐草文広口壺

13-379　五彩大壺の火焰宝珠と戯れる五爪二角の龍文

13-380　五彩壺の鳳凰文

13-381　五彩盤の麒麟文と波文

14 ベトナムの皇帝陶磁

13-382 青花碗の麒麟文

13-383 五彩壺陶磁片の麒麟文

13-384 五彩盤（13-306）の玉取双獅子文

13-385 青花碗（13-331左下）の鹿文

13-386 五彩碗の馬文

13-387 （左）五彩碗（口径14.8cm　高7.6cm　高台径6.6cm）の兎文
　　　（右）五彩碗（口径13.5cm　高8.3cm　高台径5.8cm）の蛙文

13-388 五彩碗の雲鶴文と五つの目跡

13-389 五彩盤（13-302）の尾長鳥文

13-390 五彩壺の尾長鳥文

13-391 五彩盤の小禽文

13-392 青花盤（13-316）の小禽文

13-393 五彩盤の小禽文

13-394 五彩鉢の小禽文

13-395 青花碗（13-330右上）の小禽文

13-396 青花碗の小禽文

13-397 五彩盤（13-317）の小禽文

13-398 五彩皿の小禽文

14 ベトナムの皇帝陶磁

13-399 五彩碗の青海波と鯉文

13-400 青花碗の青海波と鯉文

13-401 青花盤の双鯰文

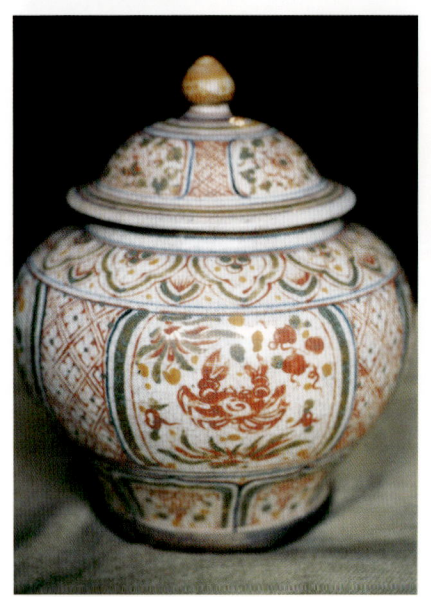

13-402 五彩魚介文蓋付壺の蟹文
　　　総高21.5cm　胴径19.3cm

13-403 五彩魚介文蓋付壺（13-402）の海老文

13-404 五彩魚介文蓋付壺（13-402）の巻貝文

13-405 （左）青花碗（口径14.0cm）の蟷螂文　（右）青花碗（口径15.0cm）の蟹文

13-406　五彩壺の牡丹文

13-407　五彩壺の牡丹文

13-409 五彩壺の束蓮文

14 ベトナムの皇帝陶磁　389

13-408　青花蛙形壺（13-376）の胸に描かれた蓮花文

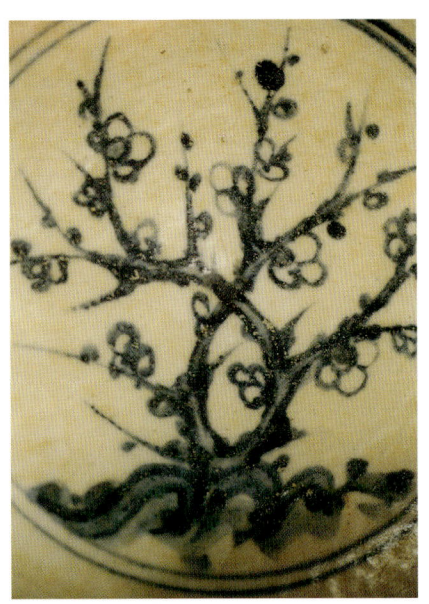

13-410　青花碗の梅文

13-411　五彩碗の蓮弁文

13-412　青花碗の蓮弁文

390　第13章　ベトナムの陶磁と歴史

13-413　五彩碗の霊芝文

13-414　五彩碗の花文

13-415　五彩碗の花文

13-416　五彩碗の花文

13-417　五彩碗の花文

13-418　五彩碗の花文

14 ベトナムの皇帝陶磁　　391

13-419　五彩碗の花文

13-420　五彩碗の花文

13-421　五彩碗の花文

13-422　青花碗の花文

13-423　青花碗の花文

13-424　青花碗の花文

13-425 青花碗の花文

13-426 青花碗の花文

13-427 青花碗の花文

13-428 青花碗の花文

13-429 青花碗の花文

13-430 五彩壺の柘榴文

13-431 五彩瓢形壺陶磁片の桃文と石榴文
　　　　高23.0cm

13-432 五彩八宝文象形盃付燭台の背面
　　　　長径54.0cm　高46.0cm

13-433 五彩壺の山水文

13-435 五彩と青花の陶磁片

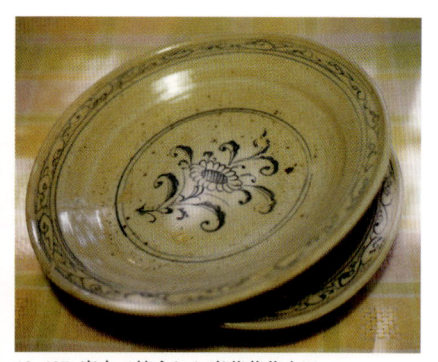

13-437 窯中で接合した青花菊花文皿

13-434 五彩皿（口径38.0cm）の牛と童子の図

14 ベトナムの皇帝陶磁

13-436 五彩と青花の陶磁片

13-438 窯中で接合した青花魚藻花文壺と玉取双獅子八宝文盤

13-439 窯中の接触によりゆがみが生じた五彩の下絵の段階と思われる青花双魚文盤

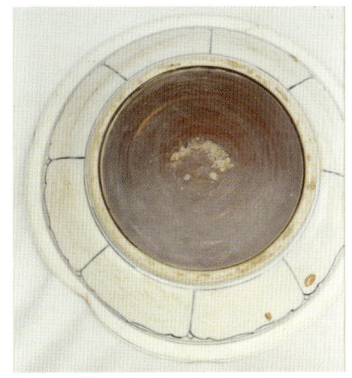

13-440 青花双魚文盤（13-439）の裏面

ベトナム人は鳥に特別な観念を持っていたようで、孔雀、鶴（13-388）、鷺、鴛鴦、鴨、鵲、尾長（13-302）（13-389）（13-390）、の他に小禽（13-391）（13-316）（13-392）（13-393）（13-394）（13-330）（13-395）（13-396）（13-317）（13-397）（13-398）に至るまで数多く描き、多彩な意匠の主要な部分を担っている。

魚介では、鯉（13-399）（13-400）、鯰（13-401）、蕨魚、蟹（13-402）（13-405右）、海老（13-403）、巻貝（13-404）、などで、これらは全て河川に生息する魚介が描かれている。

昆虫では蟷螂（13-405左）が見られる。

花は主に、牡丹（13-406）（13-407）、蓮花（13-376）（13-408）、束蓮（13-409）、菊、梅（13-410）、竹、芭蕉、海石榴華、宝相華、などである。

なお、五彩と青花碗の蓮弁（13-411）（13-412）の例と、碗の見込みに描かれた五彩の万年茸である霊芝（13-413）をはじめ、多彩な花文（13-414）（13-415）（13-416）（13-417）（13-418）（13-419）（13-420）（13-421）と、青花の花文（13-422）（13-423）（13-424）（13-425）（13-426）（13-427）（13-428）（13-429）の例を、ここにを取り上げてみた。

また、折枝の果物に、桃（13-431）に石榴（13-430）（13-431）、茘枝、枇杷。

従属文は、芭蕉、雷、雲気、霊芝雲、蔓唐草、蓮弁、花弁、梅花、波。水藻には、おおうき草、蘋、芋薺、オモダカ、など。

そして、インドの大乗仏教を忠実に継いだチベット密教の一派であるラマ教を信奉していたモンゴル人は、その教説で吉祥とされる八宝、および八吉祥と呼ばれる宝（法螺、法輪、宝傘、白蓋、蓮花、宝瓶、金魚の双魚、盤長）や雑宝（珠、銭、巻子、鼎、元宝、銀錠、方勝、陰陽板、珊瑚、丁子、鍵、犀角、火焰宝珠）を尊んだ。その内のいくつかの宝が選ばれ、主に象（13-432）などに描かれている。

また、ラマ式蓮弁、山水（13-433）、亀甲、幾何学、等々である。

他に、窓絵で開光である壺門の格狭間は、如意頭、木瓜（四花）、稜花、輪花、円、など様々な形式が見られ、それがこれらの大きな特徴ともなっている。さらに四方襷に七宝、菱などの繋ぎ、青海波が目立つ。

珍しい作品として、牛の背で横笛を奏でる唐子（13-434）の牧歌的な姿を描

いた皿がある。場面や季節に違いはあるものの、南宋の絹本墨画淡彩で国宝になっている大和文華館の李迪の雪中帰牧図軸を見る思いがする。中でも禅画に通じる古式の作風と思われる。

　中国では景徳鎮の珠山御器廠址が元代の官窯であったとする説があり、その可能性と存在が認められつつある。ベトナムでも陳朝前期に機能していた代表的な官窯として、ナムディン市郊外の天長府が挙げられている。但し十三世紀から十四世紀にかけて王族や貴族たちの敷地内で陶磁器が焼かれているが、これらを官窯とするのかという問題である。もしそうであれば、この頃生産された大半の陶磁器が官窯製ということになる。このように陳朝では王侯などの富裕層が、自給的官窯として田庄および荘園内の専用窯で大々的に制作を繰り広げ、推測がつかないくらい陶人たちのエネルギーが投入されていたのである。

　だが、その他にも、皇帝の特命を受けて制作する、皇帝直轄の特別窯が存在していた可能性も高い。皇帝とは、帝国の君主の尊称であるが、皇は美しく大なること、帝は徳の天に合する意のことである。出現した陶磁器にはそれを示すかように様々な高位の吉祥文が煌めいている。これらに、いかに解釈を巡らせてみても、「皇帝陶磁」としか言いようがない様相に満ちている。結果、ベトナム皇帝の強烈な芸術意欲が壮麗で力強く純粋に表され、絢爛豪華で実に驚嘆すべき見事な逸品を残した。しかも、全て一品制作、ないし一対で、一つとして同じ作品がない。一点しか作らない、ないしは作らせない、という陶磁制作の状況は極めて異例である。その反面、これほどまでに多彩な器形に取り組み、ひとつひとつに贅を極めて誕生させた作例を、私は他に知らない。しかも、並々ならぬ精魂が込められて仕立て上げられているのである。

　これら緻密な表現の五彩や青花は、皇帝の重要な祭祀や儀式を彩っていたものか。この逸品を生んだ上皇および皇帝たちは、陳朝二代聖宗（1240〜90　在位1258〜78　上皇在位1278〜90）の第一子で三代仁宗（1258〜1308　在位1278〜93　上皇在位1293〜1308）に始まり、仁宗の第一子で四代英宗（1276〜1320　在位1293〜1314　上皇在位1314〜20）。そして本命と目される英宗の第四子にあたる五代明宗（1300〜57　在位1314〜29　上皇在位1329〜57）であり、明宗の第二子で六代憲宗（1319〜41　在位1329〜41）の時代である。それでも国力が衰え始めたとされる、明宗の第十子の七代裕宗（1336〜69　在位1341〜69

陳朝皇帝・上皇一覧

岩波講座「東南アジア史2」東南アジア古代国家の成立と展開 6「ベトナム史」の確立 桃木至朗 岩波書店2001.を参考

廟号・諱			続柄(生母)	皇后
太祖承	生没年	？－1234	続柄(生母)	陳李〔元祖〕の子
	上皇在位年	1225－1234	皇后	黎氏妙〔保聖国母〕
1 太宗煚	生没年	1218－1277	続柄(生母)	太祖の二男（保聖国母黎氏）
	皇帝在位年	1225－1258	皇后	昭聖皇后李仏金、順天皇后李瑩
	上皇在位年	1258－1277		
2 聖宗晃	生没年	1240－1290	続柄(生母)	太宗の二男〔嫡長子〕（順天皇后）
	皇帝在位年	1258－1278	皇后	天感皇后歆〔元聖天感皇太后〕
	上皇在位年	1278－1290		
3 仁宗昑	生没年	1258－1308	続柄(生母)	聖宗の長男（天感皇后）
	皇帝在位年	1278－1293	皇后	欽慈皇后峰〔欽慈保聖皇太后〕
	上皇在位年	1293－1308		
4 英宗烇	生没年	1276－1320	続柄(生母)	仁宗の長男（欽慈皇后）
	皇帝在位年	1293－1314	皇后	順聖皇后〔順聖保慈皇太后〕
	上皇在位年	1314－1320		
5 明宗奣	生没年	1300－1357	続柄(生母)	英宗の四男（保義王陳平仲の娘徽姿皇太妃）
	皇帝在位年	1314－1329	皇后	僴聖皇后〔憲慈皇太后〕
	上皇在位年	1329－1357		
6 憲宗旺	生没年	1319－1341	続柄(生母)	明宗の二男？（胡季犛の叔母充媛黎氏）
	皇帝在位年	1329－1341	皇后	（恵粛王大年の長女顕貞辰妃）
7 裕宗暭	生没年	1336－1369	続柄(生母)	明宗の十男（僴聖皇后）
	皇帝在位年	1341－1369	皇后	恵粛王の四女儀聖皇后〔徽慈佐聖皇太后〕
8 楊日礼	生没年	？－1370	続柄(生母)	明宗の長男恭粛大王の庶子？
	皇帝在位年	1369－1370	皇后	明宗の三男（後の芸宗）の娘
9 芸宗暊	生没年	1321－1394	続柄(生母)	明宗の三男（憲慈太后と同母異父姉妹で胡季犛の叔母英姿元妃）
	皇帝在位年	1370－1373	皇后	（恵懿夫人）
	上皇在位年	1373－1394		
10 睿宗曔	生没年	1337－1377	続柄(生母)	明宗の十一男（憲宗と同母）
	皇帝在位年	1373－1377	皇后	胡季犛の従妹嘉慈皇后
11 廃帝晛	生没年	1361－1388	続柄(生母)	睿宗の長男（嘉慈皇后）
	皇帝在位年	1377－1388	皇后	芸宗の娘光鸞皇后
12 順宗顒	生没年	1378－1399	続柄(生母)	芸宗の末子（生母不明）
	皇帝在位年	1388－1398	皇后	胡季犛の長女欽聖皇后聖偶〔欽聖皇太后〕
	上皇在位年	1398－1399		
13 少帝㦖	生没年	1396－1400	続柄(生母)	順宗の長男（欽聖皇后？）
	皇帝在位年	1399－1400	皇后	

あたりまでの歴代皇帝がその範囲内であろうか。
　おそらく、この何人かの皇帝の下で優品が生み出されたものと思われるが、華やかな陶磁に比して皇帝たちの政務や活躍に関する伝承、そして資料は地味で乏しい。しかも、残存すれば参考となるであろう建築物は過少で、絵画は皆無である。
　それでもわずかながら、この時代の皇帝や王侯たち、ならびに社会の一端をイメージできる金石文がある。
　2001年岩波書店発行の岩波講座『東南アジア史』2「東南アジア古代国家の成立と展開」Ⅱ東南アジア史の分水嶺（十三～十五世紀）の6「ベトナム史」の確立　二「十四世紀の分水嶺」その2「小農社会の萌芽」を要約すると、金石文は陳朝前期より、陳朝後期の方が数も多く、内容にも違いが見られる。陳朝前期は王侯貴族の墓誌か、有力者が建立した仏教寺院の碑文、鐘銘などであるのに対して、陳朝後期には寺院関係の碑文に土地や金銭の寄進が目立つ。中には1330年に没した竹林派第二代の法螺禅師の年譜を刻んだ「青梅円通塔碑（せいばいえんつうとう）」大治五年（1362）に、英宗、明宗期の大勢の陳朝王侯貴族を後援者とする法会、仏書刊行、仏像鋳造などの活動とともに、大規模な土地寄進が記録されている。それにとどまらず、他にも豪族や平民の寄進碑があり、田畑宅地等多くの寄進者を集めている。また仏教寺院や高僧は大量の寄進を受け、「三宝田」「三宝奴」などの土地と労働力を所有していたという。この傾向を歴史学者桃木至朗氏は社会経済構造の大変化と捉え、土地の区画や所有を記録する必要性が高まり、土地が希少財になりつつあったことを示している、としている。階級構造も中小所有者の勢力が強まり、記録を残す力、つまり社会的発言権を獲得しつつあった、と分析する。
　また同時に陶磁にも触れ、従来の天長府官窯や王侯の屋敷内での自給的生産以外に、チューダオ窯（現ハイズオン省）などに新たな陶磁生産地が興り、青花に代表される高級陶磁器の輸出が活発化するといった、陳朝後期に始まる交易陶磁史の新局面も経済勢力拡大の一端かと思われる、と綴っている。
　なお、今回入手した遺物の出土地を、私は未だ確認できずにいる。また発見された場所が墳墓だったのか、窖蔵（こうぞう）だったのかすらもわかっていない。それでも出土品の状態の良さは全体に窺え、発掘はある程度の人数でしかも時間をか

けて懇切丁寧な作業で大々的に行なわれたものと察しがつく。さまざまな断片（13-435）（13-436）も顔を出しているが、それとは別に物原から出土したと思われる、窯の中で接合し口を開けた貝のような状態で出土した二枚の青花菊花文中皿（13-437）、また、大作でくっついたまま離れようとしない魚藻花文壺と獅子文盤（13-438）、並びに青花を施し五彩の下絵段階で窯中で他の器物と接触しゆがみが生じてしまった青花双魚文盤（13-439）（13-440）も認められるところから、窯場をも発掘した形跡がある。したがって主な発見場所と窯場は至近距離にあったと想像できる。陳朝後期の王侯たちは主に紅河デルタの東北側一帯に広大な領地を所有していたとされる。そこは海の勢力李氏発祥の地であるとともに、仏教初伝の地で古刹も多い。次いでタイビンの陳氏が勢力圏とし、その後の莫氏も居城を構えて文廟を残すなど名所旧跡が多い。このように古来紅河デルタのタイビン川をはじめ北筋を流れる川沿いは、海の勢力の居住地帯である。だからまずこの地を制圧すべく、宋や元そしてチャンパの水軍は、攻めるときも退くときも、互いの生命線となる白藤江を確保することが勝敗の分かれ目となっていたのであろう。この地域にあって、李朝の伝統を受け継いだ陳朝宗室は、独自の創意で陳様式を完成させた。皇帝直轄の特別窯は、おそらく陳氏の荘園もしくは田庄の領地内に築かれていた。陶人たちは好待遇を受け、作陶に専念していたであろう。ただし皇帝や皇族の世界観を託した願いや祈りを表現することしか許されず、しかも秘技であったところから幽閉状態にあったものと推察される。この度新発見の五彩と青花は、これまでその姿の片鱗すら見せていなかった。ベトナム五彩は皇帝の象徴であり、陳皇族にとって門外不出の秘陶だったのである。

　今日ベトナムは経済成長に後押しされて、新しい時代に向かって日々激しく動いている。思えばベトナムの2000年は常に他国との戦いを強いられ、民族の自由と独立を求める歴史であった。そして近代になっても、独立と南北統一への道のりは長く厳しい日々が続いた。

　1973年、アメリカはベトナムから戦闘部隊を完全撤退させた。だがその後、パリ和平協定は実質的に機能していなかった。アメリカ軍という後ろ盾を失った南ベトナム共和国（1955～75）政府軍は、譲り受けた戦闘機や戦車などを使って南ベトナム解放民族戦線と戦っていたが、劣勢は否めなかった。

南ベトナム解放民族戦線が優勢となっていた1975年、ベトナム人民軍が南ベトナム共和国政権に圧力をかけるべく南下した。そして南ベトナム共和国政府軍の主要拠点であったバンメトートの奇襲に成功すると、中部高原（タイグエン）で大攻撃を始めた。この戦いによって南ベトナム共和国政府軍は総崩れとなる。勢いを得たベトナム人民軍はフエとダナンを解放し、次いでビエンホアの東方スアンロックで激闘を制した末に、二十七万人を動員してサイゴンを五方向から総攻撃した。この時、南ベトナム共和国政府軍を支援していたアメリカ軍事顧問団約七千九百人が脱出、アメリカ大使館員もヘリで逃走した。そして南ベトナム共和国政府の主力軍約百十万の兵も軍服を脱ぎ捨てて、瞬く間に一市民に返った。そして南ベトナム共和国の崩壊寸前に将軍から突然最後の大統領となったズオン・バン・ミン（1916～）が無条件降伏した。4月30日、サイゴンは無血で完全解放され、南ベトナム共和国が消滅したのである。
　しかし、急速な社会主義化と相容れない人々約十三万人がアメリカ軍のヘリで海上空母へと脱出し、その後、各地からボートピープルとなって祖国を離れる者が続出した。
　1976年、約百年におよぶ植民地支配からようやく解放され、勝利と自由を得たベトナムは南北統一総選挙を行ない、ベトナム社会主義共和国を成立させた。ここにサイゴンは建国の父の名を冠されホーチミン市として生まれ変わった。しかし、南部の経済がゼロから出発したに等しいベトナムに対して、1978年中国が経済技術援助の全面停止を打ち出したことにより、両国関係が悪化し、緊張が高まった。この時、中国系ベトナム人である華人約三十万人が国境を越えて帰国する事態となった。中国とベトナムの関係はベトナム戦争当時からぎくしゃくしていたが、1975年以降のカンボジアとベトナムの紛争（第三次インドシナ戦争）において中国がポル・ポトを支持したことで完全に悪化した。そして1979年、ついに中国がベトナムに侵攻し、中越戦争が起こった。
　こうして、1975年以来十数年にわたる混迷の中で流出した難民の総数は百六十五万人にも達したと言われている。ベトナム政府は混迷する状況を打破するため、1981年から1982年にかけてドイモイ（刷新）政策を試みた。そして1986年、貿易の自由化が実験段階から実行に移された。ドイモイ政策は経済のみならず、硬直していたベトナム共産党（旧ベトナム労働党）の体質をも改めさせ

た。再建と発展のためには、あらゆる層の改革が求められたのである。

　だから1980年代は激動の変革期であり、ベトナムの人々に真の戦後が訪れたのは、ドイモイ路線が本格化し経済的困難を克服した1990年代になってからであった。殊に社会主義の中枢であったハノイやその周辺の人々の心に真の解放感が訪れるには、さらに年月を要したものと思われる。ベトナムはこの間にも日本をはじめ各国と国交を温め、経済援助と産業協力を得て進展した。1994年、ベトナム経済は安定路線から成長路線へと展開し、工業化した近代国家を目指して走り出した。

　このように、ベトナムは近年まで戦火と混乱の記憶を引きずってきた。だからこそ、この一大転換期をものともせず、前向きでエネルギッシュに突っ走る今日のベトナムがあるとも言える。経済や政治の解放政策にともなって、人々の思考や環境も大きく変化したはずである。初公開となる遺品の発掘が始まったのも、解放が進んだ1999年であった。

　このようなベトナムの国情を考えれば、ベトナムの人々に自国の文化を振り返る余裕や文化遺産を守るゆとりがつい最近まで与えられていなかったのも無理はないと言える。それだけにこの発見の意義は大きい。陳朝の繁栄を偲ばせる究極のサプライズである。しかも、青花は十四世紀早期の発生を窺わせ、従来陶磁史において、十五世紀中頃から始まったとされてきた五彩の解釈をくつがえして一気に一世紀以上も遡るという、誰もが予想すらしなかった一等の新資料であり、東洋陶磁の至宝なのである。

【参照】
〈1〉瑠璃釉金彩宝相華文片口　河北省保定市永華路窖蔵出土　長径17.0cm　短径13.5cm　高4.8cm　底径8.0cm　北京市　故宮博物院.
　　『世界美術大全集』東洋編　第7巻　元　頁224・図185　小学館　1999.
〈2〉瑠璃釉金彩梅折枝文杯　河北省保定市永華路窖蔵出土　口径8.1cm　高4.0cm　底径3.0cm　石家荘市　河北省博物館.
　　『世界美術大全集』東洋編　第7巻　元　頁224・図186　小学館　1999.

第14章　ベトナム五彩貼花花卉文壺

　2004年の秋、タイの古美術商を訪ねた帰り際に、タイの新聞のコピーを渡された。内容は、香港のサザビー社が極めて寡少である中国元の壺を2002年10月14日に台北で公開した後、30日香港でオークションにかけるというものであった。そして壺としてはこれまでの落札記録を上回り過去最高額になると予測され、競売となる青花紅釉貼花花卉文壺（共蓋消失）をカラー写真入りで報じたものであった。そしてオーナーの話では、近々このような壺がベトナムから届くというのである。

　青花紅釉貼花花卉文壺〈1A〉〈1B〉（14-1）は元様式でありながら、元青花の出現以前に流行したと見られるビーズ紐貼花装飾（13-68）（14-2）技法や紅釉をともない、元青花の初期の作例で皇帝が係る特別な官窯品ではなかったかと見られていて人々の注目度は一段と高い。ロンドン大学のデイヴィッド・コレクションや北京市の故宮博物院、そして石家荘市の河北省博物館など、所蔵は世界に数点のみ知られる逸品である。

　年が明けた2005年1月、断片の写真が届いた。

　タイルの床にビニールを広げ、その上に壺の裾から高台にかけての部分と、胴部の小さな破片を置いて撮った無造作な写真である。私はこの写真を見てとうとう行き着くところまできたのではないか、という印象を持った。それはまさにに元の青花紅釉貼花花卉文壺と同様の様式と見られるベトナム五彩貼花花卉文壺の断片（14-3）だったからである。断片には開光部の下の部分を取り巻くやや荒めのビーズ紐貼花装飾がわずかながら残っていて、ビーズ紐が二連であることもなんとか確認できる。また小さな断片には、金属器の透し彫りをまねて作られた花葉の貼花文が施されていて、花は紅、葉は変色気味の緑、茎は青花で表され、華やかな作風が伝わる。元の青花紅釉貼花花卉文壺に似た、ベ

14-1 青花紅釉貼花花卉文壺　河北省保定市永華路窖蔵出土　総高41.2cm　口径15.5cm　底径18.7cm
石家荘市　河北省博物館

14-2 青白磁貼花花卉文瓶
（通称・ゲニエール・フォントヒル瓶）
（高28.3cm　口径8.0cm　底径10.0cm
ダブリン　アイルランド国立博物館）
のビーズ貼花装飾

14-3 五彩貼花花卉文壺陶磁片

トナム五彩貼花花卉文壺。それこそ半信半疑であったが、これまでのことを考えると内心どこかで期待が高まっていた。それが断片だったとは……。なんとも、ほろにがい便りである。だが、ベトナムでもビーズ紐貼花装飾技法が行なわれていたという重要な証を示す貴重な作例であり、断片を手に入れることができるだけでも喜ばなければならない。そして、わざわざ断片の写真を送り届けてくれるくらいだから、先を楽しみにしていろという意味とも受け取れ、ここは気長に待つしかないと思った。

しかし、ここのところめっきり品物の紹介が少なくなっていた。また私自身今年に入って執筆にかかりきりで訪タイを怠っていたところ、4月になって速達が舞い込んだ。

便りを開ける時はいつも緊張させられるものだが、速達自体が特別で、例の品ではないかとする想いがいやがうえにもよぎり、期待感を押さえながらおそるおそるの開封となった。そこには誇らしげなベトナム五彩貼花花卉文壺（カバー）（14-4）の写真が収められていた。そしてこれも珍しく、短い英文が添えられていて「価値ある特別な品を用意している」という文面に、身震いがして、以後落ち着かない。

写真は壺全体の他にも蓋の上に座す見返りの獅子（14-5）、そして壺の肩と思われる部分の、ビーズ紐貼花装飾（14-6）を意識的に撮った三枚であった。

14-4　五彩貼花花卉文壺　総高52.0cm

そして裏面に総高であろう、52cmと書かれている。

　私は遠い道のりであったが、とうとう来るべきところへ辿り着いたのではないかと思った。そして、もうこれで主なる品は出尽くしたに違いない、といった安堵感と、一種の寂しさが交錯する複雑な心境に陥った。そしてハードルは高いであろうが、あとこれさえクリアーできれば使命感と達成感を同時に味わえるのではないかという誘惑に駆られた。それとともに、今回出土品中の代表格とも言える重要な品が、もう幕引きかと思われる今頃になって現れるなどとい

14-5 五彩貼花花卉文壺（14-4）の獅子紐付蓋

14-6 五彩貼花花卉文壺（14-4）のビーズ紐貼花装飾

う芸当は出来過ぎていて、どう考えても納得できない。勘ぐる訳ではないが、ある時点からオーナーの秘蔵品として温められ、最後を飾る名品として、ここにその姿を現したのではないか、とまで考えさせられるのである。

　過去に河北省保定市永華路の窖蔵から元の青花紅釉貼花花卉文壺⟨1A⟩⟨1B⟩（14-1）⟨1B⟩が二点揃って出土している。この二点は現在北京市の故宮博物院と石家荘市の河北省博物館にそれぞれ収められていて、総高は42.3cmと41.2cmでデザインもほぼ同じであるところから、一対で作られたのではないかと見られている。だとすれば同様の作風を示すこのベトナム五彩貼花花卉文壺も一対で作られていた可能性は高く、先に送られてきた写真の断片が一対の内の一点であったなら、今はもう消滅して存在していないことになる。だから今後この種の器が現れない限り、ベトナム陶磁でビーズ紐貼花装飾を伴う陶磁器は、この壺が唯一となる。

　足かけ六年にわたる一連のベトナム出土陶磁器の受け入れは、おそらくこれをもって最終局面を迎え、次回の訪タイで一応の終結を見るものと思われる。

【参照】
⟨1A⟩　青花紅釉貼花花卉文壺（一対のA）　河北省保定市永華路窖蔵出土　総高42.3cm　北京市　故宮博物院.
　　　『元の染付』陶磁体系41　頁8、9・図4　矢部良明　平凡社　1974.
　　　『元・明の青花』中国の陶磁8　頁8・図4　編著・中沢富士雄　長谷川祥子　監修・長谷部楽爾　平凡社　1995.
⟨1B⟩　青花紅釉貼花花卉文壺（一対のB）　河北省保定市永華路窖蔵出土　総高41.2cm　口径15.5cm　底径18.7cm　石家荘市　河北省博物館.
　　　『世界陶磁全集』13　遼・金・元　頁64、65・図52　小学館　1981.
　　　『世界美術大全集』東洋編　第7巻　元　頁226・図164　小学館　1999.

おわりに

　一国の陶磁史の重要な一章を、まるごと掘り起こすチャンスに遭遇するなどという、世の中にはとうてい有りえないと思うことでも起こりうるということを、身を持って実感し、体験した。そして全く知られていなかった陶磁器を解明するという、陶磁史の闇に迫る困難な作業に挑み、大胆にも私論を述べてみた。だが往時の情報を膨大に満載した新資料の解明は今始まったばかりである。本稿はあくまでもその概説であり、現段階の一つの指標に過ぎない。したがって今後研究者各位のさらなる仔細な研究を期待しつつ、より多くの人々の鑑賞に則して評価を仰ぐ次第である。

　本書の新資料の図版や挿図は主にタイの古美術商が撮影し、その都度送付された写真を掲載しているが、買い求める際に私が記録のつもりで撮った写真も使用している。またそれ以外に、参考資料として掲載させていただいた図版や挿図は、内外の美術館および博物館の各所蔵機関、ならびに所蔵者諸氏のご理解とご協力により、ポジ、デュープ、写真の提供、もしくは既に刊行されている書籍、図録等々より転写の許可をいただいたもので、所蔵一覧と出典を記して謝意を表すところである。だが中には僅かながらも申請に対して回答が得られなかったり、現在の所蔵先が不明であったりする場合があったが、論考上必須であるため挿図に示しているが、この点関係各位のご理解を賜りたい。

　また、私のこの取り組みに対して、青野弘之氏、上床亨（1923～2006）氏、木村克彦氏、國分孝雄氏、藤井俊彦氏、藤原弘氏の愛好者各位には格別のお力添えと励ましをいただいた。そして酒井敦子氏には掲載作品の許可申請書の作成、ならびに図版や挿図の整理等々を手助けいただいた。出版にあたり、めこん社長桑原晨氏のご指導を、ことに感謝している。

最後に、四十五年間連れ添い、私の最も良き理解者であった妻が、昨年の夏死去した。十数年来患ってきた難病である膠原病のうえに癌に侵され、闘病の末の覚悟の別れであったが、今もって残念でならない。妻の実家は、祖父が古美術商、父が洋画家を生業とし、幼少のころより美感に支えられて育った。そして、私と暮らしてからも、美術談義を互いに心の糧としてきた。その妻が、新発見の作品群を世に問うという、私の美術商人生の集大成とも言えるこの時期に、不帰の人となってしまったことは痛恨の極みであるが、病身を押して原稿に目を通し図表や地図を作り上げ、出版を楽しみにしながら先立ったことは、私にとってせめてもの慰めとしなければならない。

　本書を、亡き妻せき睦子（1940〜2006）に、そして私がこれまでお会いした多くの方々に、またこれから出会うであろう全ての人々に捧げたいと思う。

2007年11月　関　千里

新資料の科学分析による年代測定

　私は近年入手した新発見とみられるベトナムの五彩と青花について、その信憑性をより確かなものとするため、2004年4月7日、民間における考古学分野の研究機関である株式会社古環境研究所（本社・さいたま市）の松田隆二氏に試料を提出し科学による年代測定を依頼した。

　分析は、古環境研究所を通して、国立大学法人奈良教育大学の古文化財科学・年代測定学が専門の長友恒人教授（現副学長）と国立大学法人大阪大学大学院生の青木智史氏に委ねられ、熱ルミネッセンス法[1]（熱発光法・TL法 Thermoluminescence）によって行なわれる。

　熱ルミネッセンス年代測定法は、1970年代に確立された科学技術で、鉱物結晶を加熱した時に放出される光の強度が、加熱前までに鉱物結晶の吸収した自然放射線の量に比例することを利用して年代を測定する方法である。これは宇宙から絶え間なく降り注いでいるガンマ線などの自然放射線が試料内に何年分蓄積されているか、熱エネルギーを放出させて調べる。絶対年数を割り出す数少ない科学的手段の一つである。

　陶磁器の場合、生産過程の焼成段階で胎土から自然放射線が一度完全に放出されているので、窯出しから今日に至る間に吸収した自然放射線の量を測ることによって年代測定が可能になる。そのために試料の器から微量の胎土を削り取り、加熱し放射線を発光させて得た強度から年代を換算する。

　鑑定はそれから一年二ヵ月が過ぎた2005年6月20日に青花が、さらにその翌年の2006年1月20日に五彩の結果が示された。

　報告は以下の通りである。

熱ルミネッセンス年代測定報告書

品　名：「ベトナム陶磁器」
依頼者：関　千里
分析者：奈良教育大学教授　長友恒人
　　　　大阪大学大学院　　青木智史
2005年6月20日
株式会社　古環境研究所

ベトナム陶磁器の熱ルミネッセンス年代測定

長友恒人（奈良教育大学）
青木智史（大阪大学大学院）

1．はじめに

　ベトナム陶磁器「ベトナム青花花唐草文碗」（試料写真A・B）の年代測定を熱ルミネッセンス法（TL法）によって行った。TL法による年代測定では、資料の目立たない部分を選択して少量の測定用試料を採取する。

　測定試料は、高台の内面の一部を超硬カッターで試料に熱を加えないように注意しながら、時間をかけて削り取った。削り取った粉末状の試料は194.1 mgであった。これを20％の過酸化水素酸で約24時間の処理を行った後、20％の塩酸で60分間処理をした。これらの酸処理によって試料中の有機成分と炭酸塩鉱物が溶解除去された。酸処理後試料（測定試料）の重量は150.6mgであった。

2. 測定と解析

　TL法による年代測定では、蓄積線量（焼成時から現在までに陶磁器が吸収した放射線量）と年間線量（陶磁器が1年あたり吸収する放射線量）を測定する。蓄積線量は等価線量とスプラリニアリティ補正値の和である。

2-1　蓄積線量の測定

　処理した測定試料を4分割し、そのうち1つは人工的なガンマ線照射を行わず（これをナチュラル試料と称する）、他の3つにはそれぞれ、5Gy、10Gy、15Gy、20GyのCo-60ガンマ線を付加線量として吸収させた（これを照射試料と称する）。ガンマ線照射後1週間をおいて、TL測定を行った。

　スプラリニアリティ補正値の評価は、酸処理した試料を350℃で60分間のアニールを行った後に、1Gy、3Gy、5Gy、15Gy、30Gy、45Gyのガンマ線を照射吸収させて、TL測定を行った。

2-2　データの解析について

　測定の結果を図1（TLグローカーブ）、図2（TL生長曲線）に示す。TLグローカーブは比較的再現性が良好である。データの解析は照射線量に対してTL強度の生長が比例的である温度領域で行う。TL強度の生長はTLグローカーブの温度領域275〜290℃において比例的であったので、この範囲をTL強度として解析した結果（図2参照）、ED＝6.66±1.62Gyであった。同じ温度領域でのスプラリニアリティ補正値SPR＝1.10±1.57Gyの結果を得たので、誤差伝播の公式によって計算した誤差を含めると、蓄積線量PD＝7.76±2.26Gyである。

2-3　年間線量

　大きさが比較的小さい資料の場合は、ガンマ線スペクトルの測定によって年間線量を評価する方法がある。しかし、今回測定したような大きさの資料では既に開発された方法では測定による評価が不可能である。ここでは、経験的に得られた年間線量を適用することにする。通常、日本列島の年間線量より、大陸の年間線量の方が大きいので、今回の年間線量は中国の陶磁器の年代測定または真贋判定において経験的に得られている値を採用することとした。

3. 結果とコメント

3-1 結果

年間線量を8mGy/年と仮定すると、当該試料の推定年代は約1000年前であり、年間線量を10mGy/年と仮定すると、約780年前の作であるということになる。

3-2 コメント

評価された約1000年前および780年前という推定値は、年間線量が仮定に基づくものであるから、年代として正確である保証はないが、当該試料が現代の制作によるものではないことは確かである。

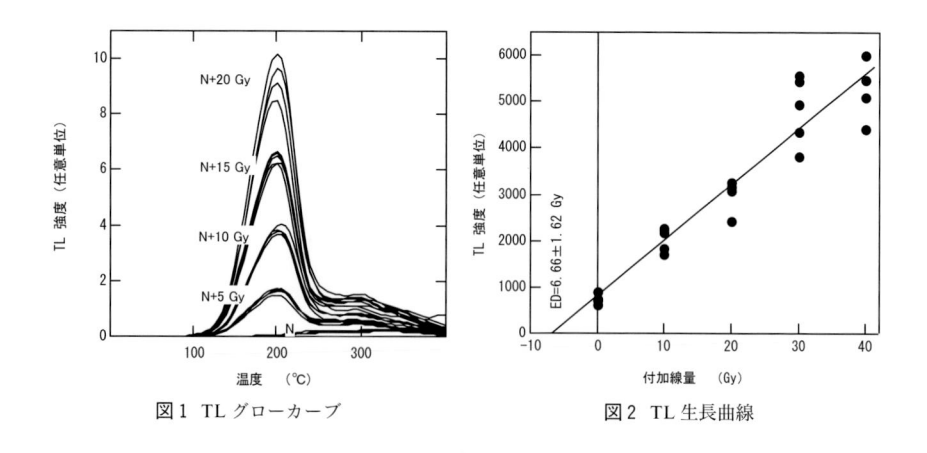

図1 TL グローカーブ

図2 TL 生長曲線

試料写真 A ベトナム青花花唐草文碗（径18.5cm、高さ10.7cm）

試料写真 B ベトナム青花花唐草文碗（A）の測定試料採取部位

熱ルミネッセンス年代測定報告書

品　名：「ベトナム陶磁器」
依頼者：関　千里
分析者：奈良教育大学教授　長友恒人
　　　　大阪大学大学院　青木智史
2006年1月20日
株式会社　古環境研究所

ベトナム陶磁器の熱ルミネッセンス年代測定

長友恒人（奈良教育大学）
青木智史（大阪大学大学院）

1．はじめに

　ベトナム陶磁器「ベトナム五彩鳥文壺胴部断片」（試料写真A・B）の年代測定を熱ルミネッセンス法（TL法）によって行った。TL法による年代測定では、資料の目立たない部分を選択して少量の測定用試料を採取する。

　測定試料は、破断面の一部を超硬カッターで試料に熱を加えないように注意しながら、時間をかけて削り取った。採取した試料の重量は1.39gである。これを20％の過酸化水素酸で約24時間の処理を行った後、20％の塩酸で60分間処理をした。これらの酸処理によって試料中の有機成分と炭酸塩鉱物が溶解除去された。酸処理後試料（測定試料）の重量は520mgであった。これから1試料皿あたり2mgを分取して、ナチュラル試料5皿と、5Gy、10Gy、15Gy、20Gyの照射試料を各5皿ずつ、合計25皿を測定した。

2．測定と解析

TL 法による年代測定では、蓄積線量（焼成時から現在までに陶磁器が吸収した放射線量）と年間線量（陶磁器が1年あたり吸収する放射線量）を測定する。蓄積線量は等価線量とスプラリニアリティ補正値の和である。

2-1　蓄積線量の測定

処理した測定試料を4分割し、そのうち1つは人工的なガンマ線照射を行わず（これをナチュラル試料と称する）、他の3つにはそれぞれ、5Gy、10Gy、15Gy、20Gy の Co-60 ガンマ線を付加線量として吸収させた（これを照射試料と称する）。ガンマ線照射後1週間をおいて、TL 測定を行った。

スプラリニアリティ補正値の評価は、酸処理した試料を350℃で60分間のアニールを行った後に、1Gy、3Gy、5Gy、15Gy、30Gy、45Gy のガンマ線を照射吸収させて、TL 測定を行った。

2-2　データの解析について

ED の測定結果を図1に示す。約250℃以上の高温領域におけるデータが非常にばらついている。このデータのバラツキは、試料の胎土に起因する現象である。これを解析するために、以下のような方法をとった。

照射試料のグローカーブはナチュラル試料に人工的に放射線を付加した結果である。一方、スプラリニアリティ補正の測定はアニールによってナチュラル線量の影響をゼロにした試料に人工的な放射線を照射したものである。従って、ナチュラル試料のグローカーブとスプラリニアリティ補正測定のグローカーブの和（これを人工的な付加線量グローカーブと称することにする）は、ED 測定における付加線量試料のグローカーブに近似する。そこで、ED 測定の付加線量グローカーブのうち、人工的な付加線量グローカーブと近似する形状のグローカーブのみ（図2）を使って解析した。生長曲線は図3のとおりであり、ED として、7.4±1.5Gy を得た。スプラリニアリティ補正測定の結果は約0.1Gy であった。従って、蓄積線量は7.5Gy 程度である。

2-3　年間線量

今回のような大きさの資料では、既に開発された方法では測定による年間線

量の評価は不可能である。ここでは、経験的に得られた年間線量を適用することにする。通常、日本列島の年間線量より、大陸の年間線量の方が大きいので、今回の年間線量は中国の陶磁器の年代測定または真贋判定において経験的に得られている値を採用することとした。

3．結果とコメント

3-1　結果

年間線量を8mGy/年と仮定すると、約940年前の作であり、年間線量を10mGy/年と仮定すると、約750年前の作であるということになる。

3-2　コメント

上述のように、データのばらつきが著しいので、これらの年代が正確であるとは言い難く、30%程度の誤差を見込む必要があるが、この資料が現代の作でないことは確実である。

図1 グローカーブ

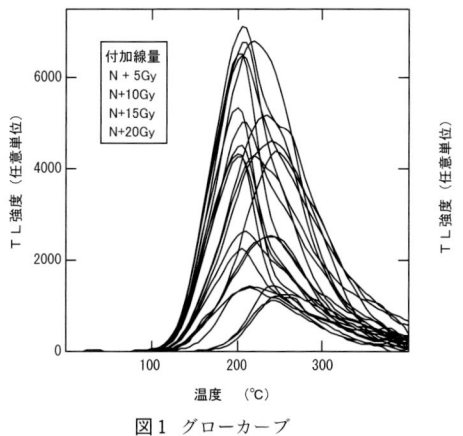

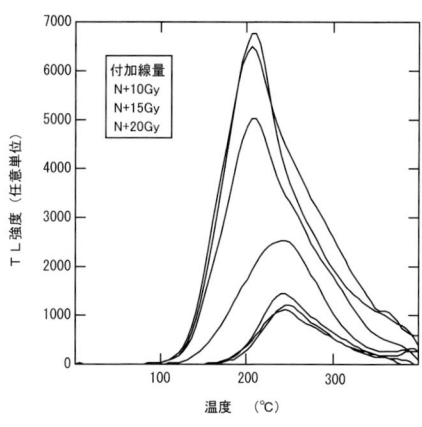

図2 選択したグローカーブ

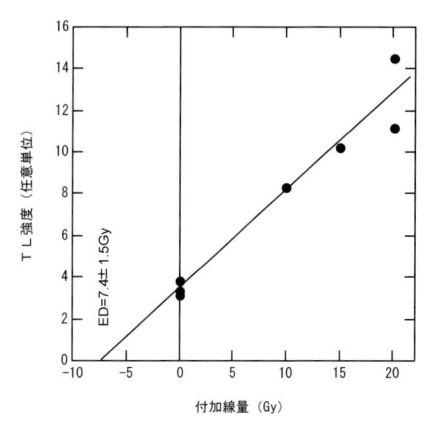

図3 TL生長曲線

試料写真 A ベトナム五彩鳥文壺胴部断片（縦 12.5cm、横 18.0cm）

試料写真 B ベトナム五彩鳥文壺胴部断片（A）の測定試料採取部位

年代測定の結果、青花の試料である「ベトナム青花花唐草文碗」は、年間線量 8mGY/年と仮定すると約1000年前の作となり、1005年くらいである。また年間線量10mGY/年と仮定すると約780年前の作となり、1225年あたりになる。

　五彩の試料で胴径 35cm 余りの壺の胴部と思われる「ベトナム五彩鳥文壺胴部断片」は、年間線量 8mGY/年と仮定すると約940年前の作となり、1065年ぐらいとなる。また年間線量10mGY/年と仮定すると約750年前の作となり、1255年あたりになる。

　このように、青花と五彩にほとんど差が見られず、同時代の作である可能性が濃厚である。また私としてはベトナム出土の紛れもなき本物であり、しかも、伝統を踏まえた陳朝の遺物であろうとの推論が立証されたかたちである。しかし分析者によると、五彩の試料は、図1のグローカーブにみられるように、胎土に起因する現象によってデータに著しいばらつきがあり、30％程度の誤差を見込まなければならないとのことである。そこで30％の誤差を見込んだ推定年代の上限と下限は、年間線量 8mGY/年の場合、1222年前の783年から658年前の1347年の間となる。また年間線量10mGY/年の場合、975年前の1030年から525年前の1480年となり、ほぼこの間ということになる。しかし、これではかなりの幅が生じてしまい、今ひとつ絞りきれない。したがってここはあくまで参考年として推測の指標とするに止め、今後新資料がより多くの人々によって鑑賞され研究されてゆく過程で、正しい年代に近づくことを期待したい。ただし、報告書からも窺われるように新資料の青花は既存の青花の編年より、より古く、五彩は大幅に遡って測定されているところから、科学の見地でも新発見の遺物であることを明確にしている。

【参照】
〈1〉『考古学のための年代測定学入門』「第3章ルミネッセンス法」頁59〜頁76　編・長友恒人　古今書院　1999．
　　　『東洋陶磁』2006-2007 VOL.36「熱ルミネッセンス年代測定法を用いた法蔵寺鳴滝乾山窯の操業時期推定」青木智史・長友恒人　東洋陶磁学会　2007．

ベトナムと周辺国の年表－A

東南アジア	西暦	ベトナム		
カンボジア タイ ミャンマー(旧ビルマ) ラオス インドネシア フィリピン		南部(メコンデルタ)	中部	北部
	B C			文郎国 (－257？)
				安陽王甌駱建国 (208-179？)
				秦 南海郡 桂林郡 象郡設置 (214)
	A D			秦 南越国建国 (206-111)
				漢の支配 (BC111-AD220)
	－100－			徴姉妹蜂起勃発 (40)
	－200－	扶南国建国	チャム人 チャンパ建国	
	－300－			中国の支配
	－400－			
カンボジア クメール人の真臘 扶南から独立	－500－			
タイ チャオプラヤ流域 モン人の ドヴァーラヴァティ国興る	－600－			李賁チャンパとの戦いに勝利 (544) 万春国 (544-603) 南越帝と称す
スマトラに シュリーヴィジャヤ国興る				交州都護府設置 安南都護府に名称変更
タイ北部ランプーン モン人が ハリプンチャイ建国 ミャンマー上ビルマ ピュー人建国 下ビルマ モン人が建国	－700－	真臘 扶南を併合		隋・唐の支配
ジャワ ボロブドール造営開始 カンボジア ジャヤヴァルマン 2世アンコール朝創建 (802)	－800－	真臘カンボジアを統一 アンコール時代開始 (802)		南詔軍 安南都護府を占領
	－900－		インドラプラ建都 (875)	呉権 白藤江で南漢の水軍迎え討つ (938) 呉朝 (939-967？)コーロアを首都 十二使君時代
			前黎朝 インドラプラを破壊 (982)	丁朝 (968？-980)
ミャンマー ビルマ人アノーラター王 パガン朝樹立 (1044頃-1287頃)	－1000－		ヴィジャヤに遷都 (1000)	前黎朝 (980-1009)
			李朝太宗 首都ヴィジャヤを攻略 (1044, 1069)	李朝 (1009-1225) タンロンを首都 太宗 国家初の民法「刑書」制定
カンボジア スーリヤヴァルマン2世 (1113-1150頃)アンコールワット建立	－1100－		アンコール朝 ヴィジャヤを占領 (1145-1149)	科挙制度開始 李皇帝 安南王に封じられる
カンボジア ジャヤバルマン7世 (1181-1220頃)アンコールトム造営 タイ スコータイ朝 (1235頃-1438)	－1200－		チャンパ アンコール都城攻略 (1177-1181)	陳朝の成立 (1225-1400)
ミャンマー ペグー朝 (1287-1539)				元軍 交趾を侵略 陳軍 元軍を白藤江で撃退
ジャワ マジャパヒト国樹立 (1293-1520頃)	－1300－			仁宗 出家し竹林派創立
タイ アユタヤ朝 (1351頃-1767)				チューノムの使用開始
			チャンパ軍 ハノイを攻略	
	－1400－		胡朝の成立 (1400-1407)	
タイ アユタヤ朝 アンコールを占領 (1432)			後黎朝成立 (1428-1527・1533-1789)	明 (永楽帝) の支配 (1407-1428)
スマトラ アチェにスルタン朝 成立 (1515)	－1500－		聖宗 ヴィジャヤを占領 (1471)	国号を大越 『大越史記全書』成る
ミャンマー統一 タウングー朝成立 (1531-1752)				莫朝建国 (1527-1667)
			広南阮朝 (1533-1777)	
ジャワにオランダ総督府 (1619)	－1600－		フエの阮氏 タインホアの鄭氏 ハノイの莫氏に3分裂 (1557)	
		阮氏 クメールへ侵入	阮氏 オランダ東インド会社と協定商館設置 阮氏 チャンパ全土を奪う	鄭氏ハノイ奪取
	－1700－			
タイ ラタナコーシン朝成立 (1782)		阮氏カンボジアの メコンデルタを領土化		光中帝 (阮恵) ハノイ占領 後黎朝と鄭氏滅亡
	－1800－	西山朝 (1788-1802)		
		阮朝成立 (1802-1945) 首都をフエに国号を越南と定める		
フランス領インドシナ 連邦成立 (1887-1945)		フランス軍 サイゴン フエ ハノイを占領		
ラオスフランス保護領成る (1893) フィリピン アメリカ領成る (1898)	－1900－	フランス保護国となる フランス極東学院サイゴンに設立 その後ハノイに移転		
カンボジア国独立 (1953)		ベトナム共和国成立 (1955) ゴ・ジン・ジェム大統領就任 ベトナム民主主義共和国宣言 (1945)		ホーチミン政府主席
		解放軍サイゴン制圧 ベトナム社会主義共和国誕生 (1976)		

ベトナムと周辺国の年表－B

中国	西暦	東アジア 朝鮮民主主義共和国　韓国　日本
戦国(403-221)の七雄(斉 楚 秦 燕 韓 魏 趙) 秦 (221-207)　始皇帝が斉を滅ぼす 前漢 (202-AD8)	BC AD	楽浪時代(BC108-318) 倭人 楽浪郡に入貢　　　　　　　　　　　弥生時代
新 (8-23)　王莽が前漢を滅ぼす 後漢 (25-220)　光武帝 交趾討伐を行う 　　　　　　霊帝 交趾の反乱を平らげる 　　　　　　黄巾の乱	100 200	
三国時代 魏(220-265) 呉(222-280) 蜀(221-263) 六朝時代 晋(265-316)　　　モンゴル高原統一 　　　　↓　→　→　五胡十六国(匈奴 羯 鮮卑 氐 羌) 　　　　　　　　　　東晋(317-420) 　　　　北魏(386-534) 　　　　↓　　　　宋(420-470) 　　　　↓　　　　斉(470-502) 　　　　↓　　　　梁(502-557) 西魏(534-556)東魏(534-550) 北周(556-581)北斉(550-577)　陳(557-589) 隋(581-618)　高句麗遠征(以後3回すべて失敗)	300 400 500	邪馬臺国の女王卑弥呼 魏に入貢 高句麗(209-668) 百済(346-660) 新羅(356-935)　　　　　　倭王讃が遣使を送る 　　　　　　　　　　　　　　古墳時代 　　　　　　　　　　　　　　飛鳥白鳳(538-710) 新羅 任那併合(562)
唐(618-907) 　　募兵制による長安守備 　　　　　　　　　　南詔(649-902) 　　サラセンと衝突 　　安禄山の乱	600 700 800	大和朝廷　第一回遣唐使(630) 白村江の戦い(663) 新羅朝鮮半島を統一(676-935) 渤海国(689-927) 　　　　　　　　　　　　　　奈良(710-794) 　　　　　　　　　　　　　　平安(794-1192)
五代十国(後梁 後唐 後晋 後漢 後周) 遼興る(907-1125) (907-960・891-979) 北宋(960-1127) 羅針盤 火薬の発明 木版印刷の普及 　　　　　　　　　　　　大理(937-1254) 　　　　　　　西夏(1032-1227)	900 1000 1100	高麗(918-1392) 遼 渤海国を滅ぼす(927) 高麗 宋に属属
南宋(1127-1279)　金(1115-1234) 　　　　　　　南宋と和議成立 モンゴル軍 西夏 金を滅ぼす モンゴル帝国 　　　　　　　　　　　　　(1206) 元(1271-1368) 世祖フビライ国号を元 マルコポーロ世祖に謁見 　　　　　　　　首都は大都 　　　　　紅巾の乱(1351-1366)	1200 1300	鎌倉(1192-1333) 元軍 高麗軍を率い日本遠征失敗(文永の役1274) 元軍 日本再遠征失敗(弘安の役1281) 　　　　　　　　　　　　　　南北朝(1333-1392) 　　　　　　　　　　　　　　室町(1336-1573)
明(1368-1644) 　鄭和の南海遠征(1405-1433 計7回) 　永楽帝ベトナムを支配(1407-1428) 　北京に遷都 　世宗ベトナムの莫登瀛を討つ	1400 1500 1600	李氏朝鮮 李朝(1392-1910) 日本 明と通商(勘合貿易) ポルトガル人種子島に漂着　鉄砲伝来(1543) 　　　　　　　　　　　　　　安土桃山(1573-1600) 豊臣秀吉朝鮮出兵(文禄の役1592-1593・1597-1598) 朱印船創設　　　　　　　　　江戸(1603-1867) 日本鎖国する
清(1644-1912) 　イギリス東インド会社 広東に商館設置 　広東省で地丁銀実施　以後各地に普及 　外国貿易を広東一港に限定 　アヘン戦争 　ベトナムをめぐる清仏戦争 　日清戦争 中華民国(1912-　)　　　中国共産党成立 　　中華人民共和国(1949-　) 　　北ベトナムと経済技術援助協定調印(1965)	1700 1800 1900	李朝 清との国境を定める 日清通商天津条約締結　　　　　明治(1868-1912) 朝鮮をめぐる日清戦争 日露戦争　　　　　朝鮮が大韓国国号改称(1897) 日韓併合　　　　　　　　　　　大正(1912-1926) 対米英宣戦　太平洋戦争　　　　昭和(1926-1989) 日韓基本条約調印　　　　　　　平成(1989-　)

423

施釉陶器発展期の概要と北部ベトナムの王朝交代年表

施釉陶器発展期の概要										西暦	北部ベトナム王朝	
灰釉陶	無釉陶	黒釉 褐釉	青磁	白磁	黄白釉 黄白釉陶彩	緑釉	鉄絵	五彩	瑠璃	青花			

-257?	文郎国
208-179?	甌貉国
206-111	秦の支配 南越国
BC111-AD220	漢の支配
	中国の支配
544-603	万春国
	隋・唐の支配
939-967?	呉朝（ゴー朝）十二使君時代
966?-980	丁朝（ディン朝）
980-1009	前黎朝（前レー朝）
1009-1225	李朝（リー朝）
1225-1400	陳朝（チャン朝）
1400-1407	胡朝（ホー朝）
1407-1428	明 永楽帝の支配
1428-1527・1533-1789	後黎朝（後レー朝）
1527-1667	莫朝（マク朝）
1788-1802	西山朝（タイソン朝）
1802-1945	阮朝（グエン朝）
1887-1945	フランス領インドシナ連邦
1945-1976	ベトナム民主主義共和国
1976-	ベトナム社会主義共和国

作品の所蔵一覧 （複数回掲載されている作品や作品の部分は・で併記）

❖アメリカ
ネルソン・アトキンズ美術館、カンザス・シティ　　　12-11、13-69
ハーバード大学サックラー博物館、ケンブリッジ　　　12-8
メトロポリタン美術館、ニューヨーク　　　11-16

❖イギリス
ヴィクトリア＆アルバート美術館、ロンドン　　　13-143
大英博物館、ロンドン　　　7-6
パーシヴァル・デイヴィッド財団、ロンドン　　　12-1、12-10

❖インドネシア
ジャカルタ国立博物館　　　6-12・13-121、13-138、13-189

❖オランダ
ライデン国立民族学博物館　　　13-63・13-137

❖タイ
チェンマイ国立博物館　　　11-34
チャンタカセーム宮殿国立博物館、アユタヤ　　　11-47、13-73・13-74
バンコク国立博物館　　　13-197

❖台湾
鴻禧美術館、台北市　　　9-3

❖中国
雲南省博物館、昆明市　　　13-60
河北省博物館、石家荘市　　　14-1
広東省博物館、広州市　　　13-61
故宮博物院、北京市　　　6-14・13-79、13-70

❖トルコ
トプカプ宮殿博物館、イスタンブール　　　5-3・6-7・13-62・13-129

❖ベトナム
ベトナム国立歴史博物館、ハノイ　　　13-1、13-3、13-151、13-152、13-160、13-238

❖日本
愛知県美術館　　　1-7・13-237、13-24、13-228、13-229、

	12-230
石川県教育委員会	1-1・11-29
逸翁美術館	9-4・9-5
出光美術館	13-75、13-118、13-136、13-146・13-147、13-196、13-226
MOA 美術館	10-31
大阪市立東洋陶磁美術館	6-17・13-90、6-18・13-91、6-19、7-7、13-68、13-72、13-76、13-77、13-78、13-80、13-81、13-120、13-133、13-134、13-145
大樋美術館	11-25・11-26・11-27、13-22、13-33・13-34、13-167・13-168
沖縄県立埋蔵文化センター	13-150
蒲郡市博物館	13-38
京都国立博物館	1-5、13-225
建長寺、鎌倉	10-42
瀬戸市美術館	7-3
東京国立博物館	13-87、13-95、13-122、13-188、13-198、13-201、13-231・13-232
東南アジア陶磁館	10-15、10-16・10-17、10-25、10-27、10-32、10-49、11-2、11-10、11-18、11-28、11-38、11-39、11-40、11-42、11-43、13-6、13-11、13-13、13-18、13-19、13-23、13-25、13-35、13-37、13-40、13-41、13-42、13-45、13-46、13-50、13-98・13-99、13-100、13-101、13-156、13-157、13-158、13-159、13-164、13-166、13-170、13-171、13-172、13-174、13-175、13-176、13-177、13-178、13-179、13-183、13-184、13-186、13-193、13-202、13-208・13-209、13-210、13-222、13-224、13-240
徳川黎明会	1-4、13-227、13-233
富山市佐藤記念美術館	11-3、11-4、11-12・13-102、13-67、13-84、13-85
名古屋市博物館	7-4
根津美術館	1-2、1-3、12-14
福岡市美術館	6-1・13-199、10-20、10-26、11-6・11-7、11-20、13-47、13-163、13-191、13-211
藤田美術館	1-6・13-236

町田市立博物館	5-1、5-2、10-13、11-13、11-23、11-46、13-7・13-10、13-48、13-142、13-190、13-200、13-203、13-207
松岡美術館	6-8・13-116、6-9・13-117、13-130、13-131、13-132
大和文華館	10-30、10-33、10-41、13-66、13-86

會田雄亮氏
青野弘之氏
糸井建二氏
上床節子氏
加藤作助氏
木村克彦氏
桑山道明氏
國分孝雄氏
藤井俊彦氏
山村道生氏

図版出典一覧　(　)は本書での番号

『陶説』第106号　1月号　日本陶磁協会　1962　巻頭原色版　　(9-1・13-89)

『中国江西省文物展』岐阜県美術館図録　1988　図57、62、66、67、71、72、76　　(12-2、10-43、11-37、13-71、13-82、13-59、13-119)

『インドシナ半島の陶磁』編著・長谷部楽爾　瑠璃書房　1990　頁213左上の図　　(10-19)

『南海の古陶磁展──インドシナ半島中世王国のやきもの』心斎橋・大丸　図録　図47、50　　(11-24、11-15)

『ベトナムの陶磁』福岡市美術館図録　1992　論文図版　太宰府12　　(6-13)

『緑絵のうつわ──タイ・メソット出土』特別展　國分孝雄コレクション　富山市佐藤記念美術館図録　1994　図2　　(13-92)

『皇帝の磁器──新発見の景徳鎮官窯』大阪市立東洋陶磁美術館図録　1995　図192、193　　(13-83)

『躍動アジア──ヴェトナム』アジア文化交流協会　1997　頁112、116、242、244、246、247　　(13-4、13-2、13-12、13-14、13-212、13-235)

『タイの古陶』特別展　上床亨コレクション　岐阜県陶磁資料館図録　1997　図103、106　　(13-96・13-97、13-105)

『東洋陶磁史──その研究の現在』東洋陶磁学会　2002　図58、65　　(13-8、13-187)

Vietnamese Ceramics: A Separate Tradition, John Stevenson and John Guy, Art Media Resources with Avery Press, 1997　表紙、Figs. 19, 72, 221, 222, 287　　(6-10, 10-12, 10-14, 11-17, 11-22, 7-8・11-21)

Gom Hoa Lam Viet Nam: Vietnamese Blue & White Ceramics, Bui Minh Tri, Kerry Nguyen-Long, Nha Xuat Ban Khoa Hoc Xa Hoi, Social Sciences Publishing House, Ha Noi, 2001　表紙、Figs. 1, 6, 39, 161　　(6-11, 11-30・11-31, 10-29, 8-19・8-20, 11-14)

参考・参照文献

❖東南アジア一般

『陶器講座』13　「クメール・安南・タイ」　東義国　雄山閣　1973．

『東南アジアの陶磁──安南・クメール・タイ』特別展　大和文華館図録　1983．

『世界陶磁全集』16　南海　「ベトナムの陶磁」ジョン・ガイ（西田宏子訳）「ベトナム陶磁と陶磁貿易」三上次男　小学館　1984．

『東南アジアの民族と歴史』民族の世界史6　編・大林太良　監修・岡正雄　江上波夫　井上幸治　第二章「東南アジアの先史文化」大林太良　今村啓爾　宇野公一郎　山川出版社　1984．

『東南アジアを知る事典』監修・石井米雄　高谷好一　前田成文　土屋健治　池端雪浦　平凡社　1986．

『インドシナ半島の陶磁』「ベトナムの陶磁」編著・長谷部楽爾　瑠璃書房　1990．

『インドシナ半島の陶磁器──山田義雄氏寄贈コレクション』　町田市立博物館図録　第70集　1990．

『南海の古陶磁展──インドシナ半島中世王国のやきもの』　心斎橋・大丸　図録．

『東南アジアの古美術──その魅力と歴史』「メコン川を渡ってきたベトナムのやきもの」関千里　めこん　1996．

『緑色の野帖』「歴史ここに始まる──ベトナム北部・フングエン」「王国の始まり──ベトナム北部・コーロア」桜井由躬雄　めこん　1997．

『写真記録東南アジア　歴史・戦争・日本5』「ベトナム・ラオス・カンボジア」　古田元夫　ほるぷ出版　1997．

『珠玉の東南アジア美術』福岡市美術館図録　2000．

『世界美術大全集』東洋編　第12巻　「東南アジア」　小学館　2001．

『東南アジア史』岩波講座2　編・石澤良昭　1「唐宋変革とベトナム」桃木至朗、6「ベトナム史の確立」桃木至朗　岩波書店　2001．

『東南アジア史』岩波講座3　編・石井米雄　8「山の民と平野の民の形成史」八尾隆生、9「収縮と拡大の交互する時代」八尾隆生　岩波書店　2001．

『東南アジアの古陶磁展』特別展（1）富山市佐藤記念美術館図録　1994．
『東南アジアの古陶磁展』特別展（2）富山市佐藤記念美術館図録　1995．
『東南アジアの古陶磁展』特別展（3）富山市佐藤記念美術館図録　1996．
『東南アジアの古陶磁展』特別展（4）富山市佐藤記念美術館図録　1997．
『東南アジアの古陶磁展』特別展（5）富山市佐藤記念美術館図録　1998．
『東南アジアの古陶磁展』特別展（6）富山市佐藤記念美術館図録　1999．
『東南アジアの古陶磁展』特別展（7）富山市佐藤記念美術館図録　2000．
『東南アジアの古陶磁展』特別展（8）富山市佐藤記念美術館図録　2002．
『東南アジアの古陶磁展』特別展（9）富山市佐藤記念美術館図録　2004．

Ceramic Traditions of South-East Asia, John Guy, Oxford University Press, 1989．

❖ベトナム

『タイ・ベトナムの陶磁』陶磁大系47　矢部良明　平凡社　1978．

『安南陶磁図譜』編著・木村貞造　瑠璃書房　1983.
『眼の目』No. 120　10月号　「ハノイ古窯址の発見」穴吹充　里文出版　1986.
『眼の目』No. 159　1月号　「謎に包まれたベトナムの古窯址」穴吹充　里文出版　1990.
『タイ・ベトナムの古陶磁』特別展　渋谷区立松濤美術館図録　1988.
『安南古陶磁』東南アジア陶磁館図録　1992.
『ベトナムの陶磁』福岡市美術館図録　1992.
『ベトナム陶磁』町田市立博物館図録　第82集　1993.
『チャンパ王国の遺跡と文化』「あたらしいチャンパ史」桃木至朗　財団法人トヨタ財団　1994.
『ベトナム・タイ・クメールの陶器』中村三四郎コレクション　町田市立博物館図録　第88集　1994.
『躍動アジア――ヴェトナム』　アジア文化交流協会　1997.
『物語ヴェトナムの歴史』「一億人のダイナミズム」　小倉貞男　中公新書　中央公論社　1997.
『ベトナムの事典』監修・石井米雄　編・桜井由躬雄　桃木至朗　同朋舎　1999.
『東洋陶磁』1998-99　VOL. 28　「ベトナム青花の変遷」矢島律子　東洋陶磁学会　1999.
『チャンパ』めこん選書5　桃木至朗　樋口英夫　重枝豊　めこん　1999.
『HOIAN』昭和女子大学国際文化研究所　2000.
「陶磁器10万点競売に」『京都新聞』　2000年9月17日.
『地球の歩き方』93　「ベトナム」　2002・2003版　ダイヤモンド　ビック社　2001.
『陶説』第577号　4月号　「ベトナム青花研究ノート」矢島律子、「近年のヴェトナム陶磁研究」西村昌也、「ベトナム貿易陶磁前史」森本朝子、「ヴェトナム陳朝期の（天長府製）陶磁器」西野範子　日本陶磁協会　2001.
『ベトナム青花――大越の至上の華』　町田市立博物館図録　第122集　2001.
『安南陶磁』東南アジア陶磁館図録　2004.
「ハノイの遺跡世界遺産級」『朝日新聞』夕刊　2004　8　3.
『ライムポット』「ベトナムの石灰壺」　東南アジア陶磁館図録　2004.
Vietnamese Ceramics, Southeast Asian Ceramic Society, 1982.
Gom Chu Dau: Chu Dao Ceramic of Vietnam, Museum of Hai Hung Province Bao Tang Tinh Hai Hung, 1993.
Le Musee de Sculpture Cam de Da Nang, AFAO――EFEO Editions de IAFAO――Paris, 1997.
Vietnamese Ceramics: A Separate Tradition, John Stevenson and John Guy, Art Media Resources with Avery Press, 1997.
Gom Hoa Lam Viet Nam: Vietnamese Blue & White Ceramics, Bui Minh Tri, Kerry Nguyen-Long, Nha Xuat Ban Khoa Hoc Xa Hoi, Social Sciences Publishing House, Ha Noi, 2001.

❖中国
『陶説』第106号　1月号　「元の赤絵の出現」梅沢彦太郎（曙軒）　日本陶磁協会　1962.
『古美術』18　「元代染付考――十四世紀中葉の元青花と元曲」（上）　斉藤菊太郎　三彩社　1967.
『古美術』19　「元代染付考――十四世紀中葉の元青花と元曲」（下）　斉藤菊太郎　三彩社

1967.
『陶器講座』7　「中国Ⅲ　元-明」　佐藤雅彦・中野徹　雄山閣　1971.
『陶磁体系』43　「明の赤絵」　藤岡了一　平凡社　1972.
『陶磁体系』39　「磁州窯」　長谷部楽爾　平凡社　1974.
『陶磁体系』41　「元の染付」　矢部良明　平凡社　1974.
『陶磁体系』42　「明の染付」　藤岡了一　平凡社　1975.
『中国の歴史』図説5　「宋王朝と新文化」　梅原郁　講談社　1977.
『中国の歴史』図説6　「遊牧民国家・元」　村上正二　講談社　1977.
『陶磁体系』36　「青磁」　小山冨士夫　平凡社　1978.
『世界陶磁全集』13　「遼・金・元」　小学館　1981.
『世界の染付』1　「元」　三杉隆敏　同朋舎出版　1981.
『世界の染付』2　「明初期」　三杉隆敏　同朋舎出版　1982.
『中国の文様』中野徹・小川忠博　平凡社　1985.
『中国江西省文物展』岐阜県美術館図録　1988.
『中国陶磁の八千年』矢部良明　平凡社　1992.
『中国・元明の陶磁——梅沢記念館所蔵』　MOA美術館図録　1992.
『中国の陶磁』8　「元・明の青花」　編著・中沢富士雄　長谷川祥子　監修・長谷部楽爾　平凡社　1995.
『皇帝の磁器——新発見の景徳鎮官窯』　大阪市立東洋陶磁美術館図録　1995.
『中国の陶磁』7　「磁州窯」　長谷部楽爾　平凡社　1996.
『中国の陶磁』9　「明の五彩」　矢島律子　監修・長谷部楽爾　平凡社　1996.
『吉祥——中国美術にこめられた意味』特別展　東京国立博物館図録　1998.
『三星堆——中国5000年の謎・驚異の仮面王国』　朝日新聞社・テレビ朝日　図録　1998.
『東洋陶磁』1998-99　VOL.28　「元（至正）様式の青花磁器誕生についての一考察」長谷川祥子　東洋陶磁学会　1999.
『世界美術大全集』東洋編 第7巻　「元」　小学館　1999.
『世界美術大全集』東洋編 第8巻　「明」　小学館　1999.
『世界美術大全集』東洋編 第6巻　「南宋・金」　小学館　2000.
『世界美術大全集』東洋編 第6巻　「南宋・金」　月報「東洋美術細見」　「白地紅緑彩の発掘・研究の新成果」秦大樹　小学館　2000.
『中国国宝展』東京国立博物館図録　朝日新聞社　2000.
『白と黒の競演——中国・磁州窯系陶器の世界』特別展　大阪市立博物館図録　2002.
『皇帝を魅了したうつわ——中国景徳鎮窯の名宝』　出光美術館図録　2003.

❖その他
『陶磁体系』6　「古瀬戸」　奥田直栄　平凡社　1972.
『陶磁体系』48　「ペルシアの陶器」　三上次男　平凡社　1978.
『安宅コレクション東洋陶磁展』日本経済新聞社　図録　1978.
『クメール王国の古陶』特別展　敢木丁コレクション　富山市佐藤記念美術館図録　1989.
『シルクロードの灯火具』岡本保和コレクション　蒲郡市博物館図録　1990.
『緑絵のうつわ——タイ・メソット出土』特別展　國分孝雄コレクション　富山市佐藤記念美術館図録　1994.
『タイの古陶』特別展　上床亨コレクション　岐阜県陶磁資料館図録　1997.

『安宅コレクションの至宝』大阪市立東洋陶磁美術館図録　朝日新聞社　1998.
『フィリピンにわたった焼きもの——青磁と白磁を中心に』 関コレクション　富山市佐藤記念美術館図録　1999.
『考古学のための年代測定学入門』編・長友恒人　古今書院　1999.
『東洋陶磁史——その研究の現在』 東洋陶磁学会　2002.
『タイ古陶の魅力——スコータイ王朝の陶磁を中心に』特別展　MOA美術館図録　2004.
『茶陶』木村定三コレクション　愛知県美術館図録　2006.
Burmese Ceramics, Sumarah Adhyatman, 1985.

関 千里 SEKI Chisato （せき・ちさと）

現住所　〒465-0053　名古屋市名東区極楽3丁目192番地
勤務先　〒460-0003　セキギャラリー　名古屋市中区錦3丁目23-18　ニューサカエビル7階
　　　　SEKI GALLERY
　　　　460-0003　New Sakae Bld. 7th
　　　　3-23-18 Nishiki Nakaku Nagoya Japan
　　　　Tel：052-962-9056　FAX：052-962-9057

職歴
1964	美術業界に入る
71	SEKI GALLERY を名古屋に開業
71〜86	絵画・彫刻・陶芸など国内外作家の展覧会を200数十回開催
71	縄文・弥生・土師・須恵による古代日本のやきもの展開催
73	瀬戸・常滑・越前・信楽・丹波・備前・珠洲の壺による日本の古窯展を開催
73〜86	三国時代（高句麗・新羅・百済）・統一新羅・高麗・李朝の陶磁を中心に考古資料・仏教美術・民画・民具など韓国美術展を35回開催
74〜92	ベトナム・カンボジア・タイ・ミャンマーの陶磁を中心に考古資料・宗教美術・民画・民具を含めた東南アジア美術展を64回開催
77〜80	メキシコやペルーをはじめとする中南米諸国の土器を中心に石彫などで古代アメリカ美術展を4回開催
83	小山富士夫（1900〜1975）遺作陶芸展開催
83〜87	パキスタン・アフガニスタンのガンダーラ美術展を3回開催
96	『東南アジアの古美術──その魅力と歴史』（発行めこん）
99〜	新発見のベトナム五彩と青花陶磁器を収集販売